Katja Maurer / Andrea Pollmeier

Haitianische Renaissance

D1664113

Jede Idee von einer postkolonialen Ordnung nimmt in Haiti ihren Ausgangspunkt. Indem Sklavinnen und Sklaven die Werte der Französischen Revolution auch für sich selbst durchsetzten und eine unabhängige Republik gründeten, hat die Haitianische Revolution 1804 ein neues Kapitel in der Universalgeschichte aufgeschlagen. Die Ziele dieser Revolution sind bis heute unhintergehbar, werden in der Praxis jedoch systematisch verletzt.

Die politischen Konflikte in Haiti werfen heute bei aller Unterschiedlichkeit dieselben Fragen auf, die auch seit dem ägyptischen Aufstand auf dem Tahrir-Platz 2011 zur Debatte stehen: die nach einem Leben in Würde für alle, in dem Anerkennung eines jeden eine Frage von sozialer Sicherheit, aber auch von demokratischer Teilhabe ist.

Ein Buch, das den Menschen Haitis eine Stimme gibt.

Katja Maurer ist Journalistin und leitete viele Jahre die Öffentlichkeitsarbeit der Hilfs- und Menschenrechtsorganisation medico international. Seit 2010 publiziert sie regelmäßig zu Haiti.

Andrea Pollmeier ist Kulturjournalistin. Seit Ende der Duvalier-Diktatur hat sie regelmäßig in Haiti recherchiert und im Onlinemagazin *Faust-Kultur* den Themenschwerpunkt »Haiti« aufgebaut. Sie lebt in Frankfurt und schreibt als freie Autorin u. a. für das Feuilleton der *Frankfurter Rundschau*.

Katja Maurer / Andrea Pollmeier

Haitianische Renaissance

Der lange Kampf um postkoloniale Emanzipation

Brandes & Apsel

Auf Wunsch informieren wir Sie regelmäßig mit unseren Katalogen
»Frische Bücher« und »Psychoanalyse-Katalog«. Wir verwenden Ihre Daten
ausschließlich für die Zusendung unserer beiden Kataloge laut der EU-Daten-
schutzrichtlinie und dem BDS-Gesetz. Bitte senden Sie uns dafür eine E-Mail
an info@brandes-apsel.de mit Ihrer Postadresse. Außerdem finden Sie unser
Gesamtverzeichnis mit aktuellen Informationen im Internet unter:
www.brandes-apsel.de sowie www.kjp-zeitschrift.de

Dieses Buchprojekt wurde ermöglicht
durch die freundliche Unterstützung
von medico international e. V.

1. Auflage 2020

© Brandes & Apsel Verlag GmbH, Frankfurt a. M.
Alle Rechte vorbehalten, insbesondere das Recht der Vervielfältigung und
Verbreitung sowie der Übersetzung, Mikroverfilmung, Einspeicherung und
Verarbeitung in elektronischen oder optischen Systemen, der öffentlichen
Wiedergabe durch Hörfunk-, Fernsehsendungen und Multimedia sowie
der Bereithaltung in einer Online-Datenbank oder im Internet zur Nutzung
durch Dritte.
DTP: Brandes & Apsel Verlag
Cover: Brandes & Apsel Verlag unter Verwendung einer Abbildung von
CHANDAN KHANNA/AFP via Getty Images
Abbildungen auf der Coverrückseite und im Innenteil: medico; privat
Karte: Raguel Roumer
Lektorat: Cornelia Wilß, passage – Agentur für WeltThemen, Frankfurt a. M.
Druck: STEGA TISAK d. o. o., Printed in Croatia
Gedruckt auf einem nach den Richtlinien des Forest Stewardship
Council (FSC) zertifizierten, säurefreien, alterungsbeständigen
und chlorfrei gebleichten Papier.

Bibliografische Information der Deutschen Nationalbibliothek:
Die Deutsche Nationalbibliothek verzeichnet diese Publikation
in der Deutschen Nationalbibliografie; detaillierte bibliografische
Daten sind im Internet über www.ddb.de abrufbar.

ISBN 978-3-95558-276-0

Inhalt

Kapitel 5: Fatale Rezepte

Kapitel 6: Die Vereinten Nationen und Haiti

Kapitel 7: Zementierte Weltverhältnisse

Kapitel 8: Die Bedeutung der Provinz

Kapitel 9: Spuren, die aus der Misere führen

Haitianische Renaissance: Epilog

Wir widmen dieses Buch unseren Kindern,
die längst ihre eigenen guten Wege gehen.

Die Gefahr der einzigen Geschichte

Auf einer Tagung deutscher Hilfsorganisationen[1] anlässlich des 10. Jahrestags des haitianischen Erdbebens fragte die Anthropologin Andrea Steinke die Anwesenden mit kritischem Blick, wer schon einmal in seiner Öffentlichkeitsarbeit folgenden Satz verwendet habe: »Haiti ist das ärmste Land der westlichen Hemisphäre.« Die meisten reckten ihre Hände in die Höhe. Das Ergebnis war so wenig überraschend wie das schlechte Gewissen derer, die sich meldeten. Alle hatten zuvor schon geahnt, woran sie sich mit dem Mitleid erheischenden und Spenden einfordernden Satz beteiligten: Haiti auf eine einzige Geschichte zu reduzieren, diejenige seiner Armut. Die nigerianische Bestsellerautorin Chimamanda Ngozi Adichie hat das einmal die »Gefahr der einzigen Geschichte« genannt.[2]

Doch gegen diese reduzierende, die Lebensverhältnisse zementierende Haltung gibt es Widerstand. Vor allem im globalen Süden begehrt man auf und fordert nicht nur das Ende postkolonialer Lebensumstände, sondern auch die Transnationalisierung humanistischer Ideale (Achille Mbembe). Denn diese Ideale, für die Sklaven bereits in der Haitianischen Revolution gekämpft hatten, sind noch immer nur Vision. Selbst die Erinnerung an dieses Ereignis, das den Kolonialismus erstmals in seiner Fragwürdigkeit entlarvt hat, scheint bei uns erloschen. Die dritte Revolution der Moderne sei mutwillig verschwiegen worden, sagt die haitianische Autorin Yanick Lahens in dem hier veröffentlichten Gespräch.

»Die Menschen wollen eine Zukunft außerhalb dieser kolonialen Beziehungen«, sagt der haitianische Aktivist Nixon Boumba ebenfalls in diesem Buch. Die Antworten, die sie erhalten, bewirken allerdings oft das Gegenteil. Es gibt bisher keine Renaissance der Haitianischen Revolution. Ganz offensichtlich fehlt eine Vorstellung, mit welchen Instrumenten der ersehnte Wandel eingeleitet werden kann. Die Ideale der Französischen Revolution gelten bisher als wichtigste Errungenschaft der Moderne. Sie sind jedoch nur halbherzig auf den Weg gebracht. Zwei Jahre nach dem Sturm auf die Bastille zeigten 1791 die Aufstände in der französischen Kolonie Saint Domingue, wie eurozentrisch man die Ideen der Menschheitsrevolution interpretiert hat. Sie sollten nur für einen Teil der Welt gelten, das System der Ungleichheit aber sollte unangetastet bleiben. Bis heute gibt es dieses Defizit.

---

1 Bündnis Entwicklung Hilft, 9. Mai 2020, »Zehn Jahre nach dem Erdbeben in Haiti«.
2 https://www.ted.com/talks/chimamanda_ngozi_adichie_the_danger_of_a_single_story?language=de#t-10355

Ist ein Wiederaufleben der Ideale, für die man in Haiti eintrat, möglich? Ist eine »Haitianische Renaissance« weltweit in Sicht? Wenn man auf eine solche Entwicklung hofft, ist es wichtig, die Mechanismen zu erfassen, die diesen Weg blockieren bzw. blockiert haben. Nach 13 Jahren Revolte war es zwar gelungen, formal Freiheit und Unabhängigkeit für die Sklaven in der französischen Kolonie zu erringen, im konkreten Alltag wurden jedoch Ausbeutung und Abhängigkeit maximiert.

Als Kulturjournalistin, die eine, und als Mitarbeiterin von medico international, die andere, haben wir auf persönlich unterschiedliche Weise die tiefe Kluft zwischen den Idealen, bestehenden Narrativen und den realen Rahmenbedingungen der haitianischen Geschichte erfahren und darüber dieses Buch geschrieben. Zu einem Zeitpunkt, da die Debatte um die notwendige Dekolonisierung unseres europäischen Denkens neue Fahrt aufnimmt, schien es uns geboten, dem Herrschaftsnarrativ über die haitianische Entwicklung endlich eine facettenreichere Betrachtung entgegenzusetzen. Dies geschieht nicht nur in eigenen journalistisch geprägten, analytischen und kommentierenden Texten. In *Haitianische Renaissance* kommen vielfach Persönlichkeiten zu Wort, die in Haiti leben oder eng mit dem Land verbunden sind. Unser jeweils eigenes Weltbild haben sie gründlich in Frage gestellt und unseren Horizont geöffnet. Diese beglückende Erfahrung vermittelt sich, so hoffen wir, auch in diesem Buch.

»David gegen Goliath« – zum Aufbau des Buches

In Haiti zeigen sich die Folgen eines Systems, das bis heute auf Ideen der Ungleichheit basiert. Wer Haiti militärisch besetzt, die Wahl des Präsidenten fälscht, einen Putsch initiiert, eine Epidemie ins Land einschleppt oder als UN-Angehöriger Gewalttaten gegen Frauen verübt hat, musste bisher keinen Protest, kein Embargo und auch keinen Internationalen Gerichtshof fürchten. Selbst die internationalen Medien haben über solche Übergriffe nur vereinzelt berichtet. Vor allem in deutschsprachigen Leitmedien gibt es diese Berichte nicht.

Erstmals ist nun in deutscher Sprache der Augenzeugenbericht des ehemaligen Repräsentanten der Organisation Amerikanischer Staaten (OAS), Ricardo Seitenfus, zu lesen. Im Interview berichtet er, wie Vertreter demokratischer Staaten die Präsidentenwahlen nach dem Erdbeben 2010 manipulierten und versuchten, den haitianischen Staatspräsidenten René Préval durch einen Putsch außer Landes zu schaffen.

Seitenfus war auch Zeuge, als führende UN-Vertreter über das Auftreten der Cholera in Haiti informiert wurden und lange keine Maßnahmen ergriffen, um ein Ausbreiten der Epidemie zu verhindern. Nur selten gibt es die Möglichkeit, Manipulation und Desinformation auf höchster politischer Ebene nachweisbar zu machen. Ricardo Seitenfus hat in ausführlichen Dokumentationen, die zusammen mit investigativen Journalisten entstanden sind, diesen Nachweis erbracht.[3] Simple Narrative, die Haiti als unfähig beschreiben, das eigene Schicksal in die Hand zu nehmen, werden vor diesem Hintergrund äußerst fragwürdig.

Auch die ausführliche Analyse der fehlgeleiteten Hilfe nach dem Erdbeben und die Einblicke in die Extraktionsökonomie zeigen, wie postkoloniale Machtverhältnisse den negativen Status quo in Haiti zementieren. Auf diese Weise ist das System der Ungleichheit, das nicht nur Haiti und die ehemaligen Kolonialstaaten betrifft, sondern weltweit dem ökonomischen Nord-Süd-Gefälle zugrunde liegt, auf Dauer installiert.

In Essays, Porträts und Interviews kommen Beobachter und Betroffene dieser Ereignisse zu Wort. Sie beschreiben die Lage in Haiti aus ökonomischer, politischer, anthropologischer und kultureller Perspektive. So kommen aus Haiti zu Wort: die Historikerin Suzy Castor, die Schriftstellerin Yanick Lahens, der Citoyen Raoul Peck, der Autor Gary Victor, die Ökonomen Alrich Nicolas und Fritz Alphonse Jean sowie der Aktivist Nixon Boumba. In Interviews äußern sich aus der Perspektive internationaler Beobachter neben Ricardo Seitenfus außerdem der US-Anthropologe Mark Schuller und der über Dezentralisierung forschende Politikwissenschaftler aus Guadeloupe, Julien Mérion.

Das erste Kapitel des Buches ist den historischen Hintergründen gewidmet. Es beschreibt den Moment, an dem der Weg zur postkolonialen Emanzipation begann. Die dann folgende Zeit wird auf der Basis neuester Forschungen, die von dem Ökonomen Thomas Piketty[4] publiziert wurden, vor allem im Hinblick auf die Folgen der Reparations- und Schuldenpolitik sowie die Einflussnahme externer Staaten auf die Politik Haitis betrachtet. Der Abschnitt endet mit einer Rede von Raoul Peck, in der er nach seiner Filmdokumentation *Tödliche Hilfe* die Folgen einer neoliberal geprägten Hilfsindustrie für die Entwick-

---

3 Vgl. Ricardo Seitenfus (2018): *Les Nations Unies et le choléra en Haïti : coupables mais non responsables?*
4 Thomas Piketty (2020): *Kapital und Ideologie*, München; die französische Originalausgabe erschien 2019 unter dem Titel *Capital et idéologie*.

lung Haitis beschreibt. Das zweite Kapitel gibt Einblick in die immer wieder neu aufflammende Protestbewegung Haitis. Blogbeiträge, die in einer akuten Phase der Demonstrationen 2019 veröffentlicht wurden, machen die Lage unmittelbar spürbar. Ein in dieser Zeit geführtes Interview mit dem Autor Gary Victor beschreibt das Risiko erstarkender, diktatorischer Strukturen.

Das dritte Kapitel analysiert aus der Insider-Perspektive das Scheitern der internationalen Hilfe nach dem Erdbeben 2010. Als Mitarbeiterin von medico international hat Katja Maurer Projekte in Haiti langfristig beobachtet und zu den Folgen zudem den Anthropologen Mark Schuller interviewt.

Im vierten Kapitel treten zwei renommierte Haitianerinnen in den Blick. Das Porträt über die Historikerin Suzy Castor, die nach der Diktatur aus der Diaspora zurückgekehrt ist, spiegelt die Verbundenheit haitianischer Intellektueller mit ihrer Heimat wider. Die Autorin Yanick Lahens hat sich in ihrem Werk mit den postkolonialen Wurzeln der haitianischen Gesellschaft auseinandergesetzt und spricht in einem Interview über die Bedeutung der Haitianischen Revolution.

Ein Essay der Entwicklungsökonomin Aida Roumer untersucht im fünften Kapitel die Chancen von extern geplanten Wirtschaftsprojekten am Beispiel der Freihandelszone Caracol. Ein Gespräch mit dem ehemaligen Leiter der haitianischen Nationalbank, Fritz Alphonse Jean, beschreibt die Stimmung in Haiti aus ökonomischer Perspektive.

Im sechsten Kapitel wird deutlich, wie stark ausländische Staaten und internationale Institutionen auf innenpolitische Entscheidungsprozesse in Haiti Einfluss nehmen. Einem Überblick über UNO-Einsätze folgt ein Interview mit dem ehemaligen Repräsentanten der OAS in Haiti, Ricardo Seitenfus.

Das siebte Kapitel richtet den Blick auf die Beziehung zwischen Haiti und der Dominikanischen Republik. Einem Essay über das ökonomische Kräfteverhältnis zwischen beiden Staaten folgt ein Interview mit dem Mitarbeiter einer Organisation für »Flüchtlinge und Repatriierte«. Dort spricht Angénor Brutus über die Lage von dominikanischen Bürgern und Bürgerinnen mit haitianischer Herkunft, denen in einem willkürlichen Schritt des Staates, Pass und Aufenthaltsstatus entzogen worden sind.

Im achten Kapitel schildert eine Reportage über die Provinzstadt Aquin, wie stark der staatliche Zentralismus dazu beiträgt, das Leben in der Provinz auszubremsen, und die Chancen, durch Dezentralisierung die Hauptstadt Port-au-Prince zu entlasten, immer weiter schwinden. Im Gespräch mit dem Politikwissenschaftler Julien Mérion werden Ursachen dieser Entwicklung analysiert.

Im neunten Kapitel zeigen Beispiele aus Kultur, Bildung, Justiz und Landwirtschaft, wo in Haiti starke, eigenständige Entwicklungen stattfinden, die als Grundlage für ein zukünftiges Wiedererstarken des Landes gelten können. Gegen die zuvor beschriebenen Probleme scheinen die Initiatoren dieser Projekte zwar eine Art »David gegen Goliath«-Kampf heraufzubeschwören, doch zeigen sie die außergewöhnliche Willenskraft und Zielorientierung der haitianischen Bevölkerung.

Ein Interview mit dem Aktivisten Nixon Boumba spiegelt die Positionen wider, die junge Menschen zusammen mit Vertretern aller Generationen und Gesellschaftsschichten in ihrem Kampf um einen Wandel in Haiti vertreten.

Das letzte Kapitel lenkt den Blick auf übergeordnete Zusammenhänge und zeigt, wie stark der haitianische Weg mit universellen Entwicklungen verbunden ist. In der Vergangenheit haben sich diese Verflechtungen zwar destruktiv ausgewirkt, doch gibt es weiterhin die Hoffnung, dass das Pendel einmal zurückschwingen wird.

Katja Maurer und Andrea Pollmeier

Kapitel 1

Der lange Kampf um postkoloniale Emanzipation

Haiti ist das erste Land weltweit, das sich durch einen Aufstand von Freien und Sklaven, die noch in Freiheit geboren wurden, dekolonisierte: Das frühe Symbol einer anderen Möglichkeit. Wie löscht man ein solches Ereignis, das die Französische Revolution radikal universalisierte?

Das wunderbare Wirkliche
Der Universalismus der Haitianischen Revolution und die Geschichte seiner Auslöschung

Von Katja Maurer

》 Ich bewohne eine heilige Wunde« ist der Beginn eines der wichtigsten Gedichte von Aimé Césaires »Lagunenkalender«[5], erschienen im Jahr 1976. Haitis Geschichte mit ihren großen Momenten und Verwerfungen gleichermaßen ist eine solche »heilige Wunde«: Eine Aporie, der unauflösliche Widerspruch eines Daseins, das für immer der Sklaverei geschuldet zu sein scheint. Ganz so, wie es der große Dichter Césaire aus dem karibischen Martinique beschreibt, der regelmäßig Haiti bereiste: »Eine absurd misslungene Version des Paradieses – Das ist schlimmer als eine Hölle«. Der Insel, die vor ihrer »Entdeckung« Haiti, Bohio oder Quisqueya hieß, hat Kolumbus den Namen Hispaniola gegeben. Später erhielt sie unter den französischen Kolonisatoren den Namen Saint Domingue. Dort befinden sich heute die Staaten Haiti und die Dominikanische Republik. Von dort nahm der industrielle Kolonialismus seinen Ausgangspunkt. Dort betrat Christoph Kolumbus 1492 zum ersten Mal lateinamerikanischen Boden. Dort beginnt die Geschichte des Kapitalismus, für den die Kolonien das nötige Kapital lieferten, und dort ist eines seiner kapitalen Verbrechen verortet: der transatlantische Sklavenhandel, der vom 15. bis ins 19. Jahrhundert reichte. »Ich bewohne einen dreihundertjährigen Krieg«, heißt es dazu lapidar bei Césaire. Der unausgesetzte – bis heute andauernde – Kampf um Befreiung, dessen Grundlage die vielen Sklavenrevolten Ende des 18. Jahrhunderts legte, schreibt sich in diese »heilige Wunde« ein.[6] Dort, in Haiti, verdichtet sich, in dem historischen Moment, als die Sklavinnen und Sklaven mit ihrem Aufstand anderthalb

---

5 Aimé Césaire (1989): *Jede Insel ist eine Witwe*, Berlin, S. 182.
6 Achille Mbeme (2014): *Kritik der schwarzen Vernunft*, Berlin, S. 14. Dort beschreibt er drei Phasen eines kodifizierten Wahns der Moderne: Der transatlantische Sklavenhandel mit seiner Verwandlung von Menschen in Objekte, Waren und Geld; die in Besitz genommenen Wesen finden eine eigene Sprache und verlangen die Anerkennung als vollwertige Subjekte; und die neoliberale Phase, die sich vorstellt, alles mit einem Marktwert ausstatten zu können.

Jahre nach der Französischen Revolution 1789 Universalgeschichte schrieben, die Grundfrage nach Freiheit in der Sehnsucht nach einem gänzlich anderen Leben.

Über Haiti zu schreiben, ist ein permanentes sich Verstricken, ein Anrennen gegen unüberwindliche Mauern. Welchen Anteil hatte die haitianische Elite, die weitestgehend aus in Frankreich ausgebildeten Kreolen bestand, an der nicht zu Ende gebrachten Revolution? Waren sie nur lächerliche Kopien ihrer fremden Herren, wie es Frantz Fanon in *Schwarze Haut, weiße Masken* beschreibt[7] – Menschen, die sich selbst nicht erkannten? Ist die Haitianische Revolution nichts weiter gewesen als eine bürgerliche Revolution, die zwar die Sklaverei abschaffte, aber dann eine kapitalistische bürgerliche Ordnung herstellen wollte und keine andere Ökonomie kannte als die Plantagenwirtschaft, auf der sich die ehemaligen Sklaven nun freiwillig verdingen sollten?

Redet man mit haitianischen Freundinnen und Freunden, Kolleginnen und Kollegen, winken viele, gerade die jüngeren, mit einem müden Lächeln ab, sobald man mit ihnen über die Bedeutung der Haitianischen Revolution sprechen will. Der Mythos der Revolution verblasst in heroisierenden kitschigen Wandgemälden und in billigen Museen ohne Artefakte; aber vor allen Dingen in den Reden haitianischer Politiker, die sich auf die haitianische Befreiung berufen und damit nur die eigene, oft schamlose Herrschaft rechtfertigen.

Dies alles gilt es zu bedenken, bevor man sich doch diesem Ereignis als »Ereignis« zuwendet. Der kubanische Schriftsteller Alejo Carpentier bezeichnet die Haitianische Revolution als das »wunderbare Wirkliche«, »wo tausende nach Freiheit lechzende Menschen so stark an die lykanthropischen Kräfte Mackandals glaubten, dass dieser kollektive Glaube am Tag seiner Hinrichtung ein Wunder bewirkte«.[8] Der erfolgreiche Aufstand einer versklavten Bevölkerung war ein so ungeheuerliches Zeichen für eine gänzlich andere Möglichkeit des Lebens und gegen rassistische Zuschreibungen, sodass nicht nur die Kolonialmacht Frankreich, sondern

---

7   Frantz Fanon (2015) schreibt in seinem Buch *Schwarze Haut, weiße Masken*, das unter 1952 unter dem Titel *Peau noire, masques blancs* bei Éditions du Seuil erschien u.a. über die Anstrengung eines Arztes aus Guadeloupe, seine Entfremdung aufzuheben:»Beim Ersteren (dem Arzt) ist die Entfremdung fast intellektueller Art. Insofern er die europäische Kultur als ein Mittel begreift, sich von seiner Rasse zu lösen, setzt er sich als Entfremdeter.«, S. 189.

8   Vgl. Alejo Carpentier (2004): *Das Reich von dieser Welt.* Mackandal ist einer der Anführer des Sklavenaufstands, dem man die Rettung vor dem Verbrennen durch seine lykanthrophischen Fähigkeiten nachsagte, indem er sich angeblich in eine Fliege verwandelt habe.

auch die Sklavenhaltergesellschaften in der angrenzenden spanischen Kolonie und in den Südstaaten der Vereinigten Staaten von Amerika (USA) die Republik Haiti unbedingt ausgelöscht sehen wollten.

Der weiße Fluch

Seither wiederholt sich das Vergessenlassen und Delegitimieren der Haitianischen Revolution immer wieder aufs Neue. Der uruguayische Autor Eduardo Galeano schrieb nach dem Sturz des Präsidenten Aristide 2004: »Haiti ist wieder ein unsichtbares Land geworden, bis zum nächsten Blutbad. Während es zu Beginn dieses Jahres Titelnachricht auf den Bildschirmen und auf den Zeitungsseiten war, berichteten die Medien nun nur von Durcheinander und Gewalt und bestätigten, dass die Haitianer geboren seien, um das Schlechte gut und das Gute schlecht zu tun.«[9] So auch heute wieder. Seit 2018 kreisen die andauernden Aufstände in Haiti um den Wunsch nach einer universalen Veränderung, in der für Haitianerinnen und Haitianer Freiheit und Gleichheit nicht nur ein Begehren, sondern eine Wirklichkeit sein könnten. Die Wahrnehmung der Aufstände aber vollzieht sich in derselben Weise wie 2010. Die »internationale Gemeinschaft« interpretiert die aktuelle politische Krise als eine rein humanitäre. Die USA schicken Ende Oktober 2019 große Tonnagen Lebensmittel und ein Krankenhausschiff. Die Vereinten Nationen (UN) läuten im November 2019 die Alarmglocken ob der Unterernährung von zwei Millionen Kindern. Ansonsten soll man sich aber mit dem Präsidenten zufriedengeben, dessen Rücktritt die verschiedensten gesellschaftlichen Gruppierungen wegen Korruption und Unfähigkeit verlangen. Galeano nennt diesen herablassenden Blick auf Haiti einen »weißen Fluch«[10] Man spricht dem Aufstand keine politische Dimension zu und verweigert somit den Haitianern das Recht, Akteure eines politischen Prozesses zu sein, der zweifellos über Haiti hinausweisen würde. Es wiederholt sich auf eine perfide Wei-

---

9 Vgl. http://blogs.taz.de/latinorama/2010/01/14/eduardo_galeano_ueber_haiti/ (zuletzt gesehen 1.11.2019).

10 »Seit der Revolution konnte uns Haiti nur Tragödien bieten. Es war eine wohlhabende, glückliche Kolonie, und jetzt ist es die ärmste Nation der westlichen Hemisphäre. Revolutionen, so schlossen einige Spezialisten daraus, führen in den Abgrund. Einige sagten, und wieder andere deuteten an, dass die haitianische Neigung zum Brudermord ein Erbe des wilden Afrika sei. Ein Gebot der Vorfahren. Der schwarze Fluch, der zu Verbrechen und Chaos treibt. Vom weißen Fluch sprach niemand.« Ebd.

se die Rollenverteilung im Verhältnis zwischen Haiti und seinen mittelbaren und unmittelbaren Nachbarn: »Wir schicken wieder unsere Hilfe an die Unglücklichen, erneut übernehmen wir unsere heroische Aufgabe. Wir retten wie immer Leben. Diese Erzählung vom weißen Retter und vom schwarzen Opfer bestätigt diese Arbeitsteilung erneut«, schreibt der französische Politikwissenschaftler Frédéric Thomas in der *Libération* vom 27. November 2019.[11] Gerade dieser neokoloniale Wiederholungszwang, der Haitianerinnen und Haitianern einen Platz zuweist, der ihnen das Subjekt-Sein verweigert, zwingt dazu, das Ereignis der Haitianischen Revolution und der Unabhängigkeit immer wieder neu zu erzählen. Und sei es, um die eigene europäische und verinnerlichte Sichtweise, die westliche Dominanzkultur zu reflektieren und zu überwinden. Ein erster Schritt bestünde darin, dieses Ereignis wieder ins kollektive Gedächtnis zurückzuholen, also eine Art Haitianische Renaissance zu betreiben.

Dabei gilt es Maß zu nehmen an der Tatsache, dass noch in Freiheit geborene und dann versklavte Menschen die wesentlichen Träger der Revolution waren, die 1804 in Haitis Unabhängigkeit und in die Abschaffung der Sklaverei mündete. Begonnen hatte die Haitianische Revolution im August 1791 mit einer Sklavenrevolte; sie war das Ergebnis einer ungeheuerlichen Überdehnung der Ausbeutung der Kolonie Haiti. Damals machten 500.000 Sklaven 90 Prozent der Bevölkerung des französischen Kolonialgebiets Saint Domingue aus. Zwei Drittel der versklavten Menschen waren noch in Freiheit in Afrika geboren worden. Sie hatten die Zwangsdeportation aus ihren Herkunftsländern unmittelbar erlebt; viele andere waren auf den Sklavenschiffen gestorben. Saint Domingue wurde in seiner Unersättlichkeit zum wichtigsten Sklavenmarkt, auf dem zwischen 1700 und 1791 etwa 685.000 Afrikaner verkauft wurden. Auf ungefähr 8.000 Zucker-, Kaffee- und Indigoplantagen der Kolonie schufen Sklaven den Reichtum der Plantagenbesitzer in Zwangsarbeit. Die »Perle der Antillen«, wie Saint Domingue auch genannt wurde, produzierte mit ihren Zucker- und Kakaoexporten etwa die Hälfte des Bedarfs in Europa und lieferte einen beträchtlichen Anteil der französischen Wirtschaftsproduktion und vor allen Dingen enorme Einnahmen für den Staatshaushalt.

Die Aufständischen hatten nicht nur die Zwangsdeportation als Verschleppte persönlich erlebt; sie waren von den Kolonisatoren systematisch ihrer eigenen Sprache und ihrer sozialen Beziehungen entfremdet worden. Gezielt wurden die Versklavten von anderen getrennt, die die gleiche

---

11 https://www.liberation.fr/debats/2019/11/27/haiti-l-ecran-humanitaire_1765837 (zuletzt gesehen 10.2.2020).

Sprache sprachen oder aus ähnlichen Regionen kamen. (Ganz abgesehen von der Entwürdigung und Entmenschlichung durch die Zwangsarbeit.) Dass mehrheitlich Analphabeten, die eine neue Sprache – das Kreol – schufen und gemeinsame religiöse Befreiungsriten im Voodoo kreierten, einen erfolgreichen Aufstand probten, ist die »Möglichkeit eines besonderen Ereignisses«, das der gesamten Moderne nachgeht. Der Sklavenaufstand signalisiere nicht nur die Befreiung der Unterjochten, sondern auch einen radikalen Umbau, »wenn nicht des gesamten Eigentums- und Arbeitssystems, so doch wenigstens der Mechanismen ihrer (der Moderne, K.M.) Umverteilung und damit auch die Grundlage der gesamten Reproduktion des Lebens«, so Achille Mbembe.[12] Die Haitianische Revolution, die anderthalb Jahre nach der Französischen begann, machte aus einem europäischen Ereignis ein universelles: »Ein Schlüsselereignis der Weltgeschichte, wo die Sklaven doch bewiesen haben, dass sie zu aktiven Agenten der Weltgeschichte werden können, da sie in einem ›Kampf um Anerkennung‹ unter dem Motto ›Freiheit oder Tode!‹ gegen ihre Ausbeutung zu Felde zogen«, schreibt Susan Buck-Morss in *Hegel und Haiti. Für eine neue Universalgeschichte.*[13]

Dass dieses Ereignis unter dem Revolutionsführer und 1804 zum Kaiser ernannten Jean-Jacques Dessalines zur Ausarbeitung einer Verfassung führte, zeigt die Dimension der Neugründung, derer sich die Akteure sehr wohl bewusst waren. Sie stützte sich auf die französische Verfassung, die im Rahmen ihrer Vorstellungskraft (was Frauen ausschloss) letztlich jeden unabhängig von seiner religiösen oder ethnischen Herkunft zum Bürger Frankreichs machte. Die haitianische Verfassung wiederum führte mit Artikel 14 für alle in Haiti lebenden Menschen unabhängig von ihrer Hautfarbe die Bezeichnung »Schwarze« ein. Die schwarze Befreiung galt so auch für die polnischen und deutschen Unterstützer der Haitianischen Revolution, die sich ihr anschlossen. Die Polen waren ursprünglich mit der französischen Armee gekommen, und zwar als Zwangsrekrutierte aus dem besetzten Polen. Schwarz war also eine Bezeichnung für alle, die frei sein wollten von kolonialer Unterdrückung, keine Hautfarbe und kein Stigma mehr.

Dieses Ereignis bleibt historisch, auch wenn die nachfolgenden Entwicklungen den tollkühnen, eigentlich unmöglich erscheinenden Beginn zunichtemachten. Der revolutionäre Elan zerschellte an den inneren und

---

12 Mbembe (2014), S. 80.
13 Vgl. Susan Buck-Morss (2011): *Hegel und Haiti. Für eine neue Universalgeschichte*, Berlin.

äußeren Widersprüchen. Das ist nichts Neues für revolutionäre Prozesse. Aber es bleibt die »Erfahrung eines historischen Bruches als einen (notwendigerweise vergänglichen) Moment der Klarheit«.[14]

Den Bruch ungeschehen machen

In »Ayti«, (Ur-)Haiti (kreol. Ayiti, frz. Haiti) – der Name geht auf die indigene Bezeichnung des Territoriums zurück – verdichtet sich jedoch auch ein fortwährender Versuch, dieses bis heute nicht zu unterdrückende, über Generationen hinweg weitergereichte Erbe der Sehnsucht nach Befreiung einzuhegen, zu kontrollieren, ins Welt-Ganze einzubinden und zunichtezumachen. Nach Verschuldung, Interventionen, Staatsstreichen und Machtanmaßungen einer kleinen Elite sind das Erdbeben von 2010 und das Scheitern der internationalen Hilfe ein weiterer Markstein. In der professionellen globalen Entwicklungscommunity ist man sich heute unter der Hand einig: Haiti sei eben nicht entwickelbar. Haiti heute ist vergessen und aufgegeben. Bislang hatte die westliche Moderne das haitianische Ereignis in die Universalgeschichte integriert, weil man den eigenen Anspruch der Universalität gelten lassen musste. Jetzt aber erfolgt die gänzliche Aufgabe von Haiti. Keiner hat das so klar ausgedrückt wie Donald Trump, der Haiti 2018 als ein »shithole country« bezeichnete. Er fasste die systematische Vernachlässigung, Einmischung und Arroganz nur in Worte, die andere Akteure geschickter formuliert genauso betreiben. Das totale Schweigen über Haiti ist beredt. Wenn aber die westlich-moderne Welt Haiti aufgibt, gibt sie nicht den Kern des von ihr selbst proklamierten Universalismus auf? Ist ihre Rede von den Menschenrechten, sicher oft missbraucht und verraten, dann nicht mehr nur eine hohle Phrase, sondern sogar eine bewusste, gezielte Vertuschung der Tatsache, dass ab jetzt ihre Errungenschaften nur für einige gelten, während andere systematisch ausgeschlossen bleiben?

Das Projekt der universellen Freiheit rehabilitieren

Dagegen steht die Haitianische Revolution als einzige für einen wirklichen Universalismus der Freiheit und der Menschenrechte und damit für den einzig gültigen Horizont einer großen Veränderung, die immer wieder in den Aufständen und Revolten vom Arabischen Frühling bis zu

---

14 Buck-Morss (2011), S. 202.

den Cacerolazos-Protesten[15] in Lateinamerika gefordert wird. Die Rede von einer Haitianischen Renaissance meint deshalb vor allen Dingen diese universelle Freiheit und Gleichheit, die in den immer wieder auftauchenden Revolten, dem Grundsatz der Würde gerecht zu werden, nicht zuletzt in Haiti, zum Ausdruck kommt. Es gehe darum, schreibt Susan Buck-Morss, die »Idee einer universellen Geschichte der Menschheit aus den Händen derer zu retten, die sie allzu lange im Sinne der weißen Vorherrschaft missbraucht haben.«[16]

**

Wenn es gelänge, »die Freiheit betreffende historische Tatsachen aus den Narrativen der Sieger herauszulösen und für unsere Zeit aufzubewahren«, dann gäbe es keinen Anlass, das Projekt der universellen Freiheit aufzugeben. Es geht darum, es zu rehabilitieren. Dass bei einem solchen Unterfangen auch die inneren Widersprüche, die endlose Reproduktion kolonialen Vorherrschaftsdenkens und die Verachtung der Herrschenden gegenüber der armen Mehrheit zur Debatte stehen, ist vielleicht der einzige Vorteil an der heutigen Verlassenheit Haitis. Auf die Frage, wo Haiti 2020 stehen wird, antwortete der haitianische Menschenrechtler Pierre Esperance: »Haiti wird dort sein, wo die Haitianer sein wollen.«[17] Die Demonstrationen und Barrikaden, die das Land seit 2018 lahmlegen, der Kampf gegen die Korruption und die Straflosigkeit, den sich so viele Haitianer und Haitianerinnen im In- und Ausland auf die Fahnen geschrieben haben, deuten zumindest an, wo sie sein wollen: in einer Auseinandersetzung um die Überwindung von ökonomischen und politischen Zuständen, die ein würdiges Leben in Haiti unmöglich machen. Um dies nicht nur mit der Brille des skeptischen Zweifels und des Pessimismus zu betrachten und gar zu verstehen, dass es sich hierbei immer noch um einen Kampf auf Leben und Tod für die eigene Freiheit handelt, muss man sich vielleicht ein anderes Denken aneignen, ein Denken der Ambivalenz. Das verlangt dem haitianischen Ereignis so wenig die Weltrettung ab wie all den anderen Begehren um ein besseres Leben, das sich in vielen Aufständen gerade äußert. Und verneint ihm doch nicht seine Gültigkeit.

---

15 Im Laufe der Jahre 2019 und 2020 wurde der Begriff in lateinamerikanischen Ländern als Protestform bekannt und bedeutet, lautstark mit Töpfen gegen herrschende Politik zu schlagen.

16 Buck-Morss (2011), S. 105.

17 Vgl. medico international (2014): *Haitianische Erschütterung*, Film, https://www. medico.de/haitianische-erschuetterungen-14933/

Schuldenfalle und Extraktivismus
Der wirtschaftliche Niedergang Haitis

Von Andrea Pollmeier

Haitis Instabilität ist kein Schicksal. Klare Gründe haben vielmehr bis heute dazu beigetragen, dass die Haitianische Revolution 1791 unvollendet blieb. Zu fragen ist, warum sich gerade in Haiti Klimakatastrophen, Korruption, Analphabetismus, Armut und die Unfähigkeit der staatlichen Institutionen derart destruktiv auswirken bzw. entwickeln konnten. Und zu fragen ist auch, warum es weltweit bis zu 50 weiteren Staaten auf ähnliche Weise dauerhaft schlecht ergeht.[18] Haiti ist also kein Einzelfall. Doch ist es der erste Fall, der postkolonial einen so frappierend widersprüchlichen Wandel vollzogen hat. Denn zu dem Zeitpunkt, als Haiti unabhängig wurde, war es die lukrativste Kolonie ganz Amerikas. Hier hatte Frankreich mehr als in allen anderen Kolonien Gewinn gemacht, in Preußen bewunderte man die Ressourcen der Insel und die kreolische Lebensart. Zwei Jahrhunderte später steht Haiti gerupft und von den einstigen Profiteuren aufgegeben da. Dieses Ergebnis ist nicht zufällig und auch nicht selbst verschuldet!

Ökonomisch verwertbare Abhängigkeit

Aktuelle ökonomische Studien, u.a. von dem französischen Ökonomen Thomas Piketty,[19] haben die Ursachen für die zunehmende glo-

---

18 Saskia Sassen (2007): *Haiti and the International System: The Need for New Organizational Lending Formats*, http://forums.ssrc.org/haiti/author/saskia-sassen/ About Saskia Sassen (gesehen 3.12.2019). »Haiti is one of 49 countries that have been subjected over the last 20 or 30 years, depending on the country, to an extreme debt-repayment schedule by the international financial system, particularly the World Bank and the IMF. Generally, the IMF asks these countries to pay 20% to 25% of their export earnings toward debt service.«

19 Thomas Piketty (2020): *Kapital und Ideologie*, München. (Die französische Originalausgabe *Capital et idéologie* erschien 2019) sowie Simon Henochsberg (2016): *Public debt and slavery: the case of Haiti* (1760–1915), http://piketty.pse.ens.fr/ files/Henochsberg2016.pdf (zuletzt gesehen 14.12.2019).

bale Ungleichheit untersucht und erkannt, dass die Schuldenpolitik als postkoloniales finanzpolitisches Instrument wesentlich zu einer zunehmenden Verarmung bzw. Bereicherung einzelner Länder beigetragen hat. Sie machte es möglich, Extraktionsmechanismen der Kolonialzeit in verwandelter Form weiterzuführen und nunmehr global einzusetzen. Haiti stand am Anfang eines solchen Weges. Hier zeigen sich früh die Folgen einer systematisch installierten, unentrinnbaren Reparationsschuld, die die Kolonie auch nach ihrer Unabhängigkeit dauerhaft in einer ökonomisch verwertbaren Abhängigkeit halten sollte. Im öffentlichen Diskurs über Haiti wird kaum reflektiert, wie entscheidend diese hohe Schuldenlast den Weg der Republik bestimmt hat.[20] Der hier einführend dargelegte, kurze Blick in die Geschichte Haitis wird darum bewusst die Schuldenzwänge des Staates ins Zentrum rücken und deren politische Folgen benennen.

Umrisse der Idee, Haiti in einer ökonomischen Abhängigkeit zu halten, zeigen sich bereits im Jahr 1801, als Thomas Jefferson, Präsident der USA, forderte, dass Saint Domingue, wenn es unabhängig werde, weiterhin unter der Protektion der Troika Frankreich, USA und Großbritannien bleiben müsse. Den »Pestvirus«, so der US-Präsident, der sich auf der Insel ausgebreitet habe, gelte es zu isolieren. Trotzdem möchte er mit den Bewohnern weiter Handel treiben. Er schlägt darum vor, zu verhindern, dass die vom Export abhängige Insel je in den Besitz eigener Boote komme. »Solange wir verhindern, dass die Schwarzen in den Besitz von Schiffen kommen, können wir sie leben lassen und mit ihnen weiterhin äußert lukrative Handelsbeziehungen unterhalten«, sagte Jefferson.[21] Kaum hat die neue Republik 1804 ihre Unabhängigkeit erklärt, verhängte das besiegte Frankreich – unterstützt von den anderen Kolonial- und Handelsmächten – ein Embargo gegen Haiti. Die damals ertragreichste Kolonie Amerikas wurde also aus Sorge vor einem Dominoeffekt umgehend abgeschottet.

Als Preis dafür, dass Haiti wieder am Welthandel teilnehmen kann, verlangte Frankreich Ersatz für den verloren gegangenen Besitz, inklu-

---

20 Piketty (2020), S. 281: »Haitis Fall besitzt Symbolwert, nicht nur, weil dort ein siegreicher Aufstand erstmals in der Neuzeit zu einer Abschaffung der Sklaverei geführt und eine schwarze Bevölkerung einer europäischen Macht ihre Unabhängigkeit abgetrotzt hat, sondern auch, weil diese Ereignisse in eine gigantische öffentliche Verschuldung mündeten, die in erheblichem Maß die Entwicklung Haitis in den nachfolgenden beiden Jahrhunderten behinderte.«

21 Zitiert nach Seitenfus (2018): »Les Nations Unies et le Choléra en Haïti«, S. 31, in: Laurent Dubois (2014): *Les Vengeurs du Nouveau Monde*, S. 271.

sive der Sklaven, die man wie Objekte in die Verlustrechnungen der französischen Plantagenbesitzer einbezog. Um also als Staat anerkannt zu werden und wieder am internationalen Handelsaustausch teilnehmen zu können, willigte der damalige haitianische Präsident Jean-Pierre Boyer ein, 150 Millionen Gold-Francs, d.h. über 300 Prozent des haitianischen Nationaleinkommens von 1825 (heute ca. 40 Milliarden Euro), Reparationsleistung an Frankreich zu zahlen. In jährlichen Raten galt es, diese Schulden abzutragen. Das bedeutete, Haiti sollte schon allein für die Schuldzinsen auf unabsehbare Zeit den Gegenwert von 15 Prozent seines Sozialprodukts aufbringen, ohne dass die Rückzahlung der Reparationsschuld bereits begonnen hätte. Boykottmaßnahmen der ehemaligen Kolonialmächte wirkten vor diesem Hintergrund besonders erdrückend.[22]

Todesurteil über die Unabhängigkeit

Mit der Anerkennung der Konditionen, die Charles X. (von 1824 bis 1830 König von Frankreich) in einer »Ordonnance« festgelegt hatte, sprach Präsident Boyer über die finanzielle Unabhängigkeit Haitis quasi das Todesurteil aus. Schon die erste Rate über 30 Millionen Francs musste mit Krediten und Wucherzinsen über eine Bank in Paris finanziert werden. Der Ökonom Simon Henochsberg hat 2016 an der Pariser School of Economics die Folgen dieser Entscheidung untersucht und in einer Studie den Zusammenhang von Staatsschulden und Sklaverei am Beispiel Haitis (1760–1915) analysiert. Die auf umfassenden ökonomischen Daten basierende Arbeit zeigt, dass vor allem diese unter militärischem Druck vereinbarten Schulden dem neuen Staat den Weg in eine prosperierende Unabhängigkeit unmöglich machten.[23] Denn auch die Einnahmen, die Haiti über Importzölle generierte, wurden durch Sonderregelungen zugunsten Frankreichs und Englands eingeschränkt.

Handelsmächte wie Preußen, welches seit der Unabhängigkeit an Beziehungen zu Haiti hohes Interesse zeigte und zu einem Konkurrenten Frankreichs heranwuchs, wurden durch dieses Abkommen zunächst erfolgreich ins Abseits gedrängt. Ab 1827 sind beispielsweise auf alle Importe 16 Prozent Steuern erhoben worden, lediglich die französischen

---

22 Piketty (2020), S. 281f. und Rocio Cara Labrador (2018): *Haiti`s Troubled Path to Development, Council on Foreign Relations*, 12.3.2018, https://www.cfr.org/backgrounder/haitis-troubled-path-development (zuletzt gesehen 29.10.2019).

23 Henochsberg (2016), S. 12 f.: www.piketty.pse.ens.fr/files/henochsberg2016.pdf

und britischen Importe waren von diesen Abgaben befreit. Die preußischen Händler waren bei diesen Konditionen nicht konkurrenzfähig und zogen sich zunächst aus Haiti zurück.[24]

Die ehemaligen Kolonialherren hatten also mit militärischem Druck Steuervorteile für sich durchgesetzt und so einen unabhängigen Eintritt Haitis in den gerade in dieser Region stark expandierenden Welthandel erfolgreich blockiert. Mechanismen einer Extraktionsökonomie, wie sie zur Zeit der Sklaverei geherrscht hatten, wurden hier in veränderter Form weitergeführt. Indem Haiti die Reparationsschuld anerkannt hatte, waren – so Simon Henochsberg – die Fundamente seiner Unabhängigkeit grundlegend in Frage gestellt. Diese Einschätzung unterstützt auch der haitianische Ökonom Leslie J.R. Péan, der die Hintergründe der Korruption in Haiti erforscht hat: »Die Anerkennung der Unabhängigkeitsschulden entspricht vom Grundsatz her der Rücknahme der Unabhängigkeitserklärung. Die Unabhängigkeitsschulden sind ein Schlüsselelement im Räderwerk der Korruptionsmaschine, die sich mit Hilfe der Händler in das soziale Gefüge eingeschlichen hat. Ohne endgültig zu sein, haben die Zugeständnisse der Unabhängigkeitsschulden den Prozess des Niedergangs in Gang gesetzt.«[25] Aus Henochsbergs Untersuchung geht hervor, dass die Höhe der Schulden, die 1825 vereinbart wurden, eindeutig so kalkuliert waren, dass sie der haitianischen Gesellschaft keinen Bewegungsfreiraum ließen. Das gesamte Handelsvolumen mehrerer Jahre wanderte – auch nachdem die Reparationslast 1838 auf 60 Millionen Francs reduziert worden war – wie zu Kolonialzeiten ins Ausland ab. Als unabhängiger Staat musste Haiti in der Gründungszeit jedoch eine komplexe eigene, staatliche Infrastruktur entwickeln. Große Investitionen in die Industrialisierung, das Transportwesen, die Erziehung und in den Aufbau demokratischer Institutionen waren jetzt erforderlich. Diese Investitionen wurden wegen der massiven Reparationsschulden in dieser Schlüsselphase des Staatsaufbaus stark abgebremst.

---

24 Michael Zeuske (1991/2013): *Die vergessene Revolution: Haiti und Deutschland in der ersten Hälfte des 19. Jahrhunderts. Aspekte deutscher Politik und Ökonomie in Westindien*, Berlin.

25 »L´acceptation de la dette de l'Indépendance revient à renier la vocation d'indépendance dans ses fondements. La dette de L´Indépendance est un élément clé du rouage de la machine de corruption, avec l'appui des commerçants étrangers, s'infiltre dans toutes les parties du corps social. … Sans être définitive, la compromission de la dette de l'Indépendance déclenche le processus du déclin.« Vgl. Leslie J.R. Péan (2000): *Haïti, économie politique de la corruption. De Saint-Domingue à Haïti: 1791–1870*, Port-au-Prince, S. 28.

Verteidigung erhält Priorität

Zudem war Haiti von Gebieten umgeben, die alle noch zur Einfluss-
sphäre feindlich gesonnener Kolonial- und Handelsmächte gehörten.
Ausgaben in die eigene Verteidigung hatten eine hohe Priorität und
beanspruchten über viele Jahre den größten Teil des noch verbleibenden
Staatsbudgets.[26] In dieser ersten Phase der Republikgründung entstanden eine wehrhafte Armee und landesweite Verteidigungsanlagen wie
die imposante Zitadelle Laferrière, die bis heute als eines der berühmtes-
ten Wahrzeichen Haitis gilt. Lange Zeit behielt das Militär in der Gesellschaft diese unheilvoll dominante Rolle. Durch weitere Kredite und den
Handel u.a. mit Kaffee, Kakao sowie Blau- und Edelholz (Campêche,
Mahagoni) gelang es Haiti immerhin noch bis 1890, den Status als einstige »Perle der Karibik« zu bewahren. Der Preis, den Haiti dafür zahlte,
ist jedoch hoch. Zunehmend wurden die üppig bewaldeten Berge ab-
geholzt. Gebiete, die verkehrstechnisch nicht so erschlossen waren, wie
das Gebiet der Grand' Anse, hatten diesbezüglich Glück. Die Extraktion
der Naturgüter konnte hier nicht so wirksam durchgeführt werden. Wer
heute Haiti mit dem Flugzeug anfliegt, sieht um die Hauptstadt Port-
au-Prince herum von oben vor allem graue, kahlgeschlagene Berge. Auf
der einst grünen Insel sind nur noch zwei Prozent der Bewaldung übrig-
geblieben. Durch den Raubbau an der Natur gelang es Haiti also trotz
des wirtschaftlichen Niedergangs, noch Jahrzehnte bedeutender Teil des
Welthandels zu bleiben. Erst gegen Ende des 19. Jahrhunderts wendete sich die Lage grundlegend. Inzwischen hatten chemische Erfindun-
gen den Markt für den Handel mit Färbstoffen abgeschwächt. Wichtige Exportmöglichkeiten beispielsweise von Blauholz brachen weg und
konnten nicht durch andere Güter kompensiert werden. Für eine flexible
Anpassung an die veränderte Nachfrage fehlte es jetzt jedoch an Inves-
titionskraft und Bildung. Der unsichtbare, strukturelle Raubbau, der seit
der Staatsgründung an den Fundamenten der Gesellschaft betrieben
worden war, begann sich jetzt bitter zu rächen.

Die externen Schulden mussten dennoch weiter bedient werden. Der
haitianische Staat nahm zunehmend auch im Inland Kredite auf. Immer
mehr Schulden wurden akkumuliert. Selbst die Konsolidierung durch
die Gründung einer Nationalbank im Jahr 1900 scheiterte. Die »Banque
Nationale d'Haïti«, die damals in den Händen französischer Bankiers
lag, erlangte Kredite für bis zu fünf Prozent Zinsen in Europa, reichte sie

---

26 Henochsberg (2016), S. 25.

aber an den haitianischen Staat für zwölf bis 18 Prozent Zinsen weiter. Die jährlich erwirtschafteten Profite wanderten somit an ausländische Anteilseigner ab und kamen nicht dem eigenen Staat zugute.[27]

Die stete Ausweitung des Kreditwesens zeigt bereits deutlich das Grundmuster einer Extraktionsökonomie. Diese wirkt sich nicht nur auf die wirtschaftliche Kraft eines Landes negativ aus, sondern auch auf dessen ökologisches, kulturelles und gesundheitspolitisches Potenzial. Indem es an Geld fehlt, um in Schulen, Krankenhäuser, Straßen, Häfen, neue Produktionsweisen und in die Wiederaufforstung zu investieren, fällt diese Gesellschaft in ihrer Entwicklung zwangsweise zurück, ein postkolonialer Teufelskreis setzt ein, der sich bis heute auswirkt. So haben Studien gezeigt, dass auch in den heutigen globalen Klimakrisen gerade diese postkolonial geprägten Länder wieder besonders stark getroffen sind.[28]

Entstehung einer Oligarchie

Die Abhängigkeit des Staates von Kreditgebern macht ihn zunehmend beeinflussbar. Im Inland entwickelte sich in Haiti eine einflussreiche Oligarchie, und es entstand ein die staatliche Autonomie gefährdender Nährboden für Korruption.[29] Wohlhabende Handelsfamilien gewannen in dieser Zeit an Einfluss auf die haitianische Politik und finanzierten – oft im Einklang mit amerikanischen und französischen, später auch mit deutschen Interessen – diverse Staatsstreiche. Das mit der Republikgründung verbundene System einer auszehrenden Schuldenpolitik hält Haiti bis heute eisern im Griff. Zwar endeten nach mehr als hundert (!) Jahren zu Beginn der 1950er Jahre – die Schulden waren offiziell getilgt – die Reparationsforderungen der einstigen Kolonialmacht Frankreich gegenüber Haiti; hohe Zinsbelastungen gegenüber den Kreditgebern und neu entstandene Abhängigkeiten z.B. gegenüber den USA bestehen jedoch weiterhin.[30] Haiti ist somit der erste Staat, der im Rahmen einer

---

27 Henochsberg (2016), S. 31.

28 Ferdinand Malcom (2019): *Une écologie décoloniale – Penser l'écologie depuis le monde caribéen*, Paris.

29 Michael Hudson (2011) »Was sind Schulden?«, in: *Frankfurter Allgemeine Zeitung*, 2.12.2011. https://www.faz.net/aktuell/feuilleton/politik-und-finanz-was-sind-schulden-11548820.html (zuletzt gesehen 6.12.2019).

30 Piketty (2020), S 283. In einem offenen Brief, der im August 2010, dem Jahr des verheerenden Erdbebens, von namhaften internationalen Intellektuellen an Prä-

postkolonialen Extraktionsökonomie systematisch in eine Schulden-
falle geführt wurde. Wenn man verstehen möchte, warum aus der er-
tragreichsten Besitzung Frankreichs heute einer der instabilsten Staaten
Amerikas wurde, muss man sich mit diesem massiven Schuldendruck
befassen, dem Haiti seit der frühen Phase der Republikgründung ausgesetzt war. Die finanzielle Abhängigkeit Haitis hat außerdem in unge-
wöhnlichem Ausmaß Fremdeinwirkungen ermöglicht. Vor allem den
Vereinigten Staaten von Amerika (USA) ist es zunehmend gelungen,
gegen den Widerstand der haitianischen Bevölkerung den Anspruch auf
staatliche Autonomie zu unterwandern. Dieser Prozess ist einerseits offen militärisch erfolgt, er geschieht jedoch auch parallel über politische
und wirtschaftliche Verflechtungen. Diese dringen immer tiefer in das
innere System ein und beeinflussen staatliche Entscheidungsprozesse.

Dieser Aushöhlungsprozess der haitianischen Unabhängigkeit ging so
weit, dass die USA über fast 20 Jahre hinweg Haiti okkupierten und die
Administration des Landes mit autoritären Mitteln an sich zogen. Dieser Schritt erfolgte in einer Zeit, als deutsche Handelsgesellschaften ihre
Beziehungen in die Karibik wieder weiter ausgebaut hatten und inzwischen mittlerweile 80 Prozent des haitianischen Handels bestimmten.[31]
Aus Sorge vor dieser Konkurrenz wurde die amerikanische Vormacht-
stellung auf der Karibikinsel im Sinne der »Monroe-Doktrin« (1823) nun
radikal durchgesetzt. Inzwischen hatte die Region auch geopolitisch an
Bedeutung hinzugewonnen. 1914 war der Panama-Kanal eröffnet worden und der Erste Weltkrieg hatte begonnen. Mehrere deutsche Kriegs-
schiffe zeigten in der Karibik bereits Präsenz. Um den deutschen Einfluss zu stoppen, übernahmen die USA darum von 1915 bis 1934 mit
militärischer Gewalt die Macht in Haiti, kontrollierten die Politik und
das Finanzwesen der Republik, führten Pressezensur ein, verschärften
in der Gesellschaft Rassismus und Segregation und setzten Präsidenten
sowie Regierungsvertreter ab, wenn sie sich der amerikanischen Präsenz
widersetzten.[32] Rebellionen wie die unter Charlemagne Masséna Péral-
te (Anführer der Résistance der Cacos aus dem Norden Haitis) führten
zu Massakern der US-Besatzer an der haitianischen Bevölkerung. Eine

---

sident Sarkozy gerichtet war, fordern diese, Haiti die Reparationsschuld zurück-
zuerstatten. Vgl. Henochsberg (2016) S. 60.

31 Vgl. Gaillard Roger (1990): *L'enigme haïtienne. Kapitel 5. L'occupation américaine
comme conséquence de l'effondrement de l'État haïtien (1915–1934)*, Port-au-Prince.

32 Vgl. Myrtha Gilbert: »L'étranger faisait et défaisait les gouvernements«, in: Le
Nouvelliste, 2.8.2018. https://lenouvelliste.com/article/182657/les-impacts-
de- loccupation-americaine-dhaiti-1915-1934.

Auflistung der französischen Universität Science Po verweist in diesem Zeitraum auf mehr als 15.000 Opfer in der Zivilbevölkerung, die durch Massenhinrichtungen oder auch bei der Zwangsarbeit im Straßenbau starben.[33]

Innerhalb Haitis hatte sich die Lage nach dem Abzug der amerikanischen Truppen 1934 stark verändert. Die Beziehungen zur Dominikanischen Republik waren zutiefst gestört, die Gesellschaft im Innern durch die amerikanischen Ein- und Übergriffe destabilisiert. Erst unter Präsident Dumarsais Estimé (1946-1950) konnten die Zahlungen für die Reparationsschulden eingestellt werden und Haiti gewann außenpolitisch wieder an Prestige. Mit diesem Bestreben fand 1949 die erste Weltausstellung nach dem Zweiten Weltkrieg in Port-au-Prince statt. Das Renommée der einst wohlhabenden Karibikinsel war zu dieser Zeit, als Deutschland durch den Krieg zerstört war, noch lebendig.

Milliardenkredite für die Diktatur

Der endgültige Einbruch erfolgte in Haiti, als 1957 Francois Duvalier durch eine vom Militär gestützte Wahl an die Macht kam und Haiti in einer fast 30-jährigen Diktatur zerrieben wurde. Betrachtet man diese innenpolitisch schwere Zeit unter der Fragestellung, wie sehr sie die politische und finanzielle Unabhängigkeit des Staates gestärkt bzw. geschwächt hat, zeigt sich erneut die dominante Rolle der USA. In der Hochphase des Kalten Krieges und des Anti-Kommunismus wurde Francois Duvalier vorbehaltlos unterstützt. Man zahlte Kredite und fragte nicht danach, wofür sie eingesetzt wurden. Ebenso ignorierte man das Terrorregime, das mit Hilfe einer grausamen Miliz, den »tonton macoutes«, im Innern wütete. Zahlreiche Studenten und Bauern, willkürlich in Ungnade Gefallene sowie Vertreter der Opposition wurden in der Diktaturphase getötet. Einer der Hoffnungsträger der Oppositionsbewegung, der Arzt und Präsident der Kommunistischen Partei Haitis Jacques Stéphen Alexis, der mit Mao Tse-Tung und Fidel Castro eng zusammengearbeitet hatte, wurde bei dem Versuch, wenige Tage nach der US-Invasion auf Kuba 1961 einen Umsturz der Duvalier-Diktatur herbeizuführen, von Geheimdiensten an die Todes-

---

33 Vgl. https://www.sciencespo.fr/mass-violence-war-massacre-resistance/fr/document/ liste-chronologique-des-massacres-commis-en-haa-ti-au-xxe-siacle.html (zuletzt gesehen 12.2.2020).

schwadron Duvaliers verraten und verschleppt. Er gilt bis heute als vermisst.[34]

An diesem Beispiel zeigt sich, wie stark Eingriffe von außen auf innere Prozesse in Haiti Einfluss genommen haben. Hätte es vier Jahre nach der Machtübernahme von Francois Duvalier eine Option gegeben, die Diktatur zugunsten einer sozial ausgerichteten Politik zu beseitigen? Welchen Weg wäre Haiti gegangen, wenn Jacques Stéphen Alexis seinen Widerstand in Haiti hätte bündeln können?

Während der von außen gestützten Diktatur, die nach dem Tod des Vaters von seinem Sohn »Baby Doc« bis 1986 weitergeführt wurde, flohen zahlreiche Intellektuelle ins Exil. Nahezu 50.000 Menschen waren in dieser Zeit getötet worden oder gelten als vermisst. Orte der Folter wie Ti Tanyen, Penitentier National und Fort Dimanche sind noch nicht erforscht. Neben der anhaltenden ökonomischen Ausbeutung erfolgte somit auch eine intellektuelle und bildungsbezogene Auszehrung Haitis. Ein wichtiger, zukunftsweisender Teil der Mittelschicht, aber auch der besitzlosen Bauern hatte Haiti verlassen. Viele von ihnen leben bis heute in der Diaspora.[35] Wieder bzw. weiterhin war Haiti in eine Lage geraten, in der es Raubbau an seinen eigenen Fundamenten nahm.

Der Versuch, nach dem Ende der 30-jährigen Diktatur die Republik Haiti mit einer revidierten Verfassung neu und stabil zu gestalten, stand also unter schweren Vorzeichen. Wieder gab es eine neue, hohe Schuldenlast zu bewältigen. Denn nachdem Baby Doc 1986 gen Frankreich geflohen war, blieb Haiti, wie Naomi Klein beschreibt, dem massiven Druck des internationalen Finanzsystems ausgesetzt. 120.575.000 US-Dollar[36] hatten Duvalier und seine nächste Umgebung aus den Kassen der öffentlichen Unternehmen und der Staatskasse veruntreut. Kreditgeber wie der Internationale Währungsfonds (IWF) und die Weltbank forderten die Rückzahlung von 844 Millionen US-Dollar, Geld, das jedoch nie im Dienste der Bevölkerung eingesetzt worden war und das, so argumentiert beispielsweise Cephas Lumina, der unabhängige Experte der Vereinten Nationen, einem Schuldenschnitt hätte unterliegen sollen.

---

34 Vgl. Dokumentarfilm von Arnold Antonin aus dem Jahr 2015: *Jacques Stephen Alexis: Mort Sans Sépulture*.

35 31.800.000 in den USA, 300.000 auf Kuba, 800.000 in der Dominikanischen Republik, 80.000 in Frankreich,100.000 in Kanada und 80.000 auf den Bahamas. Vgl. worldpopulationreview.com (gesehen 15.12.2019).

36 Vgl. http://www.cadtm.org/Haiti-un-pays-crediteur-pas, 7.3.2010 (zuletzt gesehen 20.2.2020)

Überschuldungskorsett hält Staaten in Armut

Mit extremen Schulden stand Haiti jetzt nicht allein in der Welt. Die an der London School of Economics lehrende Ökonomin Saskia Sassen hat gezeigt, dass hinter diesem in Haiti seit seiner Gründungszeit bestehenden Überschuldungsphänomen ein systematisches Problem existiert, das in unterschiedlichen Zusammenhängen auch andere arme – und man mag ergänzen – arm gehaltene Staaten betrifft. Zwischen 1982 und 1998 hatten verschuldete Staaten im Rahmen sogenannter Strukturanpassungsprogramme (structural adjustment programs) das Vierfache ihrer ursprünglichen Schuldenlast zwar wie eingefordert zurückbezahlt, dennoch waren im gleichen Zeitraum ihre Grundschulden weiter angestiegen. Ärmere Länder hatten auf Druck des IWF 20 bis 25 Prozent ihrer Exportgewinne zur Rückzahlung von Schulden einsetzen müssen. Viele traditionelle Ökonomien waren durch das Korsett solch extremer Tilgungsraten zerstört worden.[37]

In einer solchen ökonomisch angespannten Lage fand 1991 mit großem Enthusiasmus die erste demokratische Wahl eines haitianischen Präsidenten statt. Bei hoher Wahlbeteiligung gewann Jean Bertrand Aristide, ein ehemaliger Priester des Don Bosco Ordens, welcher der ärmeren Bevölkerung zugewandt war und in Haiti die Bewegung der »Kirche von unten« vertreten hat. Die haitianische Bevölkerung feierte seinen Sieg auf den Straßen im ganzen Land. Nach dem bei Wahlen 1986 verübten Massaker war erstmals ein Präsident auf der Basis der neuen Verfassung von 1987 auf demokratischem Weg bestimmt worden. Dieser setzte sich mit seiner Partei »Lavalas« u. a. für eine Aufhebung der Klassengesellschaft ein.

Finanzkräftige Gegner unterstützten schon wenige Monate später einen Militärputsch gegen den Präsidenten. Aristide wurde in die USA ins Exil gebracht und kehrte erst 1994 wieder zurück.

Das politische Schicksal Aristides markiert eine Zäsur in der Geschichte Haitis. Unter der Vorgabe, die Demokratie unterstützen zu wollen, wurde der zukünftige Weg des Präsidenten von internationalen Staaten wie den USA und Frankreich bestimmt. Während Aristide im Exil war, versetzten Milizen die Bevölkerung wieder in Angst und Schrecken. Wer diese Milizen anleitete und finanzierte, ist vielfach Spekulation. Emmanuel Constant, der damals eine der stärksten paramilitärischen Gruppen, die FRAPH, gegründet hat, erklärte öffentlich, ein

---

37 Vgl. Saskia Sassen (2011), *Huffington Post*, Januar 2011.

Spion der Central Intelligence Agency (CIA) zu sein.[38] Der Terror der Duvalier-Zeit schien zurückzukehren. In gewaltsamen Auseinandersetzungen wurden innerhalb von drei Jahren rund 4.000 Menschen getötet. 1994 brachten die USA unter Präsident Bill Clinton Aristide aus dem Exil zurück und besetzten zugleich Haiti. Aristide verfolgte nun eine neoliberal ausgerichtete Wirtschaftspolitik. René Préval, der von Aristide als Nachfolger favorisierte Kandidat, wurde zwei Jahre später Präsident und blieb im Amt, bis sich Aristide verfassungskonform wieder zur Wahl stellen konnte.

Putsch und Auszahlungsblockaden der Geberländer

Doch nur scheinbar gehen die Dinge in Haiti ihren geregelten Gang. Im Jahr 2000 gewann bei geringer Wahlbeteiligung nicht der von den USA favorisierte Kandidat, vielmehr wurde Aristide wiedergewählt. Schon bald erfolgten erste Putschversuche. Die USA behaupteten zudem, es habe Wahlfälschungen gegeben, und blockierten von 2001 bis 2004 die Auszahlung von Hilfsgeldern. Wie gut sich die Verfügbarkeit von Hilfsgeldern als ein Instrument politischer Strategie nutzen lässt, wurde kaum noch verschleiert. Aristide wurde jedoch auch von ehemaligen Weggefährten zunehmend kritisiert. Man warf ihm eine Nähe zu Waffen- und Drogenhändlern vor. Der investigative Journalist Jean Dominique, der sich schon gegen Duvalier eingesetzt hatte, kündigte Beweise für diese Vorwürfe an und wurde vor dem Eingang seiner Radio-Station *Haiti Inter* am 3. April 2000 erschossen.[39] Der Druck im Innern des Landes nahm erneut zu. In dieser Phase der Instabilität intervenierten Frankreich und die USA, um die Ablösung des haitianischen Präsidenten Jean-Bertrand Aristide durchzusetzen. In einer Art Putsch wurde Aristide 2004 aus dem Land ins Exil geflogen. Blauhelm-Truppen beteiligten sich nachfolgend an einer Stabilisierungsmission.

Was aus der Ferne betrachtet wie ein ernsthaftes, demokratieförderndes Engagement der internationalen Gemeinschaft wirkt, erscheint aus der Nähe betrachtet keinesfalls so stimmig. Ein legal gewählter Präsident wurde gegen dessen Willen und gegen den Protest der Staaten

---

38 Vgl. Tim Weiner (1996): »93 Report By C.I.A. Tied Haiti Agent To Slaying«, in: *The New York Times*, 13.10.1996, https://www.nytimes.com/1996/10/13/world/93-report-by-cia-tied-haiti-agent-to-slaying.html (zuletzt gesehen 16.12.2019).

39 »Who killed Jean Dominique?«, Reporter without Borders, https://rsf.org/en/reports/who-killed-jean-dominique, 20.1.2016. (zuletzt gesehen 29.12.2019).

der karibischen Gemeinschaft (CARICOM) außer Landes geschafft.[40] Die spätere Hilfe diente dem eigenen Nutzen und schien durch ein doppelbödiges Interesse bestimmt zu sein. Während Haiti in den folgenden Jahren wöchentlich eine Millionen US-Dollar zahlte, um Schulden von insgesamt 1,7 Milliarden US-Dollar zu bedienen, trafen im Jahr 2008 mehrere verheerende Hurrikans die Karibikinsel. Dennoch entschied sich nach Recherchen von Saskia Sassen die Weltbank, die damals 27 Prozent der Auslandsschulden Haitis hielt, zunächst dagegen, Haiti – wie es zu dieser Zeit für andere Staaten entschieden wurde – einen Schuldenschnitt zu gewähren. Dieser erfolgte erst 2009 und brachte dann zwar erkennbar Entlastung, er wurde jedoch durch das im Januar 2010 erfolgte Erdbeben unwirksam.[41]

Haiti geriet also schon in den ersten Jahren der Staatsgründung in eine extern herbeigeführte ökonomische Krisenlage und war somit nicht nur der erste Staat, der von Sklaven, die sich selbst befreit hatten, gegründet worden ist, sondern auch die erste postkoloniale Republik, die systematisch in einen Schuldenmechanismus hineinmanövriert wurde. Das haitianische Beispiel sollte abschreckend wirken; mit diesem Ziel haben die damaligen Kolonialmächte ihre neuen, drastischen Schulden- und Boykottmaßnahmen implementiert. Neoliberale Finanzstrategien, die bis in die Gegenwart fortwirken, wurden damals bereits vorweggenommen. Sie betreffen heute rund 50 Staaten weltweit.

***

Festzuhalten bleibt: Eine übermäßige Schuldenlast hat Folgen. Wie in einem Prisma zeigen sich in Haiti deren Langzeitwirkungen. Sogar während des Erdbebens wurde offenbar, dass auch in der größten Not die Interessenvertreter der Extraktionsökonomie das Wohl der Bürger ignorierten.

---

40 Vgl. http://www.bbc.co.uk/caribbean/news/story/2004/03/040303_haiticaricom.
shtml, 3.4.2004 (zuletzt gesehen 20.2.20).
41 Vgl. Sassen (2011): *Huffington Post*.

Der Hilfe ist nicht mehr zu helfen
Eine Rede

Von Raoul Peck

Das Auditorium der Frankfurter Johann Wolfgang Goethe-Universität war an diesem Abend brechend voll. Gerade hatte die Soziologin Saskia Sassen gesprochen und anhand von vielen Tabellen nüchtern erläutert, dass unsere Welt zwar immer noch so aussieht, wie wir sie zu kennen glauben, sich die DNA dieser Welt aber komplett verändert habe. Die Finanzialisierung aller Lebensbereiche kolonisiere jeden einzelnen. »Was für Bürger sind wir in dieser neuen Welt?«, fragte sie. Als der haitianische Filmemacher Raoul Peck nach ihr das Wort ergriff, hatte niemand im Saal erwartet, dass er eine ganz überraschende Antwort auf Saskia Sassen geben würde. Er appellierte nämlich an die Bürgerin und den Bürger, an den klassischen Citoyen, der sich als vernunftbegabtes Wesen auch dazu entscheiden kann, sich nicht in einem »räuberischen System« (Sassen) seine Subjektivität und Handlungsmacht nehmen zu lassen. Raoul Pecks emotionale und bittere Abrechnung mit dem System der Hilfe, die er auf der Konferenz »Beyond Aid – Jenseits der Hilfe« vortrug, die 2014 von medico international, der Heinrich-Böll-Stiftung und der Rosa-Luxemburg-Stiftung sowie dem Frankfurter Institut für Sozialforschung durchgeführt wurde, hat von ihrer Gültigkeit bis heute nichts verloren. Der Filmemacher, der sich mit seinem Dokumentarfilm *Tödliche Hilfe* und seinem Spielfilm *Mord in Pacot* mit der haitianischen Erfahrung nach dem Erdbeben auseinandersetzte, setzte danach seine lange Werkliste mit dem Spielfilm *Der Junge Karl Marx* und dem für den Oscar nominierten Dokumentarfilm über James Baldwin *I Am Not Your Negro* fort. (K. M.)

Hilft die Hilfe? Ich glaube: Der Hilfe ist nicht mehr zu helfen. Nach mehr als 60 Jahren hat Entwicklungspolitik ihren Inhalt verloren. Die, denen geholfen werden soll, haben auf diese Art von Hilfe keine Lust mehr. Diejenigen, die im Feld helfen, wissen weder genau, warum sie helfen, noch wem sie helfen. Diejenigen, die die

Gelder bewilligen, sind seit Öangem schon nicht mehr in der Lage, sich ihre Intervention anders vorzustellen als unter dem doppelten Druck ihrer eigenen ökonomischen und politischen Existenz. Hinzu kommen der Druck der öffentlichen Meinung und deren Vorstellung vom Leiden dieses Planeten.

Obwohl es für einige offensichtlich sein mag, ist es wichtig zu verstehen, dass wir in einem in seiner Tiefe grundlegend faulen und widersprüchlichen System leben. Dieses System tut das Gegenteil von dem, was es vorgibt zu tun. Hinter seinen Gesichtszügen verbirgt sich ein anderes, wahres Gesicht.

Darüber hinaus unterliegt dieses System einem spezifischen historischen, politischen, ökonomischen und menschlichen Kontext. Wir leben also in einem ökonomischen Zusammenhang, der hoch strukturierend ist und in dem Geld und Profit alle Handlungen, zwischenmenschlichen Beziehungen und Beziehungen zwischen den Nationen bestimmen. Dieses System legt fest, wer reich und wer arm, wer Ausbeuter und wer Opfer ist und wer belohnt wird. Es verschärft den Wettbewerb zwischen den Kontinenten, einzelnen Ländern, Rassen, Geschlechtern und am Ende zwischen den und innerhalb der Institutionen.

Im Inneren der Hilfsmaschine

Entwicklungshilfe und ihr Pendant, die humanitäre Hilfe, sind darin eine Art Über-Phänomen, ein Antriebsriemen, Aspirin in einer brutalen, Notfallkommando in einer völlig deregulierten Welt. Diese Maschine ist eine Hydra mit vielen Köpfen, die aber nicht mehr in der Lage ist, die Summe ihrer Einzelteile zu steuern. Schlimmer noch. Sie denkt nicht nach. Sie folgt nur den Märkten, die wiederum verängstigt auf das nächste Rating von Moody warten.

Die Erfahrung, die ich in den letzten drei Jahren in Haiti nach dem Erdbeben gemacht habe, war für mich eine letzte und wichtige Phase meines Engagements auf dem Gebiet der Entwicklungshilfe. Ich bin in diesen Jahren tief in das Innere der Hilfsmaschine eingetaucht. Ganz bewusst habe ich einen guten Teil meiner bisherigen Erfahrungen, meine professionelle Expertise auf dem Gebiet, meine Skepsis über die Wirksamkeit von Hilfe, mein kritisches Verständnis von 60 Jahren gescheiterter Entwicklungspolitik, die keinerlei Erfolgsgeschichte vorweisen kann, außer Acht gelassen. Mein vorbehaltloses Eintauchen in die Welt der Hilfe wurde für mich ein Abstieg in die Hölle. Ich fand gleich in den ersten Wochen eine Vielzahl von humanitären Blasen vor, die in sich ziemlich gut in ihrer eigenen Logik und mit ihrer eigenen Agenda funktionierten. Aber sobald man versuchte, jede dieser Blasen in einer kohärenten Strategie zusammenzubringen, die Ziele zu koordinieren, die Mittel und die Methoden abzustimmen, ergaben sie keinen Sinn mehr. Natürlich haben sich einige Akteure besser verhalten als andere. Natürlich kann man nicht alle Beteiligten in ihren Motiven und Ansätzen gleichsetzen. Aber die Tatsache bleibt, dass sie in der großen Mehrheit versagt haben. Trotz aller Dementis liegen die Zahlen vor, die es beweisen. Manche begnügen sich mit der Aussage, je nach Sichtweise sei das Glas eben halb leer oder halb voll. Das sehe ich ganz anders. Wer sich so mit dem Stand der Dinge zufrieden gibt, den Status quo verteidigt, handelt kriminell. Sei es als Einzelner oder als Institution. Ich weiß, das mag in Ihren Ohren übertrieben klingen, aber ich sage das mit großer Demut und mit Wut über die sinnlose Vergeudung von Geldern.

Nach der Aufführung meines Filmes *Tödliche Hilfe* in Berlin erwiderte ein Mitarbeiter einer großen deutschen Hilfsorganisation meine Kritik mit der Aussage, dass schließlich die Sterblichkeitsrate von Säuglingen weltweit zurückgegangen sei – von x Prozent auf »nur« y Prozent. Aber mein größtes Problem ist dieses »nur«! Vor allem angesichts der phänomenalen Summen, die dafür ausgegeben werden. Ich verstehe zwar, was er mir sagen wollte, nämlich: »Wir tun unser Bestes.« Wir haben doch einige Erfolge erzielt. Wir gewinnen immer mehr Schlachten. Und dass wir in zehn oder 20 oder 30 Jahren dann doch unser Ziel erreichen werden. Aber die Mehrheit der Welt hat diese fünf oder zehn oder dreißig Jahre nicht. Wir müssen mit dieser Form von Selbsttäuschung aufhören. Wir dürfen uns nicht mit der aktuellen Situation zufriedengeben. Wir müssen aufhören, uns jeden Tag zu sagen, dass es letztendlich nicht so schlimm ist, was wir tun.

Ich kann die Klagen über die Korruption unserer Führer in der Dritten Welt, über die Dummheit unserer Eliten, unserem Mangel an Governance, nicht mehr hören. Weder Korruption, Dummheit oder Misswirtschaft sind karibische oder afrikanische Besonderheiten. Ich möchte Sie keinesfalls belehren. Mein Ziel ist nicht diese Versammlung hier. Mein einziger Feind ist das System und die Komplizenschaft derer, die bewusst oder unbewusst das System in ihre DNA integriert haben. Ein System, das gewonnen hat, oder meint, dass es gewonnen hat. Ein System, das vor allem in unseren Köpfen gewonnen hat, da wir bewusst oder unbewusst seine Worte, seine Begriffe, seine Syntax, seine Tagesordnung, seine Ziele, seine Rituale, seine Form der Kommunikation und der menschlichen Beziehungen angenommen haben. Das kapitalistische System, von dem ich hier rede, hat sich trotz seiner vielen aktuellen Krisen und seiner spektakulären Zusammenbrüche zum Sieger auf der ganzen Linie ernannt. Es erneuert sich vor unseren Augen mit unserer Hilfe bewusst oder unbewusst. Es hat in unseren Köpfen, in unserer Praxis, in unseren Handlungen gewonnen. Wir haben den ideologischen und rhetorischen Kampf verloren.

Beim Frühstück im Hotel hörte ich diskret einem Gespräch am Nachbartisch zu. Diese beiden mögen mir verzeihen, wenn sie vielleicht Teilnehmer dieser Konferenz sind. Einer stellt sich dem anderen als Aktivist vor. Hier haben wir es: »Aktivist« ist ein Beruf geworden. Auch das Engagement hat sich professionalisiert und sich so weiter in das System integriert. Das Kapital und seine Funktionäre haben es geschafft, uns zu »professionalisieren«. Wir haben uns jeder in seiner Spezialität zu zertifizierten Experten verwandelt. Ich hingegen möchte weder als engagierter Filmemacher noch als Aktivist gelten, denn mein Klassenfeind hat nicht das Recht zu entscheiden, wer ich bin. Ich möchte einfach ein Bürger, ein Citoyen sein. Mich als »engagiert« zu bezeichnen, ist Eure eigene, Ihre Verantwortlichkeit zu verneinen. Mit der Konsequenz, dass ja jeder andere Bürger de facto als »nicht engagiert« bezeichnet werden kann (oder gar als passiv?). Es ist zu einfach. Jeder muss seinen Anteil tragen. Diesen Kampf müssen wir auf allen Fronten führen. Es ist Krieg. Einige Länder erleben sogar einen tatsächlichen Krieg. Und doch nehme ich um mich herum keine Dringlichkeit wahr. Die totale administrative Professionalisierung unserer Organisationen hat unsere Interventionsinstrumente für den Kampf ungeeignet gemacht. Wir stehen gelähmt vor dem Totengräber der Menschheit; wir stehen gelähmt vor dem Kapitalismus. Die Mittel, die wir uns selbst geben, sind lächerlich.

Wie konnte es dazu kommen, dass ein Großteil des NGO-Systems nur noch Umsetzer der Mittel aus reichen Ländern ist? NGOs wurden so zu bloßen Vollstreckern wechselnder absurder Strategien und nicht zuletzt zu Komplizen von kriminellen Politiken. Wie konnten die NGOs glauben, dass ihre Abhängigkeit von öffentlichen Geldern ohne Auswirkungen auf sie sein könnte? Wie konnten sie so naiv sein zu glauben, dass sich niemand bei ihnen einmischen würde? Wie konnten sie denken, dass dieser riesige Transfer von Geldern an NGOs seit den 1980er Jahren nicht auf eine grundlegende Weise ihre Methode, ihre Funktionsweise, ihre Inhalte und letztlich ihre Aktionen beeinflussen und verändern würde?

Jede Sekunde zählt

In was hat sich die Demokratie heute verwandelt? Wir haben kollektiv die politische Herrschaft über unser Leben, unsere Städte und unsere Länder verloren. Selbst die überzeugtesten Anhänger des Kapitalismus geben jetzt zu, dass sie doch nicht alles steuern können. Sie sagen, dass der Markt alles regelt. Aber sie vergessen hinzuzufügen, dass niemand mehr den Markt reguliert.

Auf die Frage »Hilft die Hilfe?« antworte ich ohne Skrupel und kategorisch mit einem »Nein«. Die Zeit unserer heftigen Diskussionen über die Wirksamkeit von Hilfe – ich diskutiere darüber seit über 30 Jahren – ist vorbei. Es ist ein teurer Luxus, diese Diskussion weiter so zu führen. Ihre fatalen Wirkungen sind seit Langem bekannt: die negativen Auswirkungen auf die lokale Wirtschaft, die um sich greifende Demobilisierung der aktiven Bevölkerung, der zunehmende Braindrain, die wachsenden Schulden, die Pazifizierung kritischer und engagierter Menschen, die Zerstörung lokaler Institutionen und vieles mehr. Der Unterschied zu unseren früheren Debatten liegt darin, dass die empirische Evidenz nicht mehr fehlt. Gemessen an den aufgewendeten Summen und Zielen weist keine humanitäre Intervention nennenswerte Erfolge auf. Das gilt für die ganze Welt. Mit wenigen Ausnahmen. Ruanda entwickelt sich erfolgreich. Dort hat die Regierung zwischenzeitlich ca. 250 NGOs ausgewiesen. Erfolgreich ist auch Indonesien, wo der Staat das Gleiche nach dem Tsunami tat. Darüber hinaus gibt es weitere, für mich absolut unerträgliche Phänomene: die Verschwendung von Ressourcen, die Interventionen von außen, Arroganz, Blindheit, zyklische Wiederholung von Fehlern, *mea culpas*, die zu keinen Lernprozessen führen, sondern nur umgehend dazu, den gleichen Fehler noch einmal zu machen. Sicherlich sollte man nicht verallgemeinern. Aber ich bin nicht hier, um nette Dinge zu sagen. Es ist nutzlos, weiter darüber zu diskutieren, wie man am besten helfen kann, wie man das Geld besser verwaltet, wie man mehr Geld bekommt, wie man besser faire Produkte verkauft, wie man Empowerment fördert, wie man die Stellung der Frau verbessert, wie man Bauern zum Fischen ermächtigt und Fischer zu Bauern macht, wie man gegen die Entwaldung und gegen Düngemittel, gegen genetisches Saatgut vorgeht, etc.

All dies weiter zu diskutieren, ist zwar richtig und lobenswert, aber ich glaube fest daran, dass wir dabei nicht die richtigen Kämpfe führen. Wenn sämtliche Beteiligte die *Do-no–harm*-Politik ein bisschen respektieren würden, wären wir schon viel weiter.

Ist die Zeit nicht gekommen, da jeder entsprechend seiner Verantwortung »Nein« sagen muss? Dies gilt gleichermaßen für den Norden wie für den Süden. Ist es nicht an der Zeit, unsere Denkweise radikal zu verändern? Mit »radikal« meine ich so radikal, wie es Edward Snowden getan hat. Er hat alles riskiert. Sogar seine Existenz, um das Inakzeptable zu denunzieren. Ich finde es seltsam, wie wenig Solidarität man ihm erweist. Was könnte man Vergleichbares in der Entwicklungshilfe und in der humanitären Hilfe tun? Was haben wir unternommen, um ebenso radikal diese Maschine, die uns erstickt, anzugreifen? Wenn ich radikal sage, meine ich, welche persönlichen und politischen Entscheidungen haben wir getroffen? Entscheidungen, die manchmal unwiderruflich sind. Nur daran kann echtes Engagement gemessen werden, weil unterdessen Menschen sterben.

Als ich in Deutschland vor langer Zeit studierte, habe ich mich immer gewundert, wieso die meisten meiner Kommilitonen vielmehr Zeit hatten als ich. Es dauerte lange, bis ich verstand, dass sie nicht in der gleichen Dringlichkeit lebten. Mein Kampf war immer noch in Haiti und für mich zählte jede Sekunde.

Wenn wir diese Welt als ein großes Boot sehen, dann verschwenden wir nicht mehr unsere Zeit, um die Menschen in der Ersten Klasse zu kritisieren, während wir magere Sandwiches an die Dritte Klasse verteilen. Wir wissen, dass dieses Boot den Namen Titanic trägt. Heute haben unsere Länder nicht mehr die Zeit und vor allen Dingen haben sie nicht mehr die Geduld.

Kapitel 2

Krise und Rebellion

Immer wieder werden Aufstände, Ganggewalt, politische Ratlosigkeit aus Haiti berichtet, meist um ein vorurteilsgeladenes Bild zu bestätigen. Die jüngsten politischen Konflikte aus dem Jahr 2019 kann man auch anders erzählen, nicht nur als Moment der Krise, sondern auch als Aufbruch.

Tagebuch eines Aufstands
Eine Septemberwoche

Von Katja Maurer

Es war Zufall, dass die Welle von Aufständen, die im Herbst und Winter 2019 viele Länder erfasste, in Haiti begann. Zufall war es ebenso, dass Katja Maurer im Herbst 2019 vor Ort war. Sie schrieb ein politisches Tagebuch ihrer Beobachtungen und Gespräche und veröffentlichte sie als Blog auf der Homepage von medico international. Nichts von den angesprochenen Aspekten hat seine Gültigkeit bis heute verloren. Es könnte genauso die Chronik einer Woche im Jahr 2020 in Haiti sein.

Die haitianische Regierungskrise

Port-au-Prince, 24. September 2019. Der gestrige Tag hat es sogar in die deutschen Medien geschafft, weil ein Senator aus der zweitgrößten Stadt Cap Haitien auf Demonstranten geschossen und dabei einen Fotojournalisten und einen Sicherheitsmitarbeiter verletzt hatte. Was aber aus europäischer (und nicht zuletzt einer immer noch kolonial geprägten) Perspektive aussieht wie eine weitere bizarre Geschichte in der komplizierten haitianischen Gemengelage hat einen ernsten Hintergrund und ist ohne die Beteiligung privilegierter Länder zu erwähnen, schier unmöglich zu erzählen.

Seit zwei Jahren kämpfen die verarmte Mehrheitsbevölkerung und die Zivilgesellschaft um die Absetzung des Präsidenten Jovenel Moïse, weil unter ihm Straflosigkeit und Korruption ein ungeahntes Ausmaß angenommen haben. Doch Moïse genießt wie sein Vorgänger und möglicher Nachfolger Michel Martelly die Unterstützung der Vereinten Staaten von Amerika (USA), Kanadas und der Europäischen Union (EU). Unser haitianischer Kollege Pierre Esperance, Direktor des Menschenrechtsnetzwerkes Reseau National Defense des Droits Humains (RNDDH), erzählte uns heute früh, dass der mittlerweile abgelöste deutsche Botschafter, den er zuvor häufig getroffen hatte, nicht mal mehr Blickkontakt mit ihm aufnehme, weil ihn die Kritik der Menschrechtler an der Einmischung durch den Westen so aufbrächte. Moïse ist Repräsentant der Entourage, die diese Länder nach dem Erdbeben 2010 in fragwürdigen Wahlen schnell installierten, um die Kontrolle zu behalten.

Konkreter Anlass der Proteste ist der Versuch des Präsidenten Moïse, einen neuen Regierungschef durchzusetzen: Fritz William Michel. Ihm wird persönliche Bereicherung vorgeworfen, und das kann ihm auch nachgewiesen werden. Das Bündnis *Ensemble Conte la Corruption (Gemeinsam gegen die Korruption)*, dem auch mehrere medico-Partnerorganisationen angehören, zeichnet in einer neuen Untersuchung die Geschäfte verschiedener Firmen Michels mit dem haitianischen Staat nach. Fünf seiner Firmen wurden vom gleichen Ministerium und sogar zum gleichen Datum für die gleiche Sache bezahlt. Ein Handel mit Nichts also, nur eine Überweisung des Staates an mit Michel verknüpfte private Firmen. Auf diese Weise soll der designierte Regierungschef zwischen 2017 und 2018 rund 16 Millionen US-Dollar verdient haben. Zuletzt soll er dem haitianischen Staat mehrere hundert hochgezüchtete Ziegen zu einem völlig überhöhten Preis verkauft haben (Die Bennenung scheiterte am Parlament).

Das wiederum trifft in Haiti einen wunden Punkt, und es steckt mehr als nur blanke Bereicherung dahinter. In einem so verwundbaren Land trägt gerade der Import von landwirtschaftlichen Produkten nachdrücklich zur Krisenverschärfung bei, weil der Markt für die einheimischen Produkte zerstört wird. Haitis Niedergang lässt sich nicht zuletzt an solchen Beispielen erzählen. Und das weiß hier auch jeder und jede. Dazu gehört die Ausrottung aller haitianischen Hausschweine – einer resistenten Rasse, die in Haiti gut überlebte und für Nahrung sorgte – unter dem Vorwand der Schweinepest. Während des »Schweinemassakers« wurden 1,3 Millionen haitianische Hausschweine, die *kochon kreol*, zwischen 1978 und 1984 auf Druck von den USA und Mexiko hin abgeschlachtet. Man fürchtete, dass die in der Dominikanischen Republik ausgebrochene Schweinepest über Haiti in die USA eingeschleppt werden und der US-Viehwirtschaft schaden würde. US-Agrarexperten kamen dann mit Hilfsgeldern nach Haiti, um statt der einheimischen Schweine die weißen *Iowa-Pigs* einzuführen. Das Ende der Geschichte ist in die Geschichte fehlgeleiteter Entwicklungsgelder eingegangen. Diese empfindlicheren Schweine brauchen hochwertige Kraftnahrung und können sich nicht von Essensresten ernähren wie ihre Artgenossen.

Zudem brauchen sie konstante veterinärmedizinische Betreuung. Das alles können sich die nahe an der Subsistenz lebenden haitianischen Bauern nicht leisten. Seither muss das Land noch mehr Nahrungsmittel einführen. Die Bauern konnten kaum mehr überleben, viele mussten ihr Land aufgeben und sind in die Elendsviertel der Städte gezogen.

Dass hier heute viele fürchten, die haitianischen Ziegen könnten auf diese Weise demnächst genauso verschwinden wie die *kochon kreol* ist also auf eine traumatische Erfahrung begründet. Dass Michel zuletzt noch fünf Senatoren mit je 100.000 US-Dollar bestochen haben soll, damit sie ihn als Regierungschef bestätigen, ist nur noch das I-Tüpfelchen auf dem Skandal. Man kann als haitianische Oligarchie über die rücksichtslose Aneignung des Staates noch reicher werden, als man ohnehin schon ist. Und Haiti ist kein Einzelfall, wenn weltweit gepredigt wird, dass der Staat, der der Wirtschaft dient, allen dient. Wenn das aber alles zu einer Zeit geschieht, in der derselbe Staat keine Gelder besitzt, um ausreichend Erdöl ins Land zu holen, von dessen Einfuhr alle abhängig sind, dann läuft das Fass einfach über. Die Energiekrise trifft die Ärmsten am schlimmsten, weil viele mit Fahrdiensten ihr Überleben sichern und die kleinen Geschäfte brachliegen.

Wir haben diesen Tag des schießwütigen Senators und massiver Proteste beim RNDDH verbracht, einem Menschenrechtsnetzwerk, mit dem medico international seit vielen Jahren zusammenarbeitet. Schon auf dem Weg dorthin war die Anspannung überall zu spüren. Es fuhren kaum Autos auf den sonst vollgestopften Straßen. Wir fuhren weite Bögen, um die großen Verkehrsadern zu umfahren, die nach Pétionville, in die Stadt der Privilegierten, führen. Kurz vor dem Büro der Menschenrechtsorganisation trafen wir dann doch auf die größtenteils männlichen Demonstranten.

Auf Motorrädern und in mit Menschen bepackten Lastwagen fuhren sie pfeilschnell die Avenue John Brown, die hier nur »Lalue« heißt, hinauf. Die anderen Verkehrsteilnehmer nahmen Reißaus, wendeten blitzschnell oder taten unbeteiligt. Während man im Auto sitzt und diese Macht der Straße sieht und fürchtet, fragt man sich, ob man hier von der weißen und privilegierten Angst vorm schwarzen Mann befallen wird oder einfach nur vernünftig ist. Der unerträgliche Stillstand und die Ohnmacht haben eine Wut bei vielen befördert, die wenig berechenbar erscheint. Am Ende des Tages aber war es ein Senator der haitianischen Oligarchie, der geschossen hat, und kein Demonstrant. Im Land der Straflosigkeit, so steht zu befürchten, wird er ungeschoren davonkommen.

Menschenrechtsarbeit im Parastaat

Port-au-Prince, 25. September 2019. Im Juni dieses Jahres sprach ich mit der argentinischen Anthropologin Rita Segato, die die These vertritt, dass die Staaten in Lateinamerika falsch gegründete Republiken seien, in denen die Eliten die kolonialen Herrschaftsstrukturen nie abgelegt hätten. Heute müsse man deshalb von einer Staatlichkeit sprechen, die sich zwischen Staat und Parastaat bewege, also zwischen legalen, normenbasierten Regeln und illegalen Regeln, die sich in ihrer Undurchschaubarkeit immer wieder neu erfinden. Diese beiden Seiten gingen fließend ineinander über, was auch die entregelte Gewalt erklären würde, die von Mexiko bis Brasilien für viele Länder der Region so typisch ist. Ob Rita Segato dabei auch an Haiti dachte? Die Antillen, häufig französischsprachig, sind oft nicht im Blick lateinamerikanischer Wissenschaftlerinnen und Wissenschaftler. Außerdem hat sich Haiti viele Jahrzehnte vor den anderen Ländern des Subkontinents von kolonialer Herrschaft befreit; und die erste Republik befreiter Sklaven in der Welt war tatsächlich ein Antipode zu den Kolonialmächten. Sie repräsentierte die schiere Möglichkeit einer anderen als kolonialen Existenz und schenkte den Menschenrechten ihren Anspruch auf Universalität. Trotzdem passt die Beschreibung von Segato heute ziemlich genau auch auf Haiti.

Die Gangster sind politisch

Während wir im Büro von RNDDH sitzen, läuft draußen eine Demonstration gegen die Regierung. Esai Clervil kenne ich schon von vielen Aufenthalten in Haiti. Wir sind zusammen in die Viertel gegangen, in die die Obdachlosen des Erdbebens verbracht wurden. Übergangsquartiere, in denen sie nun auf Dauer bleiben werden: Bidonvilles, Elendsviertel. Für Esai Clervil, ein ausnehmend freundlicher und bescheidener Mensch, der soziale Kommunikation und Jura studiert hat, sind die Demonstrationen und Ausschreitungen absolut legitim: »Den meisten Menschen in Haiti werden die zentralen sozialen Menschenrechte verwehrt. Sie sind unterernährt, haben kein Recht auf Wohnen, vom Zugang zu Bildung und Gesundheit ganz zu schweigen.« Man kann sich bei einem zurückhaltenden Mann wie Esai nicht vorstellen, dass er laut wird. Aber in dieser Angelegenheit wird auch seine Stimme fester und vernehmlich. Die martialische und teils gewalttätige Form der Demonstrationen schränkt ihre Legitimität für ihn nicht ein, auch wenn gerade die Form der Proteste Menschen wie Esai von der Teilnahme abhält. Hier mag auch ein Unterschied zu den Gangs und Jugendbanden in Mittelamerika und erst recht zur Mafia der Drogenkriminalität liegen. Diese sind nur noch Ausdruck der verheerenden politischen Verhältnisse, aber sie sind darin kein handelndes politisches Subjekt. Im Unterschied zu den Protesten in Haiti: Hier ist auch der Gangster politisch. In den Bewegungen der Elendsviertel mit all ihren Gangstrukturen und der ihnen innewohnenden Gewalt bemächtigen sich eben auch die Armen der zentralen Straßen und erheben eine Forderung nach politischer Veränderung und Teilhabe. Sie gehören also genauso zur Opposition wie etwa das Menschenrechtsnetzwerk, bei dem wir uns gerade aufhalten. Mehr noch: RNDDH gibt dieser Tage eine Presseerklärung nach der anderen heraus, in der sie die Wahl des vom Präsidenten vorgeschlagenen Premierministers Michel genauso ablehnt wie die Straßenkämpfer. Man könnte fast sagen, sie ergänzen sich. Damit ist aber auch jede Idee von demokratischer Opposition, die wir von hier aus gerne haben, nicht so leicht in den haitianischen Kontext zu übersetzen. Wir stellen uns den Citoyen vor, der in einem halbwegs organisierten politischen Raum agiert. Das aber existiert in Haiti so wenig wie in anderen postkolonialen Ländern, deren ökonomisches Schicksal die permanente Ausgrenzung ist, die nichts weiter als Überlebensstrukturen hervorbringt.

La Saline, das Ayotzinapa von Haiti

Beim Mittagessen bei RNDDH treffen wir zufällig Rita Dieujuste, die Sprecherin der Opfer des La-Saline-Massakers. Die Ermordung von 70 Menschen, unter ihnen Peterson, der 25-jährige Sohn von Rita, und die Vergewaltigung von 13 Frauen haben in Haiti dieselbe Bedeutung wie der Kampf um die Aufklärung des Schicksals von 43 verschwundenen Lehramtsstudierenden im mexikanischen Ayotzinapa. Rita erzählt, wie grauenvoll ihr Sohn im November 2018 ermordet wurde. Er wurde erst grausam gequält, bevor man ihn erschoss. Die Details sind zu furchterregend, um sie aufzuschreiben. Die Brutalität ist Teil einer Kommunikation des Schreckens. Rita ist eine kleine drahtige Frau mit wachen Augen und verbrannten Händen. Sie hat noch fünf weitere Kinder. Trotzdem riskiert sie sich im Kampf um die Aufklärung des Massakers. Wenn man sie fragt, wer ihren Sohn ermordet hat, antwortete sie unerschrocken: »Martine Moïse, die Frau des Präsidenten.« Dass sie

hier im Büro von RNDDH sitzt, ist kein Zufall. Die Menschenrechtsorganisation hat mehrere Untersuchungen in La Saline durchgeführt,
das neben Cité Soleil bekannteste im Westen von Port-au-Prince gelegene Elendsviertel. Mithilfe der Menschenrechtler ist die Sache bis
ins US-Parlament und vor die Menschenrechtskommission der Organisation Amerikanischer Staaten (OAS) gelangt. Rita Dieujuste lässt
sich nach langem Hin und Her dazu überreden, gemeinsam mit uns zu
essen. Sie scherzt vertraulich mit Pierre Esperance. In diesem Moment
gibt es keine Hierarchie oder Vorurteile.

Die Untersuchungen der Menschenrechtsorganisationen, aber auch
die der UNO, gehen davon aus, dass es sich in La Saline keineswegs um
einen Bandenkrieg gehandelt habe, sondern die Tötungen Folge eines
Versuches des Präsidenten und seiner Frau waren, die Bevölkerung an
weiteren Protesten zu hindern. Martine Moïse tauchte mit mehreren
hochrangigen Regierungsvertretern und sogar dem taiwanesischen
Botschafter in La Saline auf und versprach als Gegenleistung für das
Ende der Proteste den Wiederaufbau einer Schule und ein Krankenhaus. Die Basisorganisationen, die hier zum Teil unter der Kontrolle von Gangs stehen, lehnten das Angebot ab. Danach ereignete sich
das Massaker, wobei die Ausführenden zum Teil in Polizeiuniform
auftauchten und mit neuen Waffen ausgestattet vorgingen. Die Polizei spricht von einem Bandenkrieg und unternimmt nichts zur Aufklärung des Verbrechens. Sie wird übrigens wesentlich von den USA,
Kanada und Frankreich finanziert, die auch bei der aktuell debattierten
Neubesetzung des Polizeichefs ein entscheidendes Wort mitreden. Für
die Programmdirektorin des Menschenrechtsnetzwerkes, Marie Rosy
Auguste, ist hingegen klar: Die staatliche Gewalt hat sich der Gangs
bedient. »Das Leben bedeutet denen hier nichts«, sagt Rosy. »Das ganze System ist so korrupt, und es gibt keinen politischen Willen, es zu
überwinden.« Im Gegenteil: Die Regierung habe die USA im Rücken,
weil Haiti regelmäßig in der OAS mit den USA gegen die Maduro-Regierung in Venezuela stimme. Rosy Auguste arbeitet seit vielen Jahren
beim Menschenrechtsnetzwerk. Sie ist Anwältin und hat gerade den
Posten der Programmdirektorin übernommen. Eine laute und lachende Person, die in einem klitzekleinen, mit drei Personen überbesetzten und heißen Büro sitzt. Für die Illoyalität der haitianischen Politiker
hat sie nur ein Nasenrümpfen übrig. Erst bereicherten sie sich an den
Petrodollars aus Venezuela,[42] dann stimmten sie gegen ihre Geldgeber.

---

42 2006 unterzeichnete die haitianische Regierung ein Petrocaribe-Abkommen mit

Vor dem Generalstreik in Haiti

Port-au-Prince, 26. September 2019. Haitis Hauptstadt bewegt sich heute in einer gespannten Erwartung. Alle haben am Vormittag eingekauft und sind am Nachmittag zu Hause geblieben. Es gab nur wenige Barrikaden. Als müsste man für den morgigen landesweiten Generalstreik die Kräfte sammeln.

Nachdem der Präsident Jovenel Moïse vorgestern Nacht um 1:30 Uhr eine Rede gehalten hat, die die Kollegen der Migrationsplattform für Repatriierte und Geflüchtete als »eine Kriegserklärung gegen uns« interpretierten, kamen heute vorsichtige Zeichen der Deeskalation. Zwei Regierungsvertreter, die als Mitorganisatoren des Massakers im Elendsviertel von La Saline[43] im November letzten Jahres gelten, sind zurückgetreten. Wie es heißt aus »persönlichen Gründen«. In der Sache des schießwütigen Senators, dessen Bild um die Welt ging, erklären juristische Kreise in Haiti: Wenn jemand eine so offenkundige Gesetzesverletzung begangen habe, könne ihn laut haitianischem Gesetz jeder festsetzen. Tatsächlich wäre die Aufhebung seiner Immunität und die juristische Aufarbeitung der Ereignisse in La Saline ein erster Schritt wider die Straflosigkeit, die hier vor allen Dingen für die Privilegierten gilt, während die Armen oft jahrelang ohne Urteil im Gefängnis sitzen und auf einen Gerichtsprozess warten.

Aber das alles, so die Historikerin Suzy Castor, sei längst nicht mehr genug. Es müsse einen politischen Ausweg aus der totalen Blockade[44] geben, die nicht mehr zu ertragen sei. Sie wertet es als positives Zeichen, dass dies immer mehr Kreise in Haiti verstehen. Die Schließung der Banken seit Dienstag, meint Castor, sei ein Zeichen der Ablehnung des Präsidenten. Auch der wichtigste Unternehmerverband stellte sich mehrheitlich gegen Moïse. Sein Präsident trat aus Protest vom Amt zurück, weil immer noch drei seiner Mitglieder für den Präsidenten eintraten.

Venezuela, damals noch Präsident Chavez, um Erdöl zu 60 Prozent des Verkaufswertes zu kaufen und aus dem Erlös des Weiterverkaufs soziale Projekte zu finanzieren. Der Unterschied zwischen Einkaufs- und Verkaufspreis wurde als Kredit auf 25 Jahre zu einem Prozent Zinsen gewährt. Mittlerweile liegen die Schulden Haitis bei Venezuela bei ca. Milliarden US-Dollar.

43 Vgl. https://www.medico.de/blog/menschenrechtsarbeit-im-parastaat-17517/ (zuletzt gesehen 10.2.2020).

44 Vgl. https://www.medico.de/blog/die-haitianische-regierungskrise-17516/ (zuletzt gesehen 10.2.2020).

Suzy Castor, die mittlerweile die Achtzig überschritten hat und zu den angesehensten Intellektuellen des Landes gehört, sieht nicht nur aufgrund ihres Alters die Sache in langen Zeiträumen. Ihr historisches Ordnungsprinzip verortet die letzten hundert Jahre in drei Etappen: die US- amerikanische Intervention 1915, die bis 1934 dauerte und eine kapitalistische, auf US-Interessen hin ausgerichtete Modernisierung des Landes und die Rückkehr der Plantagenwirtschaft bringen wollte, aber letztlich am Widerstand der Bevölkerung scheiterte; die Duvalier-Diktatur, die 1986 endete; und die Übergangszeit, in der man sich immer noch befinde. Die Historikerin lacht. Selbstverständlich könne man 33 Jahre nicht als Übergangszeit zählen. Aber die damals formulierten Ziele, wie man sich ein anderes Haiti vorstellte, seien noch immer nicht erreicht. In diesen wirren Zeiten ist man ihr für ihre Fähigkeit, in Perioden und Jahreszahlen zu denken, ebenso dankbar, wie für ihre präzisen Formulierungen: »Seit 1986 bis heute suchen wir den Weg, diese Ziele zu erreichen. Nämlich ein Land zu sein, dessen Institutionen gut funktionieren, in dem jede Frau und jeder Mann eine Bürgerin und ein Bürger ist, mit allen Rechten und Pflichten, die damit verbunden sind. Und ein souveränes Land zu sein.« Heute befände sich Haiti am Tiefpunkt einer Vielzahl ungelöster Krisen, sagt sie. Wenn der Präsident nicht zurücktrete und den Weg für eine politische Lösung frei mache, könnten bürgerkriegsähnliche Auseinandersetzungen folgen. Selbst eine US-amerikanische Intervention hält sie nicht für ausgeschlossen.

Haiti ist die Welt

27. September 2019. Auf den Generalstreik vom vergangenen Freitag, der das ganze Land lahmlegte und zu heftigen Auseinandersetzungen führte, folgt am Wochenende eine kurze Atempause zum Einkaufen und um nachzufühlen, was Normalität ist. Am Freitag hatte die Straße landesweit die Herrschaft übernommen und dem Präsidenten Jovenel Moïse, dessen Rücktritt seit Wochen gefordert wird, die Grenzen seiner Macht gezeigt. Selbst im letzten Winkel des Landes, so Marie Rosy Auguste, Programmdirektorin von RNDDH[45], seien Polizeistationen in Brand gesetzt worden. Rosy besucht uns im Hotel, das wir nur un-

---

45 Vgl.https://www.medico.de/blog/menschenrechtsarbeit-im-parastaat-17517/, (zuletzt gesehen 10.2.2020).

ter größten Vorsichtsmaßnahmen und manchmal auch tagelang gar nicht verlassen können. Sie berichtet, dass Spezialeinheiten der Polizei gerade noch verhindert hätten, dass am Freitag eine aufgebrachte Menschenmenge zum Wohnsitz des Präsidenten stürmt. Mittlerweile heißt es, dass der Präsident sich versteckt halte. Und alle Spekulationen über seinen Aufenthaltsort werden aus Angst vor neuen Demonstrationen sofort dementiert.

Am Freitag wurde nicht nur geplündert, Banken und Autohäuser angesteckt, sondern auch kleine Läden in Brand gesetzt. Das wird hier nicht nur als Signal gegen den Präsidenten gelesen, sondern sorgt für extreme Unsicherheit. Marie Rosy Auguste meint angesichts dieser Eskalation: Bislang habe man sich in bestimmten Armenvierteln unsicher gefühlt, nun könne man sich nirgendwo in Haiti mehr sicher fühlen.

Für Montag hat der oppositionelle Abgeordnete André Michel weitere Demonstrationen angekündigt gegen die die Proteste vom Freitag harmlos gewesen seien. Tatsächlich haben 80 Prozent der Bevölkerung nichts mehr zu verlieren. Dass sie ihre Verzweiflung mit allen Mitteln auf die Straße tragen, sehen hier viele als legitim an, auch wenn sie die Gewalt fürchten, als würde sich damit die Büchse der Pandora öffnen. »Die Situation kann jederzeit völlig außer Kontrolle geraten«, meint Fritz Alphonse Jean, ehemaliger Direktor der haitianischen Nationalbank. Er hat 2019 erst ein Buch mit dem Titel *Une Économie de violence*[46] zur haitianischen Ökonomie der Gewalt veröffentlicht. Die brennenden Reifen auf dem Cover habe er gewählt, weil er seit Jahren in Vorträgen in Regierungskreisen und vor Unternehmern darauf hinweise, dass die herrschenden feudalen Strukturen zwangsläufig zum Aufstand führen würden. Bei den Vorträgen würden die Zuhörer bedächtig nicken – und nichts unternehmen. Der Staat, so Jean, sei von wenigen Reichen gekapert worden. Haiti ist in dieser Hinsicht offenkundig eine extreme Form politisch-ökonomischer Verzahnung, wie sie auch andernorts üblich ist.

Neue Ansprüche an die Demokratie

Nixon Boumba, der für den American Jewish World Service in Haiti arbeitet, aber sich in dieser Zeit als politischer Aktivist begreift, meint,

---

46 Vgl. Fritz Alphonse Jean (2019): *Une Économie de violence*.

dass in Haiti eine Mehrheit der Bevölkerung auch gegen eine sie ausbeu-
tende Elite im eigenen Land kämpft.[47] Deswegen sei eine Politsprache,
die nur auf alte Formeln der »Kritik am US-Imperialismus« zurück-
greife, nicht mehr zeitgemäß. Nixon Boumba kennt die neuen sozialen
Bewegungen, die rund um den Korruptionsskandal um die venezola-
nischen Petrodollars entstanden sind. Sie sind auch Ausgangspunkt
der derzeitigen Protestwelle. Diese Bewegung, so sagt der Aktivist,
habe andere Ansprüche an demokratische Partizipation. Boumba, der
von einer überwältigenden Energie getrieben wird, bleibt trotzdem
auf dem Teppich mit seiner Einschätzung. Das Momentum der Bewegung sei großartig und von nicht zu unterschätzender Stärke. Es fehle
aber an einer politischen Strategie, dieses Momentum in eine andere
Politik der sozialen Inklusion und der ökologischen Transformation
umzuwandeln. (Siehe Interview mit ihm, ab S. 186)

Am Tag unserer Abreise ist schon klar, dass die Proteste weitergehen werden. Haiti befindet sich in einem chronischen Zustand des
Aufstands. Das Desinteresse der globalen Öffentlichkeit an diesen Ereignissen ist ein Schlag ins Gesicht der Aufständischen. Man gibt sich
offenbar damit zufrieden, dies alles für ein Ergebnis lokaler Unfähigkeit zu halten. So wie die haitianische Gesellschaft gezwungen ist, sich
mit ihrer Geschichte zu beschäftigen, wenn sie Wege aus der Krise
finden will, muss sich aber auch die internationale Gebergemeinschaft
mit der eigenen Verantwortung auseinandersetzen. Hier gab es mit 13
Jahren Dauer die längste UN-Militärmission. Sie kostete täglich eine
Million US-Dollar. Sie war Teil dieses Pakts zur Verteidigung des Status quo und hat vor allen Dingen zur weiteren Schwächung der haitianischen Institutionen beigetragen. Das zumindest ist die Bilanz von
Pierre Esperance, Direktor des Menschenrechtsnetzwerkes RNDDH.
Die Rolle der Weltbank und der internationalen Geber, diesen Status
quo des Ausschlusses der Mehrheitsbevölkerung aufrechtzuerhalten,
ist einer tieferen Untersuchung wert. Dass nun die Ereignisse in Haiti,
die durchaus von globaler Bedeutung sind, mit Wegschauen und
Schweigen behandelt werden, offenbart nur, wie sehr die globale Politik selbst in diesem Status quo verharrt.

In Haiti wie anderswo ist der Status quo nicht mehr zu halten. Ob
sich hier ein Weg findet, den politischen Willen und den Mut aufzu-
bringen, eine Politik des Teilens mit und der Beteiligung von 70 Pro-

---

47 https://www.medico.de/blog/die-haitianische-regierungskrise-17516/ (zuletzt
gesehen 10.2.2020).

zent der Bevölkerung zu wagen, wird sich in den nächsten Wochen und Monaten zeigen. Vielleicht können wir dann von Haiti lernen.

Gefährliche Hampelmänner

Interview mit *Gary Victor* zur Krise Haitis

Seit 2018 demonstrieren Abertausende regelmäßig gegen die Regierung wegen massiver Korruptionsskandale. Nun hat eine akute Energiekrise das Fass zum Überlaufen gebracht. Mit Generalstreiks und Barrikaden wird der Rücktritt des Präsidenten Moïse gefordert. Haiti befindet sich auf dem Weg zum Aufstand. Der Schriftsteller Gary Victor, der auch für Film und Fernsehen arbeitet, ist einer der bekanntesten Schriftsteller des Landes. In seinen auch ins Deutsche übersetzten Kriminalromanen liefert er eine bestechende Analyse des gegenwärtigen Haiti. Victor befürchtet, dass der berechtigte Aufstand in einer Diktatur enden könnte. Katja Maurer hat Gary Victor zur vielleicht tiefsten Krise seines Landes bis heute befragt.[48]

Katja Maurer: Seit Wochen gibt es in Haiti Demonstrationen und Generalstreiks, die Züge eines Aufstands tragen. Wie ist es dazu gekommen?

Gary Victor: Eine kleine Gruppe hat sich des Staates bemächtigt und regiert nicht, sie handelt nicht im Sinne des Gemeinwohls. Diese Gruppe würde gern in Haiti wieder eine Diktatur installieren. Der Enkel von Francois Duvalier, Duvalier II, der in Miami lebt, wird schon als Diktator gehandelt. Die Begründung liegt auf der Hand: Das Land ist blockiert. Chaos und Unordnung lassen sich leicht als Vorwand für eine Diktatur nehmen. Gerade erst habe ich mich in Carrefour, einer Stadt bei Port-au-Prince, mit 30 jungen Leuten zu einem Gespräch getroffen. Sie vertraten die ahnungslose Ansicht, unter Duvalier sei alles besser gewesen. Ich konnte ihnen nur sagen, dass wir unter Duvalier in dieser Runde nicht hätten zusammensitzen können. Schon wenn wir uns nur zu zehnt getroffen hätten, wären *die tonton macoutes*[49] gekommen und hätten uns alle verschwinden lassen. (Unter der Duvalier-Diktatur

---

48 Auszüge aus dem Interview erschienen in der *Frankfurter Rundschau*, 17.10. 2019.
49 Eine 1958 unter Diktator Duvalier gegründete Miliz.

verschwanden etwa 50.000 Menschen – K. M.) Der 2011 zum Präsidenten gekürte Michel Martelly und seine Leute, darunter auch der von ihm installierte Nachfolger Jovenel Moïse, sind große Bewunderer des Duvalier-Systems.

Nach dem Ende der Duvalier-Diktatur wurde 1995 die Armee abgeschafft. Wie soll eine Diktatur ohne Armee funktionieren?
Da sollte man sich nicht täuschen lassen. Teile der Polizei erinnern in ihrem militärischen Auftreten an eine Armee. Außerdem wurden in den Armenvierteln an die Gangs Waffen verteilt. Einzig das Vorhandensein aktiver Menschenrechtsorganisationen hindert die Leute an der Macht daran, eine Diktatur zu errichten. Man kann nicht wie früher einfach hundert Leute umbringen. Aber die Mentalität der herrschenden Gruppe zielt auf eine Diktatur ab.

Worin besteht die Rolle der Gangs?
Die Gangs werden praktisch schon im Vorgriff auf eine mögliche Diktatur genutzt. Es finden viele Exekutionen statt. Die Presse spricht nicht darüber und selbst die internationalen Menschenrechtler nicht. Denn es ist sehr schwierig, etwas über die Hintergründe zu erfahren und an Informationen zu kommen. Viele Exekutionen werden auch von der Polizei durchgeführt. Das erinnert mich sehr an die Duvalier-Zeiten. Es gibt im Unterschied zu damals eine neue Komplexität der Gewalt. In der Duvalier-Zeit konnte man immer die Befehlskette nachvollziehen, selbst bei den paramilitärisch organisierten *tonton macoutes*. Heute sind die Drahtzieher hinter der Ganggewalt schwer zu identifizieren.

Fürchten Sie, dass die jetzige Protestbewegung eine Diktatur zur Folge haben wird?
Die Demonstrationen und ihre Organisatoren wollen etwas ganz anderes als eine Diktatur. Sie wissen, dass sie in diesem miserablen Zustand nicht leben können. Die große Mehrheit in Haiti will Schulen und funktionierende Krankenhäuser, Elektrizität und Sicherheit. Und deshalb ist die Mehrheit sich sehr bewusst, dass sie nicht zu den Zeiten Duvaliers zurückkehren wollen. Wie unter Duvalier herrscht heute eine kleine traditionelle Gruppe. Sie bestimmt die Regierung Haitis, sie ist äußert einflussreich in der Geschäftswelt, wo sie ihr Geld mit lega-

lem und illegalem Handel verdient, der immer von der Regierung bewilligt oder gedeckt wird. Diese Gruppe klammert sich an die Macht.

Seit Wochen fordern breite Kreise den Rücktritt des Präsidenten. Nun hat Moïse wieder erklärt, es sei seine Pflicht, nicht zurückzutreten.
Diese kleine Gruppe an der Macht verfügt über sehr viel Geld. Sie kann Leute kaufen. Und sie kontrollieren die legalen und nichtlegalen Mittel der Repression. Außerdem genießen sie die Unterstützung der USA. Welche Gründe die Vereinigten Staaten dafür haben, an einer Figur wie Moïse festzuhalten, ist mir schleierhaft. Denn ökonomische Interessen können es nicht sein. Es gibt hier nicht einmal McDonalds.

Vielleicht einfach, um die Situation zu kontrollieren und den Status quo aufrecht zu erhalten?
Das ist es. Die Aufrechterhaltung des Status quo. Dass eine Bevölkerung auf wirkliche Weise Zugang zur Macht bekommt, ist außerhalb ihrer Vorstellungswelt. Also bringt man Menschen an die Macht, die nur Hampelmänner sind.

Wie könnte man den Status quo durchbrechen, der angesichts des Elends nicht mehr zu ertragen ist?
In einer breiten Mehrheit ist das Bewusstsein enorm gewachsen, dass es so nicht weitergehen kann. Die nicht abschwellenden Proteste verhindern bislang ein Erstarken der autoritären Tendenzen. Das führt auch zu Widersprüchen unter den herrschenden Gruppen. Manche, wie Reginald Boulos, einer der wichtigsten Geschäftsmänner, haben sich entschieden, das Lager zu wechseln. Er wie andere aus der Bourgeoisie verstehen, dass man die Kaufkraft der Haitianer wiederherstellen muss, wenn man selbst noch Geschäfte machen will. Aber es gibt immer noch genug, die das nicht verstehen. Das ist eine quasi feudale Schicht, die nicht an Umverteilung denkt.

Woher kommt dieses feudale Denken?
Von außen betrachtet gibt es eine schöne Erzählung von Haiti: ein Land, gegründet von schwarzen Sklaven, die revoltiert haben. Aber

im Endeffekt sind es die Kreolen, die am Anfang dieses Staates standen. Sie waren verbunden mit den alten Sklavenhaltern, die mit der Kolonialmacht Frankreich in Konflikt gerieten. Im zentralen Moment der Revolution übernahmen sie die Macht in der Kolonie. Als Napoleon gegen sie vorgehen wollte, haben sie die Brücken zu Frankreich abgebrochen. Die historischen Anführer der Revolution, wie in so vielen anderen Revolutionen, haben sie hingegen zu Kriminellen erklärt oder ihnen vorgeworfen, die Einheit zu gefährden. Dann wurden sie umgebracht. Am Ende waren alte Sklavenhalter an der Macht, die ein koloniales, klassizistisches, gegen das einfache Volk gerichtetes Denken reproduzierten. Bis in die 1950er Jahre gab es viele Orte, an denen Schwarze nicht zugelassen waren. Haiti trug noch lange nach der Unabhängigkeit Züge eines Apartheid-Staates. Diesen Widerspruch hatte Francois Duvalier mit einer Rhetorik der Negritude ausgenutzt, um an die Macht zu kommen. Aber nach wie vor gibt es eine soziale Pyramide entlang der Hautfarbe. Je höher man aufsteigt, umso weißer wird die Haut. Denn in den alten Familien war es absolut wichtig, dass die Töchter Weiße heiraten. Es ist von der ersten schwarzen Republik die Rede, aber die haitianische politische und ökonomische Elite versteht sich selbst nicht als schwarz. Sie tut alles, um weiß zu werden oder weiß zu bleiben. Das verändert sich alles, sobald man Haiti verlässt. Um in der Welt als weiß zu gelten, muss man hundertprozentig weiß sein. Wenn man nur einen Tropfen schwarzes Blut hat, ist man nicht mehr weiß. Obama zum Beispiel gilt als Schwarzer, obwohl er eine weiße Mutter hat. Niemals betrachtet man ihn als einen Weißen, der einen schwarzen Vater hat. Dieser Klassizismus entlang der Hautfarbe ist ein Moment der Herrschaftssicherung.

Wie sehen Sie den Einfluss der evangelikalen Bewegungen in Haiti?
Ich denke, sie machen aus den Menschen Zombies. Und das zum Vorteil der Führungseliten. Es gibt nur ein Ziel: alles was mehr oder weniger authentisch ist, sogar die Religion zu zerstören. Ihr Vorgehen ist effizienter als jede Gewalt. Die Evangelikalen legen den Finger auf die Reset-Taste der haitianischen Gesellschaft.

Handelt es sich bei der Befreiungserzählung nur noch um ein Herrschaftsnarrativ?
Diese nationale Geschichtsschreibung ist eine Fassade: ein großer nationaler Roman. Die Wahrheit ist, dass eine alte Herrschaftselite weiter

an der Macht ist. So sah es in Haiti vor der Französischen Revolution
aus: Es gab eine Gruppe schwarzer Sklaven, es gab eine Gruppe französischer Kolonialherren, und es gab eine Klasse von kreolischen Skla-
venbesitzern, die in der Regel die Kinder weißer Kolonialherren und
schwarzer Frauen waren. Sie waren durch die Plantagenwirtschaft sehr
wohlhabend geworden, hatten aber nicht dieselben politischen Rechte wie die weißen Kolonialherren. Mit der Französischen Revolution
beanspruchte diese Klasse dieselben Rechte. Zum selben Zeitpunkt
kam es auch zu der Revolution der Sklaven. Anfänglich haben Kreolen
und Kolonialherren versucht, die Sklaven in ihrem Kampf für ihre Seite
zu instrumentalisieren. Aber wer am Ende gewonnen hat, ist die Klasse
der kreolischen Besitzer. Darin unterscheidet sich Haiti nicht von anderen Ländern in Lateinamerika. Die Nachfahren der Sklaven leben
hier in Haiti miserabel; sie wohnen in den Elendsvierteln; sie haben
keine Krankenhäuser; sie haben keine Schulen. Trotzdem gibt es etwas
Mythisches in der haitianischen Geschichte: das unerfüllte Versprechen der Revolution. Deshalb tun die Nachfahren der Sklaven eines
immer noch: Sie kämpfen, kämpfen, kämpfen.

Zwei Frauen

Die Historikerin Suzy Castor und die Schriftstellerin Yanick Lahens sind nicht nur Nachbarinnen in Pétionville. Sie stehen in ihrem jeweiligen Gebiet für eine Denkungsart, die mit der von ihnen geleisteten Reflexion der haitianischen Erfahrung dazu beiträgt, das Weltwissen – erweitert um eine Position des Südens – neu zu gründen.

Zwischen den Mahlsteinen der Geschichte
Portrait der Historikerin Suzy Castor

Von Katja Maurer

Es gibt beeindruckende Helden in der Geschichte der lateinamerikanischen Linken. Viele davon sind zugleich tragische Helden
und manche sind so zu Weltruhm gelangt: Che Guevara, Salvador
Allende, Jacobo Arbenz, Jacques Stephen Alexis. Ihr Tod durch Mord,
im Exil oder Selbstmord ist als Mythos Teil einer patriarchalen und vorwiegend männlichen Kultur, die angesichts der Frauenaufstände, die
heute überall stattfinden, langsam an Bedeutung verliert. Suzy Castor
hat nichts von diesem Pathos. Dabei wäre es ohne Weiteres möglich,
die 1936 geborene Historikerin in die Reihe bedeutender lateinamerikanischer Persönlichkeiten im Kampf um postkoloniale Emanzipation
zu stellen. Vielleicht würde sie heute sogar besser als Vorbild dienen
als viele der Männer, weil sie niemals auf die Idee käme, für sich eine
Überlebensgröße zu beanspruchen. Sie ist eine der wichtigsten politischen Persönlichkeiten in Haiti, trotz ihres fortgeschrittenen Alters.

In ihrem Haus am Ende einer Sackgasse von Pétionville sorgen sie
und ihre Angestellten bei regelmäßigen Essen für einen kontinuier-
lichen Meinungsaustausch, der immer befruchtet wird von Menschen,
die nur kurz in Haiti weilen, aber bei Suzy Castor vorbeischauen. Ihr
elektronisches Adressbuch enthält das *Who is who* der haitianischen
Intellektualität und piept unablässig. So stellt man sich die Salons der
Rahel Varnhagen im Berlin des 19. Jahrhunderts vor: einen andauernden Gesprächsfluss, der sich über vergangene und kommende Katastrophen hinweg bewahrt. Und das alles im tropischen Ambiente. Das
Haus scheint mitten im Dschungel zu liegen. Tonbandaufnahmen mit
Suzy Castor haben immer ein Hintergrundgeräusch aus flirrendem
Zirpen der Zikaden oder laut krächzenden Papageien. Sie liebt diese
Wildnis und sie hasst es, wenn ihre Hausangestellten beschließen, den
Wildwuchs zu beschneiden. »Die Haitianer haben die Angewohnheit
alles wegzuschneiden mit dem Argument, es wächst ja nach«, sagt sie
und verdreht die Augen. Sie droht mit lauter Stimme ihrem Mitarbei-

ter, der sich aber überhaupt nicht darum schert und weiter immense Äste wegträgt. Herr und Knecht auf Haitianisch. Ihr Haus wirkt wie ein Pavillon von Mies van der Rohe. Offen, luftdurchlässig, ein kommunikativer Zweckbau mit Flachdach und doch von einer schlanken Ästhetik, die nichts Überformtes oder Gewolltes hat. Die Räume hängen voller Masken, Gemälde und Fotos. Es ist eine Mückenfalle. Als Europäerin muss man sich hier alle zehn Minuten einsprühen, um zu überleben.

Von der Provinz in die Welt

Suzy Castors Vater war ein Anwalt in Aquin, einem Küstenstädtchen mit einem einst bedeutenden Hafen. Weil sich die Bürger der Stadt weigerten, 1915 die US-Armee mit offenen Armen zu empfangen, und stattdessen alle Häuser verrammelten, entzogen die Okkupanten der Stadt die Hafenrechte. Dieses Ereignis, in dem Selbstbehauptung trotz asymmetrischer Machtverhältnisse bewiesen wird, war ein Ausgangspunkt für ihr Interesse an haitianischer Geschichte. Es war Gegenstand von wiedererzählter Familiengeschichte, und sie beendete ihre Schulzeit in Aquin mit einer Arbeit über den haitianischen Nationalismus. In Port-au-Prince studierte sie Sozialwissenschaften und sagt von sich, sie sei damals nicht wirklich politisch gewesen. Aber es gab 1957 eine Studentenbewegung im Zusammenhang mit den Präsidentschaftswahlen, der sie »emotional« angehörte, weil sie einen Aufbruch verkörperte, an dem junge Menschen beteiligt sein wollten. Sie alle unterstützten den Präsidentschaftskandidaten Daniel Fignolé. Er wurde Professor genannt, weil er ein so guter Redner war und die einfachen Arbeiter mobilisieren konnte. Fignolé kam nach Aquin und weil sich, wie sie behauptet, niemand anderes fand, war sie für seinen Empfang zuständig. In der Studentenbewegung lernte sie auch ihren späteren Mann, Gérard Pierre-Charles, kennen, der auch einmal Vorsitzender der Kommunistischen Partei Haitis war. 1957 war davon jedoch noch nicht die Rede. Suzys Mann gehörte damals einer politischen Gruppe an, die unter dem Einfluss von Jacques Stephen Alexis stand. Alexis war einer der wichtigsten Schriftsteller und Linksintellektuellen dieser Zeit. »Er hatte 1955 bereits einen Roman bei Gallimard veröffentlicht. Das war etwas Besonderes für einen Schriftsteller der Dritten Welt«, sagt sie. Alexis und Charles schrieben an einem Manifest zur Gründung einer Zweiten Republik, das 1959 in der Illegalität veröffentlicht wurde. »Ich durfte sogar den Rohentwurf lesen und habe mich getraut, Anmerkungen zur haitianischen Entwicklungsgeschichte zu machen.« Sie bleibt aber dabei: »Ich kann zu diesem Zeitpunkt nicht von einem politischen Bewusstsein bei mir reden.« Das besagte Manifest beschreibt Haiti als ein semifeudales und semikoloniales Land und schlägt eine national-demokratische und antiimperialistische Revolution als »erste Phase auf dem Weg zum Sozialismus« vor. Die daraus entstandene Partei war den Kommunisten nahe, und Alexis zeigte sich in Moskau und China auf diversen internationalen Konferenzen. Aber zugleich war Alexis in seinem Denken und Schreiben vom Surrealismus beeinflusst, weil André Breton nach Ende des Zweiten Weltkrieges in Haiti gewesen war und auch dort seinen berühmten Vortrag über die Grundlagen des Surrealismus gehalten hatte.

Zudem hatte Breton die Idee, surrealistische politische Praktiken mit dem Erbe der haitianischen Revolution und dem Voodoo zu verknüpfen. So hinterließ er im Gästebuch des Kunstzentrums von Port-au-Prince, wie Suzy Castor erzählt, den Satz: »Haitianische Gemälde werden das Blut des Phönix trinken und mit den Schulterstücken von Dessaline die Welt durchlüften.« Alexis' Literatur, sagt Suzy Castor, habe diese surrealen Ideen geatmet. Er wurde 1961 von den paramilitärischen Trupps der Duvalier-Diktatur, den *tonton macoutes*, noch nicht mal 40-jährig ermordet. Damit starb einer der wichtigsten Literaten und politischen Figuren der Karibik: ein Einschnitt ähnlich wie die Ermordung von Patrice Lumumba im selben Jahr im Kongo.

Die politische Verfolgung der Studenten und Intellektuellen durch Duvalier war auch eine politische und persönliche Wende für Suzy Castor. Sie ging Ende der 1950er Jahre nach Mexiko, um Geschichte an der UNAM, der Nationalen Autonomen Universität Mexikos, zu studieren. Gerard Pierre Charles war gezwungen, ins Exil zu gehen, und wählte Mexiko, weil Suzy dort lebte. Sie heirateten, und aus der Auslandsstudentin wurde eine Exilantin. Für sie beginnt damit ihre politische Biografie. Sie machte ihren Doktor in Geschichte, bekam vier Kinder – drei Söhne, eine Tochter – und arbeitete als angesehene Professorin an der UNAM. Mexico-Stadt war in dieser Zeit das Zentrum des lateinamerikanischen Widerstands im Exil. Nicht nur die Haitianer, auch Chilenen, Uruguayer, Argentinier und die mittelamerikanischen Linken suchten hier Schutz. Suzy Castor hat dort all die gefallenen Heroen kennengelernt. Ein Gesprächsthema ist es für sie nicht: *tiempi passati.*

Drei Momente des 20. Jahrhunderts

Mit Suzy Castor über die haitianische Geschichte zu sprechen, ist ein Privileg. Denn ihre Haltung als Historikerin ist von großer wissenschaftlicher Genauigkeit, der sie auf jeden Fall den Vorrang vor der politischen Ausbeutung der Geschichte gibt. Das sagt sie jedem ihrer Gäste: »Jeder Versuch, Haiti zu verstehen, muss eine historische Perspektive einnehmen.« Die Haitianische Revolution und Unabhängigkeit sind aus ihrer Sicht ein universelles Ereignis und transzendieren die Menschheitsgeschichte. Für sie ist das Schuldenabkommen mit Frankreich von 1825 die »erste Schuldenkrise Lateinamerikas«, mit dem ein Ende der äußeren Aggression möglich wurde, aber auch »die totale Unabhängigkeit« zu Ende ging: »Es beginnt die Phase des Neokolonialismus, in der Haiti zwar formal unabhängig, aber tatsächlich vollkommen abhängig ist.« So sind die Partikularitäten, die Besonderheiten Haitis zugleich keine Ausnahmen. Die immerzu wiederholte Geschichte abhängiger Unabhängigkeiten im Postkolonialismus wird hier vorweggenommen.

Wenn man sich die haitianische Geschichte ansieht, gibt es immer auch eine Geschichte von unten, eine Geschichte der Widerstände und Aufstände. Suzy Castor zumindest sieht das so: »Das 19. Jahrhundert war eine Suche nach Formen der Entwicklung und beherrscht durch die Auseinandersetzungen zwischen der Oligarchie und Bauernschaft.« Dieser nicht gelöste Interessenskonflikt und die daraus entstandenen politischen Turbulenzen sind einer von vielen Anlässen für die US-Besatzung 1915.

Kanonenbootpolitik und Unterentwicklung

Aus Sicht von Suzy Castor kann man drei Phasen der haitianischen Entwicklung im 20. Jahrhundert ausmachen. Sie nennt sie »Momente« und muss selbst über den Ausdruck lachen. Denn diese Momente umfassen Jahrzehnte. Die US-Besatzung zwischen 1915 und 1934 war Teil einer Kanonenbootpolitik, die die USA in der Karibik – Kuba und Dominikanischen Republik – und in Zentralamerika ausübte. Aber auch hier waren die ersten zehn Jahre geprägt von Bauernaufständen und von Guerilla-Kämpfen gegen die US-Besatzer. Die haitianische Bauernschaft widersetzte sich einem Modernisierungskurs, der in der Förderung der Plantagenwirtschaft in all den besetzten Ländern bestand. Die USA gaben allerdings für Haiti die Plantagenbewirtschaftung als Modernisierungsprojekt schnell auf. »Es war schlicht einfacher, in der Dominikanischen Republik auf die dort schon vorhandene Plantagenwirtschaft aufzubauen. Auch auf Kuba war die kapitalistische Entwicklung viel weiter fortgeschritten«, meint die Historikerin. Man entschloss sich stattdessen, haitianische Arbeiter auf die Plantagen in Kuba und in der Dominikanischen Republik zu schicken.

»Mit der US-amerikanischen Besatzung beginnt die Migrationsgeschichte Haitis«, so Castor. Sie beharrt auf einer differenzierten Betrachtung dieser Zeit. Die US-Besatzung habe zu einer staatlichen Modernisierung beigetragen, Wahlen eingeführt und eine staatliche Bürokratie geschaffen; sie habe aber eben auch ein Ungleichgewicht hinterlassen, weil sie nichts zur ökonomischen Entwicklung des Landes beigetragen habe. Dem Extraktivismus der haitianischen Natur, der auch der Schuldenrückzahlung diente, folgte mit der US-Besatzung der Extraktivismus der haitianischen Arbeitskraft. Eine fortgesetzte Geschichte der Knechtschaft, die aber immer einher ging mit Formen des Aufbegehrens.

Für die Historikerin ist die Duvalier-Diktatur der zweite Moment in ihrer kurzen Darstellung der haitianischen Geschichte des 20. Jahrhunderts, eine langfristige Folge der Besatzungszeit. Es habe zwar nach 1945 einen kurzfristigen ökonomischen und politischen Aufschwung gegeben: Eine demokratische Studentenrevolte beharrte auf der Einhaltung von Wahlen, die Weltausstellung fand statt, und auch ökonomisch gab es positive Zahlen, die unter anderem dem Export von Sisal und Bananen geschuldet waren. Dieser Aufschwung zeigte sich in ganz Lateinamerika und beruhte auch auf dem globalen Bedarf an Gütern und Rohstoffen für den Wiederaufbau nach dem Zweiten Weltkrieg. Mit dem Einbruch der Rohstoffnachfrage bei haitianischen Exportgütern verschärften sich jedoch die Krise und das Ungleichgewicht aus Politik und Ökonomie, das Suzy Castor als fatales Ergebnis der US- Besatzung beschreibt. Nach nur 19 Tagen Präsidentschaft des erwähnten Daniel Fignolé brachte das Militär Duvalier an die Macht. »Das Militär war das Rückgrat des Machtgefüges seit Gründung der haitianischen Republik. Sie hielten Duvalier für eine folkloristische Figur, die sie wie eine Marionette kontrollieren könnten.« Das war eine Fehleinschätzung. Duvalier brauchte nur wenige Jahre, um sich als ein Diktator der Sonderklasse zu entpuppen. Auch der sich verschärfende Kalte Krieg und die Revolution in Kuba waren günstig für sein totalitäres Regime. So genoss er die Unterstützung der US-Amerikaner, weil sie ein zweites Kuba unbedingt verhindern wollten. Trotzdem warnt

Suzy Castor davor, die Diktatur allein mit der US-Unterstützung zu erklären: »Die nationalen Eliten tragen eine große Verantwortung für den Duvalerismus, den sie lange unterstützt haben.« Teilweise, wie sie meint, auch aus Naivität. Es habe unter Duvalier einen funktionierenden, totalitären Staat gegeben. Das alles wurde mit einer Propaganda versehen, in der sich Duvalier als Repräsentant der Mittelklasse darstellte. »Dabei war sie sein größtes Opfer«, sagt Suzy Castor und hat dabei auch ihre eigene Geschichte im Blick. Viele nahe Freunde von ihr und ihrem Mann wurden unter Duvalier umgebracht. Viele gut ausgebildete Leute und Intellektuelle migrierten damals in Scharen. »Unter Duvalier habe es eine Entwicklung der Unterentwicklung gegeben«, lautet der lakonische Kommentar der Historikerin.

Von der Diktatur zur Transition

Als 1986 die Duvalier-Diktatur endete, kehrte Suzy Castor sofort nach Haiti zurück. Über 30 Jahre hatte sie in Mexiko gelebt, ihre Professur für Geschichte mit Leidenschaft ausgeübt, ihre vier Kinder großgezogen. »Die Rückkehr war für mich ein großes Abenteuer.« Eine Rückkehr in den bis jetzt anhaltenden historischen Moment, der in Suzys Konzept der »Drei-haitianischen-Phasen des 20. Jahrhunderts« Transition, also Übergang, heißt. »Mehr als 30 Jahre Transition ist ganz schön lang für einen Moment«, sagt sie lachend. Aber sie hat wahrscheinlich nicht unrecht, dass lange Perioden unseres Lebens historisch nichts weiter als Augenblicke sind. Suzy Castor und Gérard Pierre-Charles waren sofort entschieden und entschlossen sich zur Rückkehr. Am 7. Februar 1986 verschwand Duvalier Junior, nicht ohne noch das letzte Geld aus der Staatskasse zu rauben. »Einen Monat später kam ich nach Haiti. Und am 30. April Gérard Pierre-Charles.« Das Ehepaar – beide konnten bereits auf eine ausgewiesene wissenschaftliche und politische Karriere zurückblicken – gründete noch im selben Jahr das sozialwissenschaftliche Institut CRESFED (Centre de Recherche et de Formation Économique et Sociale pour le Développement). »Als wir hier ankamen, war uns sehr wohl bewusst, dass wir uns nicht einfach in den politischen Kampf werfen konnten. Gérard war darin sehr weise. Wir verstanden, dass wir lernen und beobachten mussten. Wir hatten 30 Jahre lang eine andere Erfahrung gemacht als unsere politischen Weggefährten, die in Haiti geblieben waren. Wir gründeten CRESFED, weil eine Diktatur Bewusstseinsrahmen setzt, die sich nicht so schnell verändern lassen. Es gab unter den Duvaliers keine Erziehung zum Citoyen. Wir wollten mit CRESFED einen Beitrag zur politischen Bildung leisten.« Das haben sie auch getan. Viele ihrer Bücher erschienen hier. Zum Beispiel Suzy Castors Schrift über die haitianisch-dominikanischen Beziehungen, *Le Massacre de 1937 et les relations haïtiano-dominicaines*.[50]

Die Grenze weiß machen

Das Buch offenbart Suzy Castors wissenschaftliche Haltung. Sie beschreibt darin vor allen Dingen die Versuche, die Aufklärung und Aufarbeitung des Massakers an Haitianern vom 2. bis 4. Oktober 1937 durch dominikanische Militärs und Paramilitärs zu verhindern. »Blanquear la frontera – die Grenze weiß machen« nannte der dominikanische Diktator Trujillo diesen Genozid. Suzy Castor ist es wichtig, die unterschiedlichen Quellen über die Zahlen der Opfer zu nennen. Und erst dann kommt sie zu dem Schluss, dass man unter Berücksichtigung aller Quellen von 18.000 bis 20.000 Toten ausgehen muss. Sie verknüpft diese Erfahrung mit ähnlich gelagerten Ereignissen in Lateinamerika. So erinnert sie im Buch zum Beispiel an die Ermordung von 3.000 Arbeitern bei einem Streik in Santa Maria de Iqueque in Chile zu Beginn des Jahrhunderts. Sie betrachtet Haiti nicht als Sonderfall, vielmehr kontextualisiert sie die Ereignisse. Ein solches Herangehen lässt sich für das Entfachen nationalistischer Emotionen nicht vereinnahmen. Akribisch schildert sie im Buch, wie die damalige haitianische Regierung, die allerdings noch unter Kuratel der gerade abgezogenen US-Amerikaner stand, wenig Interesse an der Aufklärung der Ereignisse zeigte. Gute Beziehungen zur Dominikanischen Republik und zu den USA waren oberste Staatsräson. Ihrem Buch voran stellt sie ein Zitat aus dem ersten Roman *Compère Général Soleil*[51] des haitianischen Schriftstellers Jaques Stephen Alexis, in welchem auf die Solidarität der Dominikaner verwiesen wird, die versuchten, Menschen zu retten. Ihr ist das wichtig, weil der nationalistische Mythos, der in beiden Ländern der Insel immer wieder von den Herrschenden bemüht wird, einer erzählten Geschichte von unten entgegensteht. Immerhin, sagt sie, wäre wenige Jahre nach diesem Ereignis beinah der Sohn einer dort ermor-

---

50 Vgl. Suzy Castor (2018): *Le Massacre de 1937 et les relations haïtiano-dominicaines*, Port-au-Prince.
51 Jacques Stéphen Alexis (1955): *Compère Général Soleil*. Der Roman erschien in deutscher Sprache unter dem Titel *General Sonne* bei Lamuv.

deten haitianischen Familie Präsident der Dominikanischen Republik geworden. Da ist sie Schwester im Geist mit einem der wichtigsten gegenwärtigen dominikanischen Literaten, Junot Díaz, der in einem Radiointerview darauf hinwies, dass die Mehrheit der Menschen in der Karibik nun mal alle »Produkt der afrikanischen Diaspora in der Neuen Welt« seien.[52]

Wenn es um die letzten Jahrzehnte und vergeblichen Hoffnungen geht, ist Suzy Castor seltsam zurückhaltend. Dass ihr Mann erst große Stücke auf Aristide hielt und jahrelang mit ihm zusammenarbeitete, bis er 1996 davon sprach, dass er autoritäre Tendenzen aufweise, spart sie genauso aus, wie die Anschläge von Unbekannten, denen Nähe zu Aristide unterstellt wird, auf das Büro von CRESFED und auf ihr Wohnhaus. Auch die Familie ihrer Tochter Tania wurde im Zuge dieser Auseinandersetzungen bedroht. Nein, Suzy Castor erinnert sich lieber an die geglückte Rückkehr nach Haiti. Das Exil, sagt sie, sei eine schwierige Angelegenheit, aber es sei auch nicht einfach zurückzukehren. Sie erinnert an den uruguayischen Schriftsteller Mario Benedetti, der von Exil und Desexil sprach: »Das Desexil ist ein Wiedereingewöhnen, das ebenfalls schmerzhaft ist. Aber es hat einen besonderen Geschmack, der sich grundlegend vom Exil unterscheidet.« Das c habe sie freiwillig gewählt, zum Exil sei sie hingegen gezwungen worden. »Heute bewege ich mich hier wie ein Fisch im Wasser«, lacht sie.

Woher Suzy Castor ihre radikale Hoffnung nimmt, bleibt ihr Geheimnis. Ob die Übergangsperiode vorüber ist und Haiti aufgegeben wurde, eine solche Frage stellt sich Suzy Castor nicht. Haiti tanzt am Rande eines Vulkans. Es fehlt eine konsistente Antwort auf die Krise, die aus ihrer Sicht aus dem 20. Jahrhundert herrührt. Aber es gebe immer mehr Menschen, die ein klares Bewusstsein darüber hätten, dass es so nicht weitergehen könne. Symbol dafür sei der Kampf gegen die Korruption: »Die Ablehnung der Korruption ist umfassend.« Haiti habe Universalgeschichte geschrieben. Es sei wichtig, sich darüber bewusst zu sein. Wer aber diese Geschichte missbrauche, um die aktuelle Bewegung mit Nationalismus zu unterdrücken, »betreibt pure Demagogie«. Suzy Castor hat mit anderen Organisationen der haitianischen Zivilgesellschaft die Kampagne gegen die Korruption gegründet. An den Sitzungen nimmt die über 80-Jährige regelmäßig teil.

---

52 Im Gespräch mit Krista Tippet in ihrer Radioshow *On Being*, 2017, https://on-being.org/

Die Exotisierung des Unglücks

Interview mit der Schriftstellerin *Yanick Lahens* über das mutwillige Verschweigen der Haitianischen Revolution

Yanick Lahens zählt zur kritisch-intellektuellen Elite Haitis und engagiert sich bis heute in führenden gesellschaftspolitischen Initiativen des Landes. Für ihren Roman *Bain de Lune* wurde die international renommierte Autorin 2014 in Frankreich mit dem Prix Femina ausgezeichnet. Im März 2019 war sie erste Gastdozentin des neu errichteten Lehrstuhls zur Frankophonie am Collège de France in Paris. Andrea Pollmeier hat die Autorin zu ihren Analysen befragt.[53]

Andrea Pollmeier: In Ihrem Buch *Failles*[54], das als Reaktion auf die Erlebnisse nach dem Erdbeben in Haiti entstanden ist, kritisieren Sie die Klischees, die über Haiti verbreitet werden. Von welchen einseitigen Bildern sprechen Sie?
Yanick Lahens: Drei Stereotype treten besonders hervor. Erstens erscheint Haiti als Land, das einem Fluch unterliegt, dem es nicht entrinnen kann. Mit dieser Vorstellung ist der Gedanke verbunden, das haitianische Volk besitze eine außergewöhnliche Widerstandskraft, die es befähige, Elend zu überstehen. Dieses zweite Stereotyp, das mit dem Begriff »Resilienz« umschrieben wird, ist besonders irreführend. Die Menschen in Haiti kämpfen um ihr Überleben, diese Haltung ist nicht Teil ihres Wesens, sondern durch die Umstände erzwungen. Ein drittes Vorurteil bezieht sich auf die Behauptung, in Haiti gebe es ungewöhnlich viel Gewalt.

---

53 Das Gespräch entstand im Februar 2020. Antworten auf Fragen zu ihrem Werk *Failles* basieren in Teilen auf einer Begegnung im Frühjahr 2011.
54 Ins Deutsche übersetzt von Jutta Himmelreich, erschienen (2011): *Und plötzlich tut sich der Boden auf.*

Das Erdbeben hat die Armut Haitis weltweit ins Bewusstsein gerückt. In *Failles* verweisen Sie auf die Ursachen, die zu dieser Armut beigetragen haben. Welche Zusammenhänge sehen Sie?

Armut hat eine Geschichte, die durch internationales und haitianisches Verhalten bestimmt worden ist. Die Geschichte Haitis beeinflusst hat erstens die Tatsache, dass Haiti nach seiner Befreiung einem Bann der Nationen ausgesetzt war, dass es, zweitens, an Frankreich für seine Unabhängigkeit hohe Geldzahlungen leisten musste, und drittens, dass Haiti nicht verstanden hat, das aufzubauen, was man heute in einem modernen Sinn eine einheitliche Nation von Staatsbürgern nennt.

Sie kritisierten damals auch, dass Elend und Armut in medialen Berichten »exotisiert« werden. Hat sich zehn Jahre später Ihrer Meinung nach diese Sichtweise auf Haiti und die Ursachen von Armut verändert?

Ja, ich habe damals den Ausdruck »Exotisierung des Unglücks« geprägt. Wir leben in einer Welt, die sich durch den Überfluss an Bildern und Informationen mehr und mehr manipulieren lässt. Gerade während des Erdbebens ist dieser Überflusseffekt sichtbar geworden. Viele Menschen, die sich ehrlich über die Ereignisse informieren wollten, haben zwar aufgrund dieses Ereignisses Haiti und einen Teil der haitianischen Geschichte für sich entdeckt. Doch ist zweifelhaft, ob es für sie inmitten der Bilderflut überhaupt möglich war, die Besonderheit Haitis und die Art, wie seine zum Sinnbild gewordene Armut in der Moderne fabriziert worden ist, zu erfassen. Haiti ist das erste Land der Nord-Süd-Beziehungen. Die Überfülle an Bildern wurde von der internationalen Gemeinschaft eingesetzt, um ihrer Hilfe, die sie per se geleistet hätten, eine Rechtfertigung zu geben. Auf der anderen Seite müssen wiederum wir Haitianer darauf achten, dass wir nicht ebenfalls beginnen, Unglück zu exotisieren. Das Exotisieren ist eine Form der Verführung. Durch das Schreiben von *Failles* habe ich versucht, diesem Effekt präventiv entgegenzuwirken. Denn wenn man die Ursachen eines Phänomens ergründet, ist das Risiko, rassistischen Stereotypen und Klischees zu erliegen, geringer.

Sie antworten auf diese Klischees mit einer Provokation. In Ihrem Buch sagen sie herausfordernd: Haiti hat eine zentrale Bedeutung für die Welt.

Ja, genau. Haiti konnte durch seine besondere Geschichte dazu beitragen, die Ideen der Französischen und Amerikanischen Revolution voranzutreiben. Zu Beginn des 19. Jahrhunderts sprach man von Freiheit, Gleichheit und Brüderlichkeit, hielt aber gleichzeitig an der Sklaverei fest. Die Haitianische Revolution, die 1804 in die Unabhängigkeit der Republik Haiti mündete, verstand die Idee der Gleichheit viel weitreichender und hat so weltweit Bedeutung erlangt. Dieser haitianische Beitrag ist noch immer aktuell, sehr modern und in diesem Sinne zentral.

Müssen wir die Erinnerung an die Haitianische Revolution wieder wachrufen?

Wir müssen uns diese Geschichte unbedingt in Erinnerung rufen. Die Haitianische Revolution war die dritte Revolution der Moderne und wurde, wie es Michel-Rolph Trouillot[55] brillianterweise in seinem Buch *Silencing the past* erklärt, mutwillig verschwiegen. Auch wenn die Amerikanische Revolution die Rechte des Individuums voranbrachte, blieb die Sklaverei in diesem Teil der Welt dennoch bestehen. Und auch wenn die Französische Revolution die Bürger- und Menschenrechte vorangebracht hat, so war es Frankreich, das die Kolonisierung über weite Teile der Welt mit verbreitet hat. Die Haitianische Revolution stellt radikal die Frage nach Gleichheit. In diesem Sinn hat sie die Ideen der Aufklärung vorangebracht. Die Haitianische Revolution realisiert ein anderes Universalrecht. Nachdem die Unabhängigkeit erreicht war, wurden alle polnischen und preußischen Soldaten, die sich mit der indigenen Armee solidarisiert hatten, zu Haitianern erklärt. Das galt unabhängig von Hautfarbe, Sprache und Kultur. Zu diesem Schritt sind Europa und die Vereinigten Staaten bis heute nicht fähig. Haiti war ein gastfreundliches Land, jedermann, der für die Freiheit kämpfte und in Schwierigkeiten war, konnte offiziell in Haiti Schutz finden. So hat Haiti Simon Bolivar geholfen, fünf lateinamerikanische Länder zur befreien. 1825 hat es sogar Griechenland darin unterstützt, unabhängig zu werden.

Wie können sich in einer Gesellschaft, die in weiten Teilen noch-kolonial denkt und Menschen nach Hautfarben klassifiziert, die einstigen revolutionären Ideale durchsetzen?

---

55 Michel-Rolph Trouillot (1995): *Silencing the Past*, Boston.

Diese Frage offenbart das Grundproblem von Haiti, dessen Staat in dem Moment, als er unabhängig wurde, auf den Code Napoléon, die Verwendung der französischen Sprache und den Katholizismus zurückgriff und so ein internes neokoloniales System reproduziert hat. Im gleichen Moment musste der Staat auch ein externes koloniales System bekämpfen, das Haiti mit einem schrecklichen Embargo und den Schulden, die bis in die Mitte des 20. Jahrhunderts an Frankreich gezahlt werden mussten, zu erdrücken drohte. Der größte Teil der haitianischen Bevölkerung hat zudem der Plantagenwirtschaft den Rücken zugekehrt und versucht, sich von dem liberalen und okzidentalen System zu lösen, das der neue Staat reproduzieren wollte. Diese rurale Mehrheit schuf eine andere Kultur mit kreolischer Sprache, Voodoo und eigenen Ritualen. Wenn man diese fundamentalen Gegebenheiten nicht versteht, kann man die haitianische Geschichte und die jetzige Lage nicht begreifen. Die jüngsten Demonstrationen drücken den Willen einer neuen Generation aus. Sie sind die Nachfahren dieser bäuerlichen Welt, die heute städtisch leben, mit der Welt vernetzt sind und über mehr oder minder gute Schulbildung verfügen. Sie wollen sich von der Politik nicht einfach abwenden, sondern den politischen, ökonomischen und sozialen Kurs verändern. Aber dieses System, das es zu ändern gilt, ist nicht nur ein haitianisches, es ist ein weltumfassendes System. Darum protestierten zu dem Zeitpunkt, als junge Menschen in Haiti auf den Straßen waren, die Menschen auch in Chile, im Libanon, im Irak und anderswo.

Was muss getan werden in und außerhalb Haitis, damit die postkoloniale Emanzipation im Sinne der Haitianischen Revolution gelingt? Wo würden Sie prioritär ansetzen?
Ich wüsste nicht, womit man anfangen muss. Doch weiß ich, dass der externe Druck der internationalen Gemeinschaft vor Ort ein erhebliches Hindernis darstellt. Die beiden letzten Wahlen wurden verfälscht. Die Unordnung, die durch diesen Druck entstanden ist, erlaubt es mafiösen Gewalten, Institutionen zu besetzen und ungestraft sowohl Waffenhandel als auch Schmuggel zu betreiben, und das ist nur die Spitze des Eisbergs! Je länger man eine solche Situation andauern lässt, desto komplizierter wird es, sich davon zu befreien.

Der haitianische Ethnologe Jean Casimir beschreibt in seinem Buch *La Culture opprimée*[56] am Beispiel Haitis, wie in kolonisierten Gesellschaften die eigene kulturelle Erziehung durch kolonialherrschaftliche Bildung abgedrängt wird. Welche Möglichkeiten sehen Sie, eigene Traditionen zu bewahren und in der globalen Gesellschaft präsent zu sein?

Das Buch von Jean Casimir ist grundlegend für das Verständnis von Haiti. Wie man die Besonderheit des Landes in der gegenwärtigen Lage bewahren kann, wüsste ich nicht zu sagen. Sicher ist nur, dass wir dringend ein anderes politisches Angebot ausarbeiten müssen. In Haiti existieren Männer und Frauen, die dazu fähig sind. Aber wird man ihnen in der Situation, in der wir uns befinden, diese Möglichkeit geben? Ich bezweifele es. Es wird sehr schwierig.

In Haiti hat es keine juristische Wahrheitskommission gegeben, die das Unrecht der Duvalier-Diktaturen und der nachfolgenden Jahre aufgearbeitet hat. Sollte man nun damit beginnen?

Die Justiz ist ein entscheidender Ort für tiefreichende Veränderung. Um uns diesen Fragen zu stellen, müssen wir eine Art symbolischen Prozess durchlaufen, mit dem sich die Männer und Frauen dieses Landes am Ende auch identifizieren können.

---

56 Michel-Rolph Trouillot (1995): *Silencing the Past*, Boston

Kapitel 4

Das Scheitern der Hilfe

Das Erdbeben von Lissabon 1755 brachte die damaligen religiösen Weltvorstellungen in Europa genauso ins Wanken wie die Idee, man lebe in der besten aller Welten. Von einer ebenfalls paradigmatischen Bedeutung ist das haitianische Erdbeben 2010, das in seinen verheerenden Folgen menschengemacht war und das mit seinem fragwürdigen Wiederaufbauprozess die heutigen Governance-Strukturen grundlegend in Frage stellt.

Die Katastrophe nach der Katastrophe
Das Erdbeben von 2010 und seine Folgen

Von Katja Maurer

Es war ein ungewöhnlich harter Winter in diesem Jahr. Vor allem im Norden Deutschlands. In Berlin konnten ältere Menschen im Januar 2010 fast zwei Monate lang ihre Häuser nicht verlassen, weil sich das Eis auf den Fußwegen zentimeterdick zu rutschigen kleinen Hügeln verklumpt hatte. Bruchverletzungen auf öffentlichen Wegen hatten sich in Berlin in dieser Zeit verdoppelt. Die Regionalzeitungen waren voll von Katastrophenmeldungen über das Versagen der Winterräumdienste. Die Empörung nahm solche Fahrt auf, dass sich der damalige Berliner Bürgermeister Klaus Wowereit als Reaktion auf Vorschläge, das Technische Hilfswerk solle zur Räumung eingesetzt werden, zu dem Satz hinreißen ließ: »Wir sind hier nicht in Haiti, sondern wir sind in Berlin.« Die Empörung der Opposition war groß, aber nicht etwa wegen der unterschwellig transportierten Vorurteile, die man in diesen Satz hätte hinein interpretieren können. Es handelte sich lediglich um einen parteipolitischen Schlagabtausch. Schnee und Eis schmolzen; die alten Leute konnten wieder die Straßen betreten; Wowereit blieb noch weitere vier Jahre Bürgermeister, und das Abgeordnetenhaus beschloss eine Verschärfung des Winterräumgesetzes, das auf Intervention der Hausbesitzer später wieder abgemildert wurde. Berlin kehrte vom Katastrophenmodus in den Normalzustand zurück.

Von Haiti kann man das auch zehn Jahre später nicht behaupten. Das Erdbeben vom 12. Januar 2010, das sich kurz vor 17 Uhr ereignete und eine Minute lang dauerte, war eine der größten Naturkatastrophen in der aufgezeichneten Geschichte der Menschheit. Das Epizentrum des Bebens lag in der von der Hauptstadt nur 30 Kilometer entfernten Stadt Léogâne, hatte eine Stärke von 7.0, ereignete sich aber in einer Tiefe von wenigen 13 Kilometern. Diese flache Lage führte dazu, dass die Beschleunigung des Erdbebens wesentlich schneller war als die Erdbeschleunigung. So wurde in einer Minute die Stadt Léogâne zu 90 Prozent zerstört. In der Hauptstadt brachen Tausende von Gebäuden zusammen. Ganze Stadtviertel, vor allen Dingen die

Häuser der Armen, die in Selbstbauweise errichtet an den Berghängen geklebt hatten, rutschten ab und wurden zerstört. Geradezu sinnbildlich war der Zusammenbruch des Präsidentenpalastes im eigentlichen Stadtzentrum von Port-au-Prince, dessen Anmutung eines Palais mit vielen Verzierungen und parkähnlichen Anlagen französischen Vorbildern nachgeeifert hatte. Die oberen Stockwerke des Gebäudes waren eingestürzt und hingen über viele Monate windschief über dem Fundament. Der damalige Präsident René Préval, ein zierlicher Herr, hatte wie ein Wunder überlebt und blieb bis zu seinem Tod von dieser Erfahrung gezeichnet.

Die Angaben zu den Erdbebenopfern schwanken zwischen 65.000 und 315.000 Menschen. Die hohe Zahl beruht auf Angaben der haitianischen Regierung; die andere kommt von USAID, der staatlichen Entwicklungsagentur der USA. Im Streit der Zahlen manifestiert sich auch ein Politikum. Gerade die USA hatten ein Interesse, die Todeszahlen gering zu halten, weil die hohen Opferzahlen auch auf strukturelle Probleme des Landes verweisen und nicht nur dem Erdbeben geschuldet waren. Der Streit um Zahlen ist allerdings auch ein Streit um öffentliche Aufmerksamkeit in sogenannten *Media Driven Emergencies*, also Katastrophen mit medialer Aufmerksamkeit. Je mehr Tote, desto mehr Spendengeld. Das ist eine zynisch anmutende Regel bei allen Naturkatastrophen. In diesem Fall waren die Dimensionen der Katastrophe so ungeheuerlich, dass es in den ersten Tagen und Wochen darum ging, die Toten möglichst schnell zu beerdigen, um den Überlebenden eine Chance auf ein erstes Verdrängen der traumatischen Erfahrung zu geben. Zudem sind in Haiti schon die Einwohnerzahlen Schätzungen – was soll man erst über die Toten sagen.

Die namenlosen und zahllosen Toten liegen in Massengräbern zwischen Cité Soleil, einem zu Berühmtheit gelangten Armenviertel, das am Rand der Industriezone am Flughafen der Hauptstadt liegt, und dem nach dem Erdbeben neu entstanden Wohnkonglomerat Canaan, das von obdachlos gewordenen Erdbebenopfern errichtet wurde. Die Massengräber wurden jahrelang nur durch dürre, langsam verwitternde Holzkreuze kenntlich gemacht. Mittlerweile steht dort ein kleines Denkmal. Die Gräber ziehen sich die kahlen entwaldeten Berge hinauf. Es ist ein trostloser und unbarmherziger Ort, an dem man nicht lange verweilen kann, weil die Hitze, die Sonne und die Erinnerung alles zum Glühen bringt.

Doch nicht allein die Zahl der Toten, sondern die Zahl der Überlebenden machte aus dem Erdbeben in Haiti diese Katastrophe von historischer Dimension. Die Vereinten Nationen (UN) schätzten damals, dass jeder dritte Haitianer von dem Erdbeben betroffen war. Anderthalb Millionen Menschen waren obdachlos geworden. Wer nicht zu Verwandten aufs Land flüchtete, überlebte in Zeltstädten auf allen großen und kleinen Plätzen und Parks in Léogâne und Port-au-Prince. Die Bilder der blauen UN-Planen, die tonnenweise in Haiti verteilt wurden, prägten über Monate das Image des Landes, das nun zum ersten Mal seit vielen Jahren wieder in den Schlagzeilen der Weltpresse war.

Der größte Hilfseinsatz der Welt

Es begann der größte internationale Hilfseinsatz nach dem Tsunami im indischen Ozean von 2004. Die Dimensionen der Zerstörungen und der Opferzahlen in Haiti waren vergleichbar mit denen in Südostasien. Der Tsunami umfasste jedoch mit Indien, Sri Lanka, Indonesien und Thailand ein viel größeres Gebiet. Tatsächlich aber waren bei dem Unglück im Dezember 2004 nur die schmalen Küstenstreifen betroffen. Die Infrastruktur der Länder, Krankenhäuser, Schulen, staatliche Institutionen waren hingegen intakt geblieben. In Haiti befanden sich aufgrund des noch immer französisch geprägten Zentralismus sehr viele Verwaltungsinstitutionen, Krankenhäuser, aber auch Universitäten und andere Einrichtung der höheren Bildung in der vom Erdbeben so heftig betroffenen Hauptstadt Port-au-Prince. Zudem hatte es dramatische Folgen für alle Schichten der Gesellschaft, wenn auch die Ärmsten am härtesten betroffen waren. Fachleute, Professoren, eine ganze Armada des haitianischen Wissens waren ums Leben gekommen. Auch die Vereinten Nationen, die mit ihrer Militärmission MINUSTAH seit 2004 im Land waren, verloren über 100 Menschen. Ein solcher menschlicher Verlust zieht an einer Institution nicht spurlos vorüber. Nur der Bombenanschlag auf das UN-Hauptquartier in Bagdad 2003 hatte die Vereinten Nationen ähnlich fassungslos gemacht.

Für die internationale Hilfe, die UN sowie die »internationale Gemeinschaft« wurde der Haiti-Einsatz zu einem Lackmus-Test ihrer Fähigkeit, schnell und effektiv zu helfen. Die während des Tsunami 2004 gesammelten Erfahrungen und Lehren, die in einem neuen, professionelleren Humanitarismus zusammengeführt wurden, sollten nun in Haiti in der Praxis erprobt werden. »Das Erbeben in Haiti«, schreibt der US-Amerikanische Anthropologe Mark Schuller in seinem 2016 erschienen

Buch *Humanitarian Aftershocks in Haiti*[57], »bot die nächste Gelegenheit für diese neuen Modelle und für Optimismus.« Bill Clinton, UN-Sonderbeauftrager für Haiti, der später die Kommission zum Wiederaufbau leiten sollte, verkündete: »Wir werden Haiti besser wiederaufbauen.«

Humanitarismus für die Prekären

Der Begriff Humanitarismus ist im Deutschen nicht sehr geläufig. In der internationalen Sprache der humanitären Hilfe, deren Bedeutung und zur Verfügung stehenden Mittel im Vergleich zur klassischen Entwicklungspolitik in den letzten 20 Jahren enorm zugenommen hat, ist damit ein ganzes Set von Maßnahmen und das Zusammenspiel der unterschiedlichen Akteure gemeint, die in einem Katastrophen oder Konfliktfall einzusetzen sind: Die UNO, die internationalen Geber, die Hilfsorganisationen und die lokalen Akteure. Humanitarismus sei, schreibt der französische Anthropologe Didier Fassin in seinem Buch *Humanitarian Reason: A Moral History of the Present*,[58] eine Art diejenigen zu regieren, die von Armut, Obdachlosigkeit, Arbeitslosigkeit, Exil, aber auch von Katastrophen, Hungersnöten und Epidemien betroffen seien. »Kurz gesagt: Jede Situation der Prekarität.« Humanitarismus ist also ein Modell, das einer Vorstellung von einer Welt entspricht, in der es nur noch Probleme gibt, die man gemeinsam lösen muss. In dieser Welt fragt man nicht mehr danach, warum es alles so kam, sondern es herrscht die reine Lösungsorientierung. Angesichts der Not, die in Haiti herrschte, schien alles andere unangebracht.

Im Dokumentarfilm *Tödliche Hilfe* (2012) von Raoul Peck (siehe in diesem Buch S. 36) gibt es für den überbordenden Pragmatismus eine schlagende Szene. Der haitianische Filmemacher begleitet den Präsidenten René Préval auf seiner Reise in die USA, wo er um Unterstützung für Haiti bittet. Der haitianische Präsident trifft unter anderem einen hochrangigen Vertreter von Coca-Cola, einen der wichtigsten Unternehmer der Vereinigten Staaten. Der Coca-Cola-Mann, ein Hüne von mindestens einem Meter neunzig und einer beeindruckenden Schuhgröße, verkörpert diesen Pragmatismus mit einem blendenden Lächeln und unbeugsamem Tatendrang. Er schlägt dem kleinen Préval

---

57 Mark Schuller (2016): *Humanitarian Aftershocks in Haiti*, New Jersey.
58 Vgl. Didier Fassin (2012): *Humanitarian Reason: A Moral History of the Present*, Berkley.

auf die Schulter und bittet ihn, Platz zu nehmen. Der zeigt ein schüchternes Lächeln und wirkt noch kleiner, als er ohnehin ist. Es spricht nur Coca-Cola. Der Hüne entwickelt tollkühne Ideen, wie man Haiti retten könne. Wie wäre es, meint er, mit Mango-Cola. Ihr habt doch so viele Mangos in Haiti, sagt er in etwa und beweist Landeskenntnis. Préval schaut nun nicht nur verschüchtert, sondern entsetzt, und schweigt.

So viel Geld und nichts bewirkt?

Sicher stand am Anfang der Hilfe ein weltumspannendes Gefühl oder zumindest die »Illusion, dass wir alle dieselbe *conditio humana* teilen«, wie Fassin schreibt. Diese gemeinsame Bedingung des Menschseins schien sich in den Geldsummen auszudrücken, die für Haiti zur Verfügung gestellt wurden. Bereits am 28. März, also zehn Wochen nach dem Beben, luden die Vereinten Nationen zu einer Geberkonferenz nach New York ein. Der Bedarf Haitis für den Wiederaufbau wurde zu diesem Zeitpunkt auf über acht Milliarden US-Dollar beziffert. Die teilnehmenden Staaten und internationalen Institutionen sagten Hilfen in Höhe von 5,3 Milliarden US-Dollar zu und über einen Zehn-Jahres-Zeitraum ca. 9,9 Milliarden US-Dollar. In späteren Geberkonferenzen verpflichteten sich laut den Vereinten Nationen die Länder bis 2020 insgesamt auf 13 Milliarden US-Dollar. Am Ende ist nicht einmal die Hälfte der zugesagten Gelder ausgezahlt worden.

Schon zwei Jahre später veröffentliche die britische Zeitung *The Guardian* eine tabellarische Übersicht der zugesagten und tatsächlich gezahlten Mittel.[59] Die USA lagen bei 30 Prozent, Venezuela bei 23 Prozent, auch Deutschland hatte nur knapp 30 Prozent der Gelder tatsächlich zur Verfügung gestellt. Ein Zusammenschluss deutscher Hilfsorganisationen, das Bündnis Entwicklung Hilft (BEH), kritisierte damals diese geringe Quote der ausgezahlten Gelder anlässlich des dritten Jahrestages des Erdbebens 2013: Erst habe es »Aktionismus gegeben und dann eine katastrophale Zahlungsmoral«. Diese Entwicklung hat mehrere Gründe und ist auch aus anderen Kontexten bekannt. Wie bei jeder Katastrophe üblich, sind staatliche Zusagen Teil einer medial beförderten und geforderten Zusage-Politik. Hohe Zusagen beruhigen das einheimische Publikum. Es wird etwas getan. Haiti war wochenlang

---

59 Vgl. https://www.theguardian.com/world/2012/jan/11/haiti-earthquake-promised-aid-not-delivered (zuletzt gesehen 10.10. 2019). #

in den Schlagzeilen. Der öffentliche Druck auf die Regierungen, Zusagen in Milliardenhöhe zu machen, war entsprechend hoch. Das dicke Ende kommt meist, wenn keiner sich mehr interessiert. Üblicherweise werden die zugesagten Gelder mit ausstehenden Kreditforderungen an das jeweilige Land verrechnet. Schon verringert sich die Summe beträchtlich. Auch im Fall von Haiti wurden Auslandsschulden erlassen, die dann aber mit zugesagten Hilfsgeldern verrechnet wurden. Die UN-Zahlen beziehen sich zudem auf die in Geberkonferenzen für die Strukturen der Vereinten Nationen zugesagten Mittel, die aber dann häufig über eigene Kanäle und nicht über die Vereinten Nationen abgewickelt werden. Das nationale Interesse, eigene Strukturen von Nichtregierungsorganisationen (NGOs) zu unterstützen und mediale Präsenz durch eigene nationale Maßnahmen zu zeigen, obsiegt meist gegenüber der durchaus vernünftigen Idee, Katastrophenbewältigung über eine halbwegs funktionierende Koordination und wenigstens theoretisch lernfähige UN-Apparate zu gewährleisten, vor allen Dingen, wenn diese mit Befugnissen und Rechenschaftspflicht ausgestattet sind.

In Haiti trugen die Obdachlosenlager zum Teil die Fahnen der jeweiligen Geldgeber-Nationen. Berühmt wurde das Camp Israel, das sich im Herzen von Port-au-Prince befand. Auf der Website des israelischen Außenministeriums heißt es im Bericht über den Haiti-Einsatz: »Aufgrund tragischer Umstände ist Israel führend in der Welt im Umgang mit massiven Unfallverlusten. Kein anderes Land kann deshalb so schnell Such- und Rettungsteams in Einsatz bringen.«[60] Das ist nur ein Beispiel von vielen für eine interessensgeleitete Hilfe, die in dem Fall das Ansehen Israels aufbessern sollte. Und das war meist wichtiger, als eine koordinierte Hilfe zu leisten. Gerade diesen Fehler einer unkoordinierten, nach Gutdünken der Geber organisierten Hilfe wollte man eigentlich – als Lehre aus dem Tsunami – in Haiti nicht wiederholen. Es kam anders.

Der größte militärisch-zivile Hilfseinsatz in der Geschichte

Trotz des israelischen Eigenlobs dürfte die größte Expertise im Katastrophenfall bei den dafür zuständigen Organisationen der Vereinten

---

60 https://mfa.gov.il/MFA/ForeignPolicy/Aid/Pages/Israel_humanitarian_aid. aspx (zuletzt gesehen 15.10.2019).

Nationen liegen. UNOCHA, das Amt der Vereinten Nationen für die Koordinierung humanitärer Angelegenheiten, übernahm die Koordinierung der Hilfe. Unter seiner Ägide entstand das Koordinierungszentrum am zerstörten Flughafen der Hauptstadt. Eine Zeltstadt, in der alle Hilfe in sogenannten Cluster-Meetings koordiniert werden sollte. Das war das Novum nach den Tsunami-Erfahrungen.

Am schnellsten im Einsatz war das US-Militär. Bereits am 13. Januar 2010 entsandte es erste Truppen, besetzte den zerstörten Flughafen und hinderte unter anderem *Ärzte ohne Grenzen* daran, mit Hilfsgütern zu landen, weil die USA die eigenen Truppen zuerst nach Haiti schaffen wollten. Es gab viele Spekulationen über diesen Militäreinsatz. Allein schon die Geschichte der US-Interventionen in Haiti weckte bei vielen Einheimischen Zweifel über den Altruismus des US-Militärs. Die Angst der US-Regierung unter dem damaligen Präsidenten Obama, viele Haitianer könnten sich unkontrolliert per Boot in die nahen USA aufmachen, mag ein Beweggrund für den schnellen Einsatz gewesen sein. Zugleich waren die Zerstörungen in Port-au-Prince so verheerend, dass auch die haitianische Regierung dringend um internationale Unterstützung bat. Unter dem Titel »Operation Unified Response«, also »Operation gemeinsame Antwort«, dauerte der US-Militäreinsatz bis Juni 2010 und umfasste unter anderem 23.000 Militärs in und um Haiti, 33 US-Kriegsschiffe sowie 300 Flugzeuge oder Hubschrauber. Außerdem lag noch ein schiffbares US-Militärkrankenhaus vor Ort, das über mehr als 100 Betten verfügte. Für den Einsatz hatte das US-Militär sieben Phasen geplant. Neben Stabilisierung der Lage, Rettungseinsätzen für Verschüttete und Krankentransporten sowie das Ausfliegen US-amerikanischer Staatsbürger auch eine Phase IV, die unter anderem Militäreinsätze gegen rebellierende Haitianer vorsah, weil man davon ausging, dass es automatisch zu Unruhen kommen würde. Die Haitianer hätten, so schreibt das US-Militär in seinen *Lessons Learnt* des Einsatzes, eine »bewundernswerte Ordnung und Zivilität« an den Tag gelegt. Phase IV fand also doch nicht statt.

Es war der größte zivile Einsatz in der Geschichte des US-Militärs und damit auch ein bedeutendes Lernfeld für künftige Katastrophen. Aber US-Marine und Heer waren bei Weitem nicht die einzigen. 26 Länder stellten bedeutende Militärhilfe, darunter Feldlazarette, Krankenhausschiffe, Lastschiffe und Transportschiffe sowie Helikopter zur Verfügung. Zwischen den USA und der alten Kolonialmacht Frankreich entwickelte sich eine kleine diplomatische Krise darüber, wer sich als wichtigste militärische Schutzmacht für Haiti verstehen dürfe. Am Ende einigte man sich mit den wichtigsten ausländischen Akteuren auf eine gemeinsame Task Force unter dem Namen »Haiti's Humanitarian Assistance Coordination Center«, das auch am Flughafen tagte. Während der haitianische Präsident Préval sich noch unter einem Mangobaum mit der Regierung verständigte, hatten die internationalen Akteure hier schnell die nötigen technischen Voraussetzungen zur Kommunikation geschaffen.

Exzesse des guten Willens

Wenn man von heute auf diese ersten drei Jahre des Katastrophenmanagements schaut, wird einem regelrecht schwindelig. Die Evaluationsstudie des US-Militärs versucht das Chaos der vielfältigen Akteure durch diverse Schaubilder zu verstehen. Sie machen vor allen Dingen deutlich, dass hier die Interessen der Länder, Militärs, der suprastaatlichen Institutionen und der NGOs zuerst verhandelt wurden, bevor es zu sinnvollen gemeinsamen Maßnahmen kam. Hier koordinierte sich jeder auf freiwilliger Basis oder ließ es auch sein. Es war einfach unmöglich, ohne eine handlungsfähige Regierung die Exzesse des weltweiten guten Willens so zu steuern, dass sie auch einen langfristigen Sinn ergeben hätten. Sinnvolle und bitter nötige Nothilfe wurde geleistet, aber alle Maßnahmen, die schon in der Nothilfe-Phase von infrastruktureller Langfristigkeit und nötiger Katastrophenprävention gewesen wären, blieben aus. Den anderthalb Millionen Obdachlosen wurde Trinkwasser in Kanistern geliefert, Dixie-Klos zierten die Ränder der Lager. Doch niemand baute Wasser- und Abwasserleitungen in der schnell und unkontrolliert gewachsenen Stadt Port-au-Prince. Unter diesen Umständen zählte, was zählbar war: Obdachlosenversorgung, Schuttbeseitigung, Lebensmittellieferungen oder die Zahl der Hilfsflüge. Jede Organisation gab Evaluationsberichte und sogenannte *Lessons Learnt* heraus. Den Spenderinnen und Spendern oder den staatlichen Gebern wurden Detailberichte vorgelegt, in denen die Mittelverwendung nachgewiesen wurde.

In der Überforderung der haitianischen Katastrophe, die alle betraf, war es für die tausendfach eingereisten Helferinnen und Helfer, denen oft nicht nur die Landeskenntnisse, sondern auch Sprachkenntnisse fehlten, naheliegend, sich am »Spenderwillen« und jeweiligen Anforderungsprofil der Organisationen zu orientieren. Das waren klare Leitplanken; ein partizipativer Aushandlungsprozess mit legitimen Vertretern der haitianischen Administration und Zivilgesellschaft auf Augenhöhe erschien hingegen als ein zu offener und unsicherer Horizont. »Angesichts der großen Zahl internationaler NGOs, die nach Haiti kurz nach dem Erdbeben kamen, war es unvermeidlich, dass das professionelle Niveau unter den humanitären Mitarbeitern erheblich schwankte«, heißt es in einem UN-Bericht vom Juni 2011[61]. Da es aber noch dazu ständige Wechsel der NGO-Mitarbeiter gegeben hätte und die Arbeits- und Lebensbedingungen auch für diese schwierig gewesen wären, sei das Stressniveau außergewöhnlich hoch gewesen, bis hin zu psychosomatischen Erkrankungen. Die internationale Hilfsgemeinde litt nicht nur an der extremen Situation in Haiti, sondern auch und vor allen Dingen an sich selbst.

Die Interimskommission zum Wiederaufbau Haitis

Dabei gab es eine legitime Einrichtung, die all die Arbeiten hätte koordinieren und langfristig in die richtigen Kanäle lenken können. Das war die paritätisch besetzte Interimskommission zum Wiederaufbau von Haiti (Commission intérimaire pour la reconstruction d'Haiti, CIRH). Bill Clinton, der UN-Sonderbeauftragte für Haiti, und Max Bellerive, der haitianische Premierminister, waren formal gleichgestellte Co-Präsidenten der Kommission. Über diese Einrichtung sollte das meiste Geld kanalisiert werden, und die Kommission gab sich auch einen ehrgeizigen Aktionsplan zum Wiederaufbau von Haiti unter dem Titel: »Für eine neue Zukunft Haitis«. Die haitianische Regierung hatte ihn zuvor offiziell verabschiedet. In den Ohren vieler Haitianerinnen und Haitianer hörte sich das wie ein ernst gemeintes Versprechen an. Die große internationale Solidarität und die Verpflichtung vieler Regierungen auf diese Ziele schienen eine wirkliche Chance auf ein Ende der Ausgrenzung und Bestrafung Haitis seit seiner Unabhängigkeit zu sein. Es schien, als wolle die Welt etwas wiedergutmachen.

In den Eckpunkten des Aktionsplanes kamen viele vernünftige Aufgabenfelder zur Sprache. So hieß es dort unter anderem: »Der Plan ist entstanden und inspiriert von einer Vision, die über eine Antwort auf die Verluste und Schäden des Erdbebens hinausgeht. Er zielt mit einer Reihe Schlüsselinitiativen darauf ab, die strukturellen Ursachen für Haitis Unterentwicklung anzugehen.« Als einer der wichtigsten Punkte

61 https://www.oecd.org/countries/haiti/50313700.pdf (zuletzt gesehen 17.02.2020).

zur Überwindung der strukturellen Ursachen wurde die Dezentralisierung Haitis als Ziel genannt, natürlich auch unter dem Eindruck, dass die vielen Toten nach dem Erdbeben dem ungesteuerten und rasanten Urbanisierungsprozess geschuldet waren, der sich auf Port-au-Prince konzentriert. In den letzten 20 Jahren hatte sich die Einwohnerzahl der Hauptstadt Haitis auf ca. 1.300.000 Bewohner vervierfacht. 2018 umfasst der Ballungsraum von Port- au-Prince laut UN-Angaben 2.500.000 Menschen.[62]

Ein Rückbau dieses Verelendungsprozesses schien tatsächlich nach dem Erdbeben eine Chance zu haben, weil viele zu ihren Verwandten aufs Land gingen, um dort zu überleben. In validen Umfragen, die ein Anthropologenteam in den Lagern nach dem Erdbeben unter den Bewohnern durchführte, gaben 71,5 Prozent an, ursprünglich nicht aus Port-au-Prince zu stammen. Jean Baptist Rosnel, der Vorsitzende des haitianischen Bauernverbandes »Tet Kole« (Köpfe zusammen), kritisiert im Film *Haitianische Erschütterungen* die aus seiner Sicht kontraproduktive Praxis der internationalen Hilfe. Man habe auf dem Land »Food-for-Work«-Programme, also den Erhalt von Nahrungsmitteln gegen Arbeit, durchgeführt. Gerade die Kleinbauern wären dringend auf Kapital angewiesen gewesen, um sich Saatgut zu kaufen, das nach dem Erdbeben zur Versorgung der Verwandten vollständig aufgebraucht worden war. »Anstatt zu dezentralisieren«, so Rosnel, »haben sie damit die Landflucht weiter gefördert«. Die Hilfe habe sich weitestgehend auf das Zentrum Port-au-Prince konzentriert, sodass viele nach einigen Wochen wieder in die Hauptstadt zurückkehrten, weil sie nur dort auf einen besseren Zugang zu Unterstützung hoffen konnten.

Die schönen und richtigen Ziele der Interimskommission basierten nicht wirklich auf einer langfristigen Idee und Planung. Sie wirkten eher wie eine Wunschliste. Als wisse man, was nötig sei, verfüge aber über keinerlei politischen und handwerklichen Mittel, das Notwendige auch anzugehen. Das betraf nicht nur die Dezentralisierung, sondern auch die Zusammenarbeit beider Seiten. Schon nach wenigen Wochen machten die haitianischen Mitglieder der Intcrimskommission in einem offenen Brief ihr Unbehagen öffentlich. In ihrem Schreiben hieß es unter anderem: »Die zwölf haitianischen Mitglieder fühlen sich vollständig von den Aktivitäten der CIHR abgeschnitten.« Die Kommunikationspolitik sei fragwürdig. So werde man generell über das Stattfinden einer Sitzung nur einen Tag vorher informiert. Die Vorstands-

---

62 Vgl. https://www.un.org/en/events/citiesday/assets/pdf/the_worlds_cities_in_2018_data_booklet.pdf (zuletzt gesehen 10.2.2020).

mitglieder hätten »weder Zeit zu lesen, zu analysieren noch zu verstehen und noch viel weniger intelligent auf Projekte zu reagieren, die in letzter Minute eingereicht würden«. Am Schluss des Briefes erfolgt ein vernichtendes Urteil der eigentlich paritätisch gedachten Zusammenarbeit: »In Wirklichkeit haben die haitianischen Mitglieder nur eine Rolle, nämlich die Beschlüsse des Exekutiv-Komitees zu bestätigen«.[63]

Der haitianisch-US-amerikanische Soziologe Alex Dupuy verwies in einem Gespräch mit *Democracy Now* im November 2011 darauf, dass alle wichtigen Vorschläge für Projekte von den nicht-haitianischen Mitgliedern gemacht würden. Er äußerte die Vermutung, dass die Ziele der sogenannten internationalen Gemeinschaft nicht so sehr »darin bestehen Haiti zu helfen, sondern eigene Firmen, eigene Landwirtschaft, eigene Exportinteressen und die eigene Wirtschaft zu fördern«.[64] Und am 8. Januar 2012 schrieb die *New York Times*[65] einen Artikel über die Interimskommission, in dem der Autor vollkommen überrascht feststellen musste, dass sich der Gegenstand seines Textes sang- und klanglos aufgelöst hatte, was er zufällig durch einen Blick auf deren Website erfuhr. Nach nur 18 Monaten war ihr Mandat nicht verlängert worden. Die Liste der bewilligten Projekte war 256 Seiten lang. Nur waren sie nicht einmal bis zum Ende finanziert. Warum es zu so einem schnellen Ende kam, bleibt der Spekulation überlassen. Tatsache ist, dass man sie für den weiteren Verlauf der Entwicklung in Haiti nun nicht mehr verantwortlich machen konnte.

Wahlen als Fetisch

Stattdessen forcierten die USA und die Vereinten Nationen die Durchführung von Präsidentschafts- und Parlamentswahlen. Im Film *Tödliche Hilfe* erfährt der amtierende Präsident Préval von diesen Plänen, an deren Ausarbeitung er nicht beteiligt war, ganz nebenbei. Raoul Peck interpretiert das als »Putsch«. Tatsächlich hatte die haitianische Regierung aus nachvollziehbaren Gründen die Präsidentschafts- und Parlamentswahlen auf unbestimmte Zeit verschoben. Nun wurden die Wahlen schon kurz nach dem Erdbeben durchgeführt. Am 20.

---

63 http://cepr.net/blogs/haiti-relief-and-reconstruction-watch/ihrc-board-meets-amidst-mounting-criticism (zuletzt gesehen 18.2.2020).

64 Vgl. https://www.democracynow.org/2011/1/12/alex_dupuy_foreig_aid_keeps_haiti (zuletzt gesehen 12.2.2020).

65 https://www.nytimes.com/2012/01/09/opinion/haitis-slow-recovery.html (zuletzt gesehen 17.2.2020).

März 2011 wurde Michel Martelly, ein Kompa-Sänger und Freund der Duvalier-Familie, die fast 30 Jahre lang eine blutige Diktatur in Haiti unterhielt, zum Sieger der Stichwahlen erklärt. Er hatte mit 717.000 Stimmen bzw. 65 Prozent Stimmanteil gewonnen. Die Wahlbeteiligung lag bei 22,4 Prozent. Der in den Augen der Geber legitime Präsident besaß die Unterstützung von ganzen 15 Prozent der Wahlberechtigten.

Mit dem neuen Präsidenten Martelly wurde das Ziel, Haiti besser wiederaufzubauen, durch die Losung seines Präsidentschaftswahlkampfes ersetzt. Ab jetzt hieß es: »Haiti is open for Business« (»Mit Haiti kann man Geschäfte machen«). Das Projekt, die strukturellen Ursachen der Armut in Haiti zu überwinden, wurde nach 18 Monaten ad acta gelegt. Die Chance auf eine halbwegs sinnvolle Allokation der Mittel war vertan. Nur diese Kommission, wenn sie denn tatsächlich mit den Haitianern auf Augenhöhe gemeinsam gehandelt hätte, wäre wahrscheinlich in der Lage gewesen, sinnvolle infrastrukturelle und administrative Maßnahmen durchzuführen und die schlimmsten Auswüchse interessensgeleiteter Hilfe zu verhindern. Vielleicht hätte sie die schönen Pläne für die Ansiedlung der anderthalb Millionen Obdachlosen wahr gemacht. Bill Clinton hatte noch 2011 stolz eine internationale Architektur-Ausstellung eröffnet, die Modelle für Großraumsiedlungen vorstellte, um eine erdbebensichere und menschenwürdige Wohnkultur für viele zu ermöglichen. Bis auf eine kleine Siedlung für eine Handvoll Familien ist daraus nichts geworden. Keiner musste Rechenschaft darüber ablegen, dass das Versprechen »Haiti besser wiederaufzubauen« nicht eingelöst wurde. Formal gab es nun zwar eine Regierung; die aber setzte ganz nach dem Willen der internationalen Geber auf die Regulierung durch den freien Markt.

Die Clintons und Haiti

Der ehemaligen US-Präsident Bill Clinton und seine Frau Hillary, die zum Zeitpunkt des Erdbebens in Haiti US-Außenministerin war, sind Schlüsselfiguren der Entwicklung nach dem Erdbeben. Die Clintons hatten in den 1970er Jahren ihre Hochzeitsreise in Haiti verbracht und verspürten seitdem eine besondere Beziehung zu dem Land. Während Bill Clintons Präsidentschaft erfolgten der Sturz und die Wiedereinsetzung Aristides, der in den USA im Exil war. Als Bill Clinton seinen Posten als UN-Sonderbeauftragter nach dem Erdbeben antrat, äußerte er in einem Statement vor dem US-Kongress sein Bedauern über die

Haiti-Politik unter seiner Präsidentschaft: »Die Vereinigten Staaten haben eine Politik betrieben, [...] dass wir reichen Länder, die wir viel Nahrung produzieren, sie an arme Länder verkaufen, um ihnen die Last zu nehmen, selbst Nahrungsmittel produzieren zu müssen, damit sie direkt in das Industriezeitalter springen.« Das habe sich nur für die Bauern in Arkansas, dessen Gouverneur er war, als profitabel erwiesen. Als Clinton Präsident war, sorgte er für die Rückkehr Aristides nach Haiti, verlangte aber dafür die Abschaffung der Schutzzölle für Reis. Billiger subventionierter US-amerikanischer Reis überschwemmte daraufhin den haitianischen Markt. Haiti hatte sich bis dahin weitestgehend selbst mit Reis versorgt. Die Reisbauern aus der Reiskammer Artibonite mussten ihre Produktion aufgeben. Hunderttausende zogen in Elendsviertel von Port-au-Prince, die meisten von ihnen ins Carrefour Feuilles. Gerade unter ihnen gab es sehr viele Tote, weil ihrer armseligen Häuser beim Erdbeben zusammenbrachen.

Clinton selbst nannte das im Nachhinein einen »Teufelspakt«. 2013 titelte die renommierte außenpolitische US-Zeitschrift *Foreign Policy* über diese US-Politik »Wie man Hunger subventioniert«.[66] Bereits seit den 1970er Jahren stellte der Nahrungsmittel-Export in Länder wie Haiti eine Grundkomponente der US-Handelspolitik dar. Die Lieferungen mit subventionierten Agrarprodukten wurden mit Krediten zum Aufbau von Exportindustrien verknüpft, in denen billige und unqualifizierte Arbeitskräfte, das »Humankapital« Haitis, arbeiten sollten. In der Nähe der mittlerweile darniederliegenden Industriezone am Flughafen, in der vorwiegend Textilien für den Export produziert wurden (vgl. Beitrag S. 107) entstand auch das Armenviertel Cité Soleil, das die Vereinten Nationen später zur No-Go-Area erklärten. Umso erstaunlicher erscheint es, dass die Entschuldigung Clintons, die damals ungewöhnlich, aber nun im Nachhinein nur »infam« (*Foreign Policy*) war, zu keinem wirklichen Kurswechsel führte.

Die USA und die Vereinten Nationen setzten weiterhin auf die Ideologie des freien Marktes, die Haiti in die Katastrophe nach der Katastrophe trieb. Grundlage dafür war ein Papier von Paul Collier, ein britischer Wirtschaftswissenschafter in Oxford. Er hatte den Vereinten Nationen 2009 vorgeschlagen, in gemeinsamen Anstrengungen Häfen und Straßen zu bauen, um Arbeitsplätze insbesondere in der Textilpro-

---

66 »Subsidizing starvation, How American tax dollars are keeping Arkansas rice growers fat on the farm and starving millions of Haitians«, in: *Foreign Policy*, Maura O'Connor, 11.01.2013

duktion zu schaffen. In einem Artikel für *The Guardian* schrieb er, dass bereits eine wichtige Voraussetzung durch die UN-Mission Minustah geschaffen worden seien, die unter brasilianischer Führung für Ruhe im Land gesorgt habe: »Frühere Peacekeeper haben sich davor gefürchtet, Cité Soleil zu betreten. Als die Brasilianer das Viertel sahen, sagten sie: ›Das ist ja nur eine Favela mit sieben Blocks‹.«[67] Collier, der viel über Afrika publiziert hat und Angela Merkel später wegen ihrer Flüchtlingspolitik scharf kritisierte, legte einen einfachen Plan für Haiti vor, der durchaus schlüssig klang: Erst für Sicherheit sorgen, dann Infrastruktur über Kredite aufbauen, Einfuhrzölle und Steuern senken, um ausländisches Kapital anzulocken. So entstehen – zumindest in der Theorie – Arbeitsplätze. Scheinbar eine »Win-Win«-Situation.

»Haiti is open for business«

Dem Plan folgte auch das »Haiti is open for business«-Konzept des neuen Präsidenten Martelly, der politisch völlig unerfahren war. »Zu der Zeit war Clinton sehr eng mit Martelly«, sagt Leslie Voltaire in *The Guardian*, ein haitianischer Architekt und Stadtplaner, der neben Clinton ein Jahr lang bis 2010 Haitis Sonderbotschafter bei den Vereinten Nationen war. »Martelly ist ein Amateur und er respektiert Clintons Ideen. Sie hätten alles gemacht, was USAID und Clinton vorgeschlagen hätte.«[68]

Und so kam es, dass die Blaupause von Collier die Grundlage für den Wiederaufbau Haitis wurde, obwohl den Machern ähnliche bereits gescheiterte Versuche von Irak bis Afghanistan eine Warnung hätten sein müssen. Im Jahr 2020, zehn Jahre nach dem Erdbeben, ist von Colliers Plan nichts Wirklichkeit geworden. Weder entstanden die versprochenen Hunderttausenden Arbeitsplätze noch ein Freihafen (siehe dazu Kapitel 5). Auch die Tourismusindustrie macht einen Bogen um Haiti. 2019 schloss das nach dem Erdbeben neu errichtete Luxushotel Best Western in Port-au-Prince seine Pforten. Am 1. April 2013 war es feierlich und mit großen Hoffnungen verbunden eröffnet worden. Es sollte Geschäftsleute und reiche Touristen anlocken. Inmitten der Arm-

67 Paul Collier: Beyond the begging bowl, Haiti need not be a failing state. Its problems are fixable if only the world community co-ordinates, in: *The Guardian*, 03.04.2009.
68 Vgl. https://www.theguardian.com/world/2019/oct/11/haiti-and-the-failed-promise-of-us-aid (zuletzt gesehen 11.10. 2019).

seligkeit warb das Hotel damit, dass es im »Chic der gehobenen Vorstadt von Pétionville« läge, in der es »Boutiquen und Restaurants und einen europäischen Charakter« gäbe. Nur eine Autostunde entfernt befänden sich »makellose, jungfräuliche Strände«. Mittlerweile wird Pétionville von der Armut belagert. Es ist kein Paradies für gehobene und exklusive Touristenträume.

Dass diese Pläne scheiterten, heißt keinesfalls, dass sich die neoliberale Wiederaufbaupolitik nicht für einige gelohnt hätte. 2,3 Milliarden US-Dollar[69] hat USAID in Haiti ausgegeben. Baufirmen wie der brasilianische Gigant Odebrecht, der den ganzen lateinamerikanischen Kontinent mit Korruption überzogen hat, wurden daran genauso reich wie die haitianische Oberschicht im In- und Ausland. Der größte Teil des Geldes wanderte, so Jacob Kushner in *The Guardian*, an US-amerikanische Firmen. »Nur drei Prozent wurden direkt an haitianischen Organisationen oder Firmen gegeben. 55 Prozent des Geldes ging an Firmen in und um Washington DC.« Also an Firmen mit engen geografischen Bindungen zur US-Politik.

Es gibt wohl kaum ein eklatanteres Beispiel in der jüngeren globalen Geschichte dafür, wie die internationalen Governance-Strukturen – bestehend aus den Vereinten Nationen, den dominanten Ländern wie den USA und der internationalen Geschäftswelt – die Geschicke eines Landes beeinflussten und gleichzeitig ihre fragwürdige Funktionsweise offenlegten. Die in einer ersten Phase notwendige interventionistische – von außen kommende staatliche, suprastaatliche und parastaatliche – Hilfe wurde so schnell wie möglich zur freien Verwendung an Unternehmen genauso wie an NGOs privatisiert. Der Wiederaufbau nach dem Erdbeben glich einer Art Mine, die zur Extraktion freigegeben wurde, bis sie leer war. Die haitianische Regierung verantwortete dabei nicht mehr als ein Prozent der zur Verfügung gestellten Mittel. Diese Art Extraktivismus von Hilfsgeldern war in Haiti eine Premiere, der weitere Beispiele folgten. Beim verheerenden Wirbelsturm auf den Philippinen 2014 wurden die betroffenen Regionen von der Regierung in Cluster eingeteilt und gleich an private Firmen zur Verwaltung übergeben. Transparenz über die Mittelverwendung, Kontrollmechanismen, ob die angekündigten Vorhaben erfüllt wurden oder gar Haftung für nicht erfolgte, aber bereits bezahlte Maßnahmen gab es weder in Haiti noch auf den Philippinen.

---

69 Ebd.

Wie Not unsichtbar gemacht wird

An drei Parametern maß man den Erfolg der Erdbebenbewältigung: Der Schuttbeseitigung, der Auflösung der Zeltstädte und Lager in Port-au-Prince und dem Aufbau von Straßen und Verkehrsinfrastruktur. Während ausländische Baufirmen für Schuttbeseitigung und Straßenbau sorgten und dabei nach Schätzungen des haitianischen Menschenrechtsnetzwerkes RNDDH ca. 80 Prozent der Gelder in die eigene Tasche, zum Beispiel in Gehälter wanderten, ging es bei der Lösung der Obdachlosenfrage vor allen Dingen darum, das Problem unsichtbar zu machen. Denn für ein Wohnungsbauprogramm mit entsprechendem Vorlauf in der Errichtung von Infrastruktur wie Kanalisation hätte es Institutionen der Daseinsfürsorge gebraucht und langfristige, auf Jahrzehnte ausgerichtete Programme. In Deutschland dauerte es zum Beispiel nach dem Zweiten Weltkrieg fast 15 Jahre, bis die gravierendsten Wohnungsnöte behoben waren.

In Haiti hingegen sollte alles schnell gehen. 2013 lebten noch mehrere Hunderttausend Menschen in Lagern. Damals beschrieb der Direktor von RNDDH, Pierre Esperance, die Situation so:

»Wir erleben eine weitere Verarmung breiter Teile der Bevölkerung. Besonders dramatisch ist die Situation der Frauen. Es herrscht eine umfassende Unsicherheit, eine Verschlechterung der Umweltsituation und ein hohes Korruptionsniveau. In den Lagern leben die Menschen unter äußerst unhygienischen Bedingungen, extremer Armut und sind gefährdet durch die Cholera. Die Menschenrechte der Haitianerinnen und Haitianer werden auf verschiedenen Ebenen verletzt. Das Recht auf Leben, auf Gesundheit, auf Wohnung, Arbeit etc. Das betrifft vor allen Dingen die 380.000 Menschen, die nach wie vor in den Lagern leben. Das Regierungsprogramm zur Räumung der Lager hatte einige gute Effekte, weil damit Lager auf wichtigen öffentlichen Plätzen geräumt werden konnten. Aber leider war es von nur geringer Reichweite. Mit 20.000 Gourdes (2020 ca. 190 Euro), die jeder erhielt, der den Platz verließ, kann man sich keine anständige Wohnung für ein Jahr mieten. Deshalb wurden mehr als 50 Prozent mit Gewalt von den Plätzen vertrieben.«[70]

Heute sind auch die Plätze in Port-au-Prince wieder Plätze, auf denen Kinder Fußball spielen und sich Liebespaare treffen. Doch der

---

70 Vgl. https://www.medico.de/die-reichen-sind-noch-reicher-geworden-14517/ (zuletzt gesehen 10.2.2020).

Schein trügt. Außerhalb von Port-au-Prince ist eine neue Stadt der Armen entstanden: Canaan. Schätzungsweise 300.000 Menschen leben hier. Es gibt keinen öffentlichen Nahverkehr, der die Menschen zu bezahlbaren Preisen nach Port-au-Prince bringen würde. Am Eingang der Stadt liegt eine einzige armselige Polizeistation. Die Ausstattung besteht aus einem Telefon, einer Zelle, einem Schreibtisch mit Computer, einem Polizeichef mit zwei Gehilfen. In der Ein-Raum-Station brummt der Ventilator, und eine junge Frau sitzt auf einer Bank mit traurigen Augen. Der Stationschef sagt, dass die meisten Anzeigen wegen Raub oder sexuellen Übergriffen erstatten würden, und schaut vielsagend auf die junge Frau, die gerade wartet. Die Polizeistation liegt direkt an der Ausfallstraße nach Port-au-Prince. Im Zweifel kann sich die Polizei mit ihren Motorrädern schnell zurückziehen. Bis auf die Polizeistation ist Canaan sich selbst überlassen. Einst gab es Komitees, damit die ausländischen NGOs ein Gegenüber hatten, das die Verteilung von Hilfsgütern umsetzte. Sie organisierten den Latrinenbau oder die Wasserversorgung in großen Kanistern, was in den ersten drei Jahren nach dem Beben von internationalen NGOs finanziert und geliefert wurde. Die NGOs allerdings sind längst weg. Auch die Komitees gibt es nicht mehr, weil nichts mehr zum Verteilen da ist.

Canaan lebt über eine von außen kaum durchschaubare Armutsökonomie. Bildung zum Beispiel. Sie ist in Haiti zu 90 Prozent privat organisiert, also eine Einnahmequelle. In Canaan gibt es eine einzige öffentliche Schule für 300.000 Bewohner. Der Rest wird privat organisiert. Am Ende der Stadt zum kahlen Berg hin liegt eine solche privat organisierte Schule. Ein ehemaliger Schneider, der zwischendurch mit seinem Bruder eine Kirchengemeinde unterhielt, betreibt sie. Bereitwillig zeigt er sie bei einem Besuch 2018. Das Gelände hat er gemietet und finanziert es über das Schulgeld. Die Klassenzimmer bestehen aus selbst zusammengezimmerten Schulbänken und sind durch weiße Bettlaken voneinander getrennt. Die Klassen sind klein und die Kinder und Jugendlichen diszipliniert. Tatsächlich unterrichtet ein Mathematik-Student von der Universität gerade acht Jugendliche und hat kompliziert aussehende mathematische Formeln an die Schultafel gemalt. Die jungen Leute seiner Klasse sind überzeugt, dass sie auch unter diesen Bedingungen etwas lernen. Der Schuldirektor blickt auf eine erstaunliche Karriere vom Schneider über Pfarrer zum Schuldirektor zurück. Ihn wundert sie überhaupt nicht. Er versteht sich als einen guten Organisator, der eben auch sein Auskommen damit hat. Trotzdem macht er auch den Eindruck eines passionierten Schulleiters.

In seinem engen Büro in einem Holzpavillon stapeln sich die Schuluniformen, die eben dort von zwei Damen genäht werden. »Man sieht, dass ich mal Schneider war«, sagt er mit einem schiefen Lächeln. Ob Bildung in Canaan je anders als so provisorisch sein wird, ist allerdings mehr als zweifelhaft.

Eine bittere Bilanz zieht der US-Anthropologe Mark Schuller in seinem bereits erwähnten Buch *Humanitarian Aftershocks in Haiti*, das nach mehrjährigen Studien über die Wirkung der Hilfe in IDP-Camps (Internally displaced person) entstanden ist: »Die Hilfe-Politik, die in der blinden Unterstützung für das Schließen der Lager um jeden Preis bestand, hat zum Entstehen großer informeller Siedlungen wie Canaan geführt, die im Begriff sind, zu Elendsstädten und zu Gewaltherden zu werden. Die zwangsgeräumten Lagerbewohner haben zudem die schon existierenden Elendsviertel überschwemmt und bis hoch in die Steilhänge der Berge ausgeweitet.« Ein ähnliches Resümee zieht 2013 auch Pierre Esperance: »Die ökonomisch Schwächsten verfügen dagegen über gar keine Mittel, sich vor künftigen Erdbeben zu schützen. Sie bauen ihre alten schwer beschädigten Häuser irgendwie wieder auf. Meistens können sie sich einen Abriss und Wiederaufbau nicht leisten. Würde sich morgen ein Erdbeben derselben Größenordnung ereignen, gäbe es mehr Opfer vor allen Dingen unter den Allerärmsten. Die Opfer von damals wären wieder die Opfer.«[71]

Systematische Entmächtigung lokaler Strukturen

Dass die Wohnungsnot nicht gelöst, sondern nur unsichtbar gemacht wurde, und die Menschen sich selbst überlassen blieben, erzählt viel über die Arbeit des internationalen NGO-Systems. Es tritt als System nicht an, strukturelle Ursachen von Armut und Ausgrenzung zu überwinden, sondern es verwaltet diese Phänomene. Dass es in der Vielzahl der Organisationen große Unterschiede in Haltung und Praxis gibt, ändert nicht viel an der Wirkung des Gesamtsystems. Es verteidigt sich vor allen Dingen selbst. Es ist sich dabei durchaus seiner ambivalenten Wirkung bewusst. Immer wieder wird nach Katastrophen an Standards gearbeitet, die die Arbeit der NGOs einhegen sollen. Eines der wichtigsten Kriterien ist dabei, dass Hilfe keinen Schaden zufügen darf: *Do-No-Harm* (Richte keinen Schaden an). Ein solches Kriterium kommt

---

71 Vgl. Statement im Film *Haitianische Erschütterung*.

nur deshalb zustande, weil Hilfe gerade dann, wenn sie lokale Einrichtungen ersetzt, Schaden anrichten kann, indem sie lokale Kapazitäten und Ressourcen aushöhlt und manchmal ganz beseitigt. Aus vielen anderen Krisen – seien es die Post-Bürgerkriegssituationen im ehemaligen Jugoslawien oder nach dem Tsunami in Südostasien 2005 – sind diese Phänomene bekannt und untersucht. Dass die Hilfe insgesamt in Haiti am Ende viel Schaden angerichtet hat, liegt vielleicht schon an ihrem militärischen Beginn und an der besserwisserischen und arroganten Haltung, die viele internationale Politiker und NGOs an den Tag legten. Schon hier gab es die »Tabula-Rasa-Mentalität« (Mark Schuller), die so tat, als wäre nichts vorhanden, worauf man in Haiti hätte aufbauen könnte. Hinzu kam noch, dass das Unglück Abertausende Helferinnen und Helfer aus aller Welt anzog, die sich hier eine Chance auf eine berufliche Perspektive im NGO-System erhofften. Ihren eigenen Lebensweg im Blick, versuchten sie die Vorgaben und Wünsche ihrer jeweiligen Arbeitgeber zu erfüllen. So trafen viele junge Leute, die frisch von der Universität kamen, auf sie überfordernde Probleme und auf eine transgenerationale Geschichte des Rassismus, derer sich viele nicht bewusst waren. Sie bewegten sich in der, wie Frantz Fanon schrieb, »Psychologie der Kolonisation« und begriffen nicht ihre eigene Rolle in der kolonialen Nachhut, die die Muster der vermeintlichen weißen zivilisierenden Überlegenheit immer wieder reproduziert. Der Zynismus, der sich schnell unter den überforderten Helfern ausbreitete, drückte sich in solchen Sätzen aus wie diesem: Man müsse den Haitianern erst mal beibringen, richtig mit Behinderten umzugehen. Die Frustration war nur durch den Einwand der Autorin zu stoppen, die Deutschen hätten selbst eine recht unglückliche Geschichte bei dem Thema. Der Helferzynismus drückt sich aus im Oxfam-Skandal, bei dem Jahre später einem Teil der vor Ort Beschäftigten sexueller Missbrauch und sexuelle Ausbeutung nachgewiesen wurden. Auch das US-amerikanische Rote Kreuz musste sich dafür rechtfertigen, dass es ganze sechs dauerhafte Häuser errichtet hat, obwohl in Broschüren davon die Rede war, 130.000 Leute mit Unterkünften versorgt zu haben. Die *Huffpost* kritisierte damals, dass das recht mickrig sei angesichts einer halben Milliarde Spendeneinnahmen für Haiti.[72]

Aber diese Skandale sind nur die Spitze des Eisberges und verhüllen das Grundproblem. Das NGO-System steht unter dem permanenten

---

72 https://www.huffpost.com/entry/red-cross-haiti-report_n_7511080; 6.4.2015 (zuletzt gesehen 10.2.2020)

Druck der Geldgeber und der medialen Öffentlichkeit, seine Wirksamkeit messbar nachzuweisen. Die Frage danach, wohin das ganze Geld gegangen ist, ist verständlich, aber zu einer berechtigterweise verlangten Rechenschaftslegung gehört so viel mehr als diese Frage. »Die Beschäftigung mit zählbaren Ergebnissen hat vor allen Dingen zu einem rigideren Management und einem besseren NGO-Betrieb zur Herstellung von Zahlen geführt«, schreibt Mark Schuller.[73] Die Audit-Kultur, also die Überprüfung durch externe Dienstleister wie die großen neoliberalen Wirtschaftsprüferfirmen Ernst & Young oder McKinsey, hätte die Probleme nicht gelöst, sondern nur die Begründungen für die Gewährleistung von Geldern erweitert, die Bürokratien in den NGOs erhöht und die Arbeiten verteuert. Eine Debatte um die Inhalte und Haltungen gibt es kaum. Hätten die Helferinnen und Helfer in Haiti sich als Teil einer Weltsozialarbeit verstanden, die sich zudem des Gedankens einer kritischen Sozialarbeit bewusst gewesen wären, nämlich dass man Hilfe zugleich verteidigen, kritisieren und überwinden muss, wäre die Katastrophe nach der Katastrophe vielleicht nicht ganz so schlimm ausgefallen. »Ich kam auf die Welt, darum bemüht, den Sinn der Dinge zu ergründen«, schreibt der aus Martinique stammende Psychoanalytiker Frantz Fanon, »und meine Seele war von dem Wunsch erfüllt, am Ursprung der Welt zu sein, und entdeckte mich als Objekt inmitten anderer Objekte.«[74] Dass die Haitianerinnen und Haitianer in vielen Projekten zu eben diesen Objekten wurden, hat viele Gründe. Dass aus Menschen Hilfsempfänger werden, die auf diese Weise ihrer Subjektivität beraubt werden, hat sich als Phänomen nicht nur in der haitianischen Katastrophe ereignet. Aber vor dem Hintergrund der haitianischen Geschichte, die geprägt ist von einer kolonialen und rassistischen Unterströmung, hat das Eindringen der Helferinnen und Helfer in die haitianische Gesellschaft möglicherweise noch schwerwiegendere Folgen gehabt. Im Gegensatz zu den Institutionen und Unternehmen, die ihre Form von Dominanzkultur wie beschrieben ausübten, aber auch wieder verschwanden, drangen viele Hilfsorganisationen aufgrund ihrer natürlichen Nähe zu den Betroffenen zudem in die Eingeweide der haitianischen Gesellschaft vor. Die Tausenden von Helferinnen und Helfer mit ihrer Naivität, ihrem guten Willen und ihrem Zwang, von außen erdachte Projekte umzusetzen, verwandelten sich in Agenten einer Biopolitik der systematischen Entmächtigung. Den Weg für dieses Vordrin-

---

73   Schuller (2018), S. 238.
74   Fanon (2015), S. 79.

gen in Herz und Seele der haitianischen Gesellschaft haben die vielen evangelikalen US-amerikanischen Organisationen gelegt, die spätestens seit 1990 nach dem Putsch gegen Aristide in Scharen nach Haiti drangen. Seither gilt Haiti als Republik der NGOs, die in die Lücke fehlender staatlicher Infrastruktur eindrangen und aus verbrieften Rechten Gefälligkeiten machten. Die evangelikalen Gruppierungen wiederum verknüpften Hilfe mit Missionierung. Einer ihrer bekanntesten Vertreter ist der Baptisten-Prediger Pat Robertson. Er hatte nach dem Erdbeben in einer aufsehenerregenden Fernsehansprache davon gesprochen, dass Haiti »verflucht« sei, weil es bei der Abschaffung der Sklaverei »einen Pakt mit dem Teufel« eingegangen sei.[75]

Mittelabflussdruck statt Nachhaltigkeit

Den Hilfsorganisationen standen insgesamt etwa vier Milliarden US-Dollar Spenden und staatliche Hilfsgelder zur Verfügung. Ob es 1.000, 7.000 oder gar 40.000 NGOs waren, die zeitweise in Haiti arbeiteten, lässt sich aus den vielen Quellen nicht ermitteln. Alle Zahlen werden genannt. Es waren unzählige, die sich zum Teil nie registrierten. Im Gegensatz zu den privaten Unternehmen haben in ihren Heimatländern registrierte NGOs durchaus eine Rechenschaftspflicht. In Deutschland gegenüber dem Finanzamt und in jährlichen Berichten gegenüber ihren Spenderinnen und Spendern. Wirtschaftsprüfer und Vereinsrevisoren gehören heute zur professionellen Ausstattung einer jeden Hilfsorganisation. Der Einsatz öffentlicher Gelder verlangt zudem eine detaillierte Rechenschaftspflicht, die angelehnt ist an ein betriebswirtschaftliches Effizienzdenken wie in der Privatindustrie.

Diese Rechenschaftspflicht gegenüber und die Abhängigkeit von Geldgebern und Spendern führten fast automatisch zu Arbeiten vor Ort, die vor allen Dingen diesen Anforderungen genügen mussten. Es herrscht Mittelabflussdruck, ein Unwort der NGO-Szene. Gelder müssen also in einem bestimmten Zeitraum in Projekten ausgewiesen werden, die den Gebern und Spendern sinnvoll erscheinen. Für das aber, was das Wesen einer guten Sozialarbeit ausmacht, nämlich die Beziehungsarbeit, gibt es weder Geld noch Zeit noch Bereitschaft. So arbeiteten unzählige NGOs aus aller Welt in ihren jeweiligen Feldern nach Gutdünken. Mal mit haitianischen Partnern, mal selbst implementierend,

---

75   Zitiert nach *Die Welt*, 15.1.2010.

durchaus bereit sich in Clustermeetings zu begeben, die dann aber oft als Zeitverschwendung empfunden wurden. Wenn auch viele Maßnahmen in sich schlüssig und sinnvoll schienen, korrespondierten sie nicht mit der eigentlichen Herausforderung, eine nachhaltige soziale Infrastruktur aufzubauen. Es blieben Einzelmaßnahmen, die im Zweifel einheimische Strukturen nicht stärkten, sondern schwächten.

Ein Beispiel aus der eigenen Praxis. Medico international hatte alteingesessene haitianische Gesundheitspartner in Artibonite, die während der Cholera-Epidemie mit ihren ländlichen und gut eingeführten, aber armseligen Gesundheitsstationen viele Leben retteten. Sie hatten vor dem Erdbeben hin und wieder internationale Gelder bekommen, verließen sich aber auf ihren kleinen Obulus, den sie von ihren Patienten verlangten, um auch in schwierigen Zeiten weiterarbeiten zu können. Das hatte über Jahrzehnten funktioniert, wenn auch mehr schlecht als recht. Nach dem Erdbeben entstand in Artibonite ein wunderschönes Krankenhaus, das mit Spendengeldern einer US- amerikanischen Hilfsorganisation errichtet wurde. Die vorhandenen lokalen Gesundheitsstrukturen, darunter auch der medico-Partner, wurden allerdings wie so oft weder gefragt noch berücksichtigt und erst recht nicht gestärkt. Die Behandlung im Krankenhaus war zumindest zeitweise kostenlos. Die Gesundheitsstationen der medico-Partner mussten gegen diese Konkurrenz schließen oder ihre Arbeit erheblich einschränken und regionales Wissen ging verloren. Ein Krankenhaus in dieser Region ist zweifellos eine Errungenschaft, aber es landete dort wie ein Raumschiff auf einem fremden Planeten. Die Tabula-Rasa-Mentalität, mit der die Hilfsorganisationen ihre Projekte nach ihrem Gutdünken und ihren Interessen durchführten, wird daran eben auch deutlich.

Die alte Ordnung ist wiederhergestellt

Nach dem Erdbeben, so erzählen es viele Haitianer, gab es einen Moment, in dem die alte Ordnung abgeschafft schien. Arm oder Reich – alle waren gleichermaßen getroffen von der Erfahrung und hatten Angehörige und Besitz verloren. Daraus erwuchs die Hoffnung, man könnte in einer gemeinsamen Kraftanstrengung tatsächlich eine neue, für die Bewohner funktionstüchtigere und gerechtere Ordnung schaffen. Raoul Peck beschrieb diesen Moment in seinem Spielfilm *Mord in Pacot*. Eine Oberschichtsfamilie steht vor den Trümmern ihres zerstörten Hauses und ihrer Existenz, lebt in der Garage und vermietet das, was von dem Gebäude noch übrig ist, an einen französischen Helfer. Dieser zieht mit Allrad-Auto und haitianischer Geliebter aus dem einfachen Volk ein. Für kurze Zeit steht die Ordnung auf dem Kopf. Am Ende beseitigen der Helfer und die Oberschichtsfamilie die Leiche der jungen Frau, deren Ansprüche niemand erfüllen wollte. Die alte Ordnung ist im Film wie im Leben unter Beteiligung des NGO-Systems wiederhergestellt.

***

Das Fazit der Erdbebenhilfe fällt bitter aus. Die sozioökonomische Situation in Haiti ist heute schlechter als vor dem Erdbeben. Milliarden an Hilfsgeldern haben am Ende den Gebern weitaus mehr genutzt als den betroffenen Überlebenden der Katastrophe. Allein der UN-MINUSTAH-Einsatz kostete tägliche eine Million US-Dollar. Warum sie nach 17 Jahren mitten in der tiefsten Krise des Landes abgezogen ist, bleibt ein Rätsel. War es also 17 Jahre lang gar nicht um die Sicherheit gegangen, von der so viel die Rede ist? Die Institutionen des Landes sind hingegen noch weiter geschwächt worden. Sie existieren fast nicht mehr. Die Kluft zwischen Arm und Reich ist durch die Erdbebenhilfe noch größer geworden. Immobilienpreise, Wohnungsmieten schossen in die Höhe, weil der Bedarf der vielen ausländischen Mitarbeiter an Wohnraum so groß war. Es gab also für die, die etwas hatten, auch etwas zu gewinnen. Haiti ist um eine Elendsstadt reicher. Canaan ist ein Symbol für die Entrechtung derer, die nichts haben. Die Vereinten Nationen, die Militärs, staatliche und private Organisationen haben viele Tausende Menschen nach Haiti geschickt, die zum größten Teil ihre weiße Dominanzkultur durch den Einsatz gefestigt haben.

Natürlich haben viele Organisationen ausführliche Evaluation ihres Einsatzes in Haiti vorgenommen. Sie sind häufig voller Selbstkritik und gekennzeichnet von dem Bemühen, beim nächsten Mal vieles besser machen zu wollen. Aber nur wenige stellen das System insgesamt in Frage. Man kann also dem globalen Hilfesystem nicht mehr zutrauen, die Ursachen von Ausgrenzung und Armut zu bewältigen oder zumindest anzugehen. Das ist Ergebnis der haitianischen Erfahrung. Sie belegt, was Toni Negri und Michael Hardt in ihrem Text zum 20-jährigen Jubiläum ihres Grundlagenwerkes *Empire* im November 2019 geschrieben haben: »Trotz aller Prognosen, sowohl die, die es herbeisehnen wie die, die es verängstigt, ist die Globalisierung weder tot noch befindet sie sich im Niedergang, sie ist nur viel schwerer zu durchschauen. Es ist wahr, dass die globale Ordnung und die sie begleitenden globalen Kommandostrukturen überall in der Krise sind. Aber paradoxerweise verhindern die heutigen verschiedenen Krisen nicht die fortdauernde Herrschaft dieser globalen Strukturen. Die entstehende Weltordnung wie das Kapital selbst funktionieren durch die Krise und leben sogar davon.«[76]

---

76 Vgl. https://newleftreview.org/issues/II120/articles/empire-twenty-years-on (zuletzt gesehen 10.02.2020).

Das Waterloo des NGO-Systems

Interview mit dem Anthropologen *Mark Schuller*
über eine postkoloniale Zeitbombe

Die US-amerikanische Perspektive auf Haiti ist von besonderem Belang.
Das hat historische und geostrategische Gründe. Die historischen Gründe
liegen auf der Hand. Nachdem sich die haitianischen Sklaven im Zuge der
Französischen Revolution 1804 selbst befreit hatten, wachten die USA mit
Argusaugen über die Entwicklung der befreiten Republik. Der Einmarsch US-
amerikanischer Truppen in Haiti im Sommer 1915 endete in einer 19-jähri-
gen Besatzung, keine andere Kanonenbootpolitik der USA gegenüber Lateinamerika währte so lange. Hinterher rechtfertigte man sich dafür, dass die
US-Besatzung erhebliche Fortschritte für die Infrastruktur gebracht hätte,
nämlich Straßenbau und Elektrifizierung. Ein Jahr später wurde auch die be-
nachbarte dominikanische Republik von den US-Amerikanern besetzt. Der
Chef der Mission in Haiti und der Dominikanischen Republik, Marinekorps-
General Smedley Butler, legte später ein mea culpa ab. General Butler schrieb
in der Zeitung *Common Sense*, dass er 33 Jahre lang als ein »hochklassiger
Muskelprotz für das Big Business« und als ein »Gangster für den Kapitalismus« unterwegs gewesen sei. »Ich half, damit Haiti ein anständiger Platz
für die Jungs von National City Bank wird.« Und »ich brachte Strom in die
Dominikanische Republik für die amerikanischen Zuckerinteressen.« Der Besatzung folgten viele weitere militärische Interventionen der USA, ergänzt von
zivilen Einsätzen evangelikaler Gruppen, die mit der letzten US-Intervention
1994 ihren bis heute anhaltenden Höhepunkt erreichte. Vor diesem Hintergrund spricht Mark Schuller, der sich als Anthropologe seit Jahrzehnten mit
Haiti beschäftigt, ausgezeichnet Kreol beherrscht und lange vor dem Erbeben
anthropologische Studien in Haiti unternommen hat. Seine Kenntnisse über
Haiti und seine Netzwerke in Haiti ließen ihn auch in der Zeit nach dem Erdbeben einen besonderen Einblick in die Folgen der Katastrophe gewinnen.
Das Gespräch führte Katja Maurer im September 2018 in Chicago.

Katja Maurer: Welche Lehren ziehen Sie heute aus der Erfahrung des haitianischen Erdbebens und der internationalen Hilfsbemühungen?
Mark Schuller: Die internationale Hilfe hat nach dem Erdbeben vorhandene soziale Netzwerke und soziale Institutionen, die Tradition des Teilens und den Zusammenhalt der Familien zerstört. Die humanitäre Hilfe hegt kulturelle Annahmen und ist eingebettet in eine Weltsicht, die überwunden werden muss, wenn man nicht immer wieder dieselben Fehler machen will. Dazu zählt insbesondere die Neigung, alles kontrollieren zu wollen. Für mich ist Haiti das Waterloo des NGO-Systems. Vorher galten die Nichtregierungsorganisationen als eine Art Zauberformel, um Probleme zu lösen. Man dachte, sie seien näher an den Menschen, eben nicht verknüpft mit Macht und Regierung, und leichter zur Rechenschaft zu ziehen. Aber die Erfahrungen in Haiti haben ein für alle Mal deutlich gemacht, dass wir eine lokale Regierung brauchen, die in der Lage ist, die Prioritäten zu setzen.

Woran machen Sie das Scheitern konkret fest?
Nach dem Erdbeben wurde die gesamte humanitäre Hilfe über sogenannte Cluster abgewickelt. Die meisten Cluster-Treffen fanden im UN-Compound am Flughafen von Port-au-Prince statt, der faktisch ein UN-Militärstützpunkt war. Haitianerinnen und Haitianer hatten dort keinen Zutritt, selbst Mitglieder der haitianischen Regierung nicht. Ich als Weißer musste dagegen nicht einmal meinen Pass zeigen, um hineinzukommen. Die Treffen fanden auf Englisch statt, was bekanntlich keine offizielle Sprache in Haiti ist. Es gab nur eine Ausnahme: das Wasser- und Hygiene-Cluster. Es tagte außerhalb des UN-Compounds im Rathaus der Metropolen-Region von Port-au-Prince. Die Clustersprache war Französisch. Den Vorsitz hatte die haitianische staatliche Institution für Nationale Trinkwasserversorgung: DINEPA (Direction Nationale de l'Eau Potable et de l'Assoinissement). Die spanische Regierung finanzierte die Institution direkt, weil sie schon zuvor mit ihr eng zusammengearbeitet hatte. Es war das erfolgreichste Cluster.

Ich habe mich in der Berichterstattung über Haiti immer gehütet, die haitianische Regierung zu sehr anzugreifen, weil die Beschuldigung der haitianischen Elite schon lange zu einer Figur der eigenen westlichen Entlastung von Verantwortung geworden ist. Aber kann man das Versagen der haitianischen Regierung und Elite einfach außenvorlassen?

Zumindest muss man sehr vorsichtig sein und den globalen Diskurskontext berücksichtigen. Die Regierung zu kritisieren, ist Aufgabe haitianischer Organisationen wie der Menschenrechtsorganisation RNDDH zum Beispiel. Die internationale Kritik an der Regierung hingegen wiederholt immer dieselben Argumentationsfiguren. Sie macht die Regierung dort verantwortlich, wo sie keine Handlungsmöglichkeit hatte. Die haitianische Regierung wurde nach dem Erdbeben komplett vom Entscheidungsprozess ausgeschlossen. Als dann die ersten Schwierigkeiten in der Bewältigung der Katastrophe auftauchten, wurde trotzdem die haitianische Regierung dafür verantwortlich gemacht. Die Vereinten Nationen beschäftigten sich 2012 mit humanitären Katastrophen im urbanen Umfeld. Dabei wurde auch die haitianische Erfahrung kritisch reflektiert und in Bezug zu städtischen Krisensituationen wie im Gaza-Streifen oder in Flüchtlingslagern in Darfur gesetzt. Aber zentrale Begriffe waren einmal mehr Zugang und Kontrolle und nicht die Wiederherstellung von Regierungsfähigkeit und Selbstermächtigung. Aus dem Scheitern in Haiti wird so nichts gelernt.

Zum Teil waren die Lager mit Flaggen der jeweiligen unterstützenden Länder dekoriert. Haiti-Hilfe war zum Wettbewerb der Nationen geworden.
Das stimmt. Aber die schlimmsten Folgen hatte das Eingreifen der US-amerikanischen Regierung, die vor allen Dingen ihre eigenen Interessen im Blick hatte. Gegenüber Haiti sind die USA der Hegemon. Im Vergleich dazu war die Situation beim Tsunami 2005 in Aceh, Indonesien, viel besser und damit auch die Hilfe erfolgreicher. Es gab eine handlungsfähige Regierung und es gab diverse regionale Mächte wie Japan, China oder Australien, die geholfen haben. Sie verhinderten, dass die USA im Alleingang bestimmten. Nach der haitianischen Erfahrung muss man festhalten, dass die Hilfe die Widerspiegelung des Kolonialismus und eine postkoloniale Zeitbombe darstellt.

Wie kann man die kulturellen Annahmen und die Neigung zur Kontrolle der internationalen NGOs überwinden?
Die erste Frage lautet, gegenüber wem man rechenschaftspflichtig ist. Gegenüber den Menschen und Gemeinden, die sich in einer Notsituation befinden? Oder gegenüber den Geldgebern? Wir von der solidarischen, aktivistischen Seite haben mit den kritischen Nachfragen über

den Verbleib der Gelder womöglich dazu beigetragen, dass man die Wirksamkeit von Projekten heute mit dieser Flut von Beweisfotos zeigen muss. Projekte müssen heute eine hohe Visibilität aufweisen, um zu zeigen, dass »wir den Job gut erledigen«. Diese fotogenen Projekte sind Ausdruck des Teufelskreises, in dem sich die humanitäre Hilfe befindet. Mit weitaus weniger Geld hätten wir mehr nachhaltige und entwickelnde Hilfe leisten können, wenn dieses falsche Konzept der Sichtbarkeit nicht vorliegen würde. Nach dem Erdbeben hat man Wasser in die Lager gekarrt und die wartenden Menschen in der Schlange fotografiert. Es wäre besser gewesen, die Wasserleitungen zu reparieren. Das ist aber nicht so fotogen. Hinzu kam noch eine Tabula-Rasa-Mentalität. Viele hatten diese Haltung. Sie taten so, als würde in Haiti überhaupt nichts vorliegen, an das man anknüpfen könnte, als wäre es nur darum gegangen, leere Mäuler zu stopfen. Das war eine vielfach anzutreffende Haltung der Hilfe und das ist eine teure Haltung. Diese Lehre ist immer noch nicht verstanden worden.

Es war eine außergewöhnliche Katastrophe, die sich schwer mit anderen vergleichen lässt, weil ein großer Teil der in der Hauptstadt konzentrierten Infrastruktur zerstört wurde. War eine Hilfe von außen mit all der Maschinerie dennoch unnötig?
Sie war nötig. Aber die Hilfe hätte die Werkzeuge zur Verfügung stellen müssen, und die haitianischen Behörden hätten sagen müssen, wo sie eingesetzt werden sollen. Stattdessen hieß es sinngemäß: »Geh aus dem Weg, ich weiß es besser.« So haben die Haitianerinnen und Haitianer die Maßnahmen der Vereinten Nationen und der Hilfe erlebt. Damit wurde ein Zeichen gesetzt und eine Erwartung geweckt. Wenn man ernsthaft die Haitianer hätte dabeihaben wollen, hätte man die Regierung handlungsfähig machen müssen, hätte eine haitianische Sprache zur Verständigungssprache gewählt und für die Sichtbarkeit haitianischer Akteure gesorgt. Wenn die internationale Hilfe sinnvoll arbeiten will, muss sie sich ernsthaft mit den Folgen des eigenen Tuns auseinandersetzen. In Myanmar hatte die damalige Militärdiktatur nach dem Zyklon Nargis, der ebenfalls hunderttausende Opfer forderte, keine Hilfe hineingelassen. Es wäre wert zu untersuchen, wie groß der Unterschied zwischen Haiti, das von Hilfe überschwemmt wurde, und Myanmar ohne äußere Hilfe heute ist. Hier würde eine ernsthafte Diskussion beginnen. Die heutige Tendenz des internationalen Hilfsbusiness, die Regierungen zu umgehen, muss in Frage gestellt werden.

Wie man mit Regierungen zusammenarbeitet, wie man sie rechenschaftspflichtig hält, ist dann eine andere Frage.

Wie beurteilen Sie die Arbeit der haitianischen Regierung heute, die unter anderem die ausländische Finanzierung der Zivilgesellschaft einschränken will?

Die haitianische Regierung hätte dafür keine Unterstützung, wenn wir 2010 nicht so versagt hätten. Ich denke, dass die haitianische Regierung das Recht haben muss, die Prioritäten zu setzen. Bei der Projektabwicklung gibt es viel Verhandlungsspielraum und Überprüfungsmöglichkeiten, die ausländische Geldgeber nutzen könnten.

China spielt auch in der Entwicklungshilfe eine immer größere Rolle. Die Chinesen machen keine politischen Auflagen und sind deshalb gern gesehene Geldgeber. Ein Problem?

Ganz ehrlich, wo ist es einer Nord-NGO gelungen, erfolgreich einem Land aus dem Süden die Menschenrechte als politisches Grundprinzip zu vermitteln? Nach jeder Wahl in den USA werden Haushaltskürzungen gerade im entwicklungspolitischen Bereich vorgenommen. Sie werden dann noch menschenrechtlich begründet. Es ist einfach zu viel Heuchelei im westlichen Menschenrechtsdiskurs. Ich denke, haitianische Politiker sind sich sehr bewusst, dass auch chinesische Gelder ihren politischen Preis haben. Die Chinesen verfolgen gänzlich eigene Ziele. Die Hilfe, die sie geben, soll nicht wie Hilfe aussehen, nicht einmal wie Kapitalismus. Der politische Preis: Sie wollen zum Beispiel, dass die Haitianer die Anerkennung von Taiwan rückgängig machen. Auch die Petro-Dollar aus Venezuela sind keine Erfolgsgeschichte. Es gab keine Konditionen, wie die Gelder verwendet werden sollten. Heute demonstrieren Abertausende in Haiti zu Recht gegen die Politik und die Geschäftswelt, die sich einen Gutteil dieser Gelder einverleibt hat.

Wo liegen Auswege?

Jedenfalls nicht darin, immer wieder dieselben Vertreter der Zivilgesellschaft zu unterstützen. Wie alle anderen fortschrittlichen Netzwerke hat auch medico sicher die Leute unterstützt, die ich alle namentlich aufzählen könnte. [Ich habe es überprüft, es stimmt. K. M.] Es gibt einfach keine neue Idee. Diese progressiven Netzwerke aus

Großbritannien oder Frankreich haben versucht, europäische Politik in Haiti voranzutreiben. Sie unterstützten dabei Organisationen, die im Zuge des Kampfes gegen Duvalier entstanden sind und die 1986 für seinen Sturz gesorgt haben. Aber in den Augen der jungen Leute heute sind diese 86er am Aufbau eines demokratischen Haitis gescheitert. Deshalb ist es jetzt Zeit, anderen eine Chance zu geben. Ihr fahrt vielleicht einmal im Jahr nach Haiti. Ihr könnt gar nichts anderes machen, als euch auf die Leute zu stützen, die ihr ohnehin kennt. So reproduziert sich die ausweglose Situation.

Fatale Rezepte

Freihandelszonen sind der Inbegriff eines neoliberalen Entwicklungsmodells. Nach dem Erdbeben gehörten sie zu den wenigen Ideen, die mehr als deklamatorische Willensbekundungen waren. Ein Blick auf ihr Scheitern, der auch die Frage nach ökonomischen Alternativen für Regionen wie Haiti berührt.

Ein gescheitertes Megaprojekt
Die Freihandelszone in der Hafenstadt Caracol

Von Aïda Roumer

Und am Anfang war nichts. So oder ähnlich beginnt viel zu oft die Erzählung, wenn es um die Geschichte der »Dritten Welt« und um »Entwicklungsländer« geht. Die Mythologie des Siedlers, der sich auf einem unbefleckten Stück Erde niederlässt und sein Glück wagt, ist romantisch. Und grausam. Nicht nur beeinflusst sie Geschichtsschreibung und kollektives Gedächtnis, sie trägt auch heute noch maßgeblich zur eurozentrischen Perspektive bei, aus der Entwicklungszusammenarbeit gedacht und Wirtschaftspläne konzipiert werden.

Das Erdbeben 2010 hat diesen Mythos wiederaufleben lassen. Es scheint, als würde es dort, wo schon 1492 bei der Ankunft von Kolumbus vermeintlich unentdecktes Land aufzufinden war, nun 500 Jahre später plötzlich wieder diesen Moment – *Tabula Rasa* – geben, durch den sich das Land in ein Niemandsland zurückverwandelt. Und wieder entsteht eine Dynamik, die es den Hegemonialmächten ermöglicht, ihren Einfluss auf die haitianische Politik zu erweitern. Schon in den ersten Tagen nach dem Erdbeben setzt diese Hegemonialpolitik ein. Der bereits beschriebene, massive Aktionismus der internationalen Gemeinschaft hinterlässt aus dieser Perspektive betrachtet einen bitteren Nachgeschmack. Seinen Ursprung findet man in den Köpfen all jener (Spendende, Politiker und Politikerinnen, Missionierende, NGO-Mitarbeitende, Adoptivfamilien, usw.), die nicht erkennen, dass ein Erdbeben zwar eine zerstörerische Wirkung hat, ein Land jedoch nicht – wie ein iPhone – auf die Werkseinstellung zurücksetzt. Weder sind alle Kinder plötzlich Waisen noch verschwinden Hürden, an denen die Entwicklungszusammenarbeit zuvor gescheitert war.

Auch in den internationalen Konzepten zur wirtschaftlichen Entwicklung Haitis macht sich der Mythos des Siedlers bemerkbar. Die Logik der vom Markt getragenen Entwicklung eines Landes, die seit den 1980er Jahren beständig durch Programme zur strukturellen Anpassung und durch Papiere zur Armutsbekämpfung von Weltbank und Internationalem Währungsfonds vorangetrieben wird, kam auch 2010 wieder zum Tragen. Das Konzept des »build back better« suggerierte, dass nun, da alle Institutionen dem Erdboden gleichgemacht wurden, alles anders, alles besser werden könne. Das Bild des kollabierten Regierungspalastes in Port-au-Prince untermalte dieses Narrativ. Die Modelle, die dann angewandt wurden, um Haiti aus der Misere zu holen, sind schlichtweg die Weiterführung der Strategien aus den 1980er Jahren, die erwiesenermaßen mehr Schaden angerichtet als Wachstum gefördert haben.[77]

Unbeachtet bleibt dabei also nicht nur, dass sich bestehende Strukturen nicht einfach wegdenken lassen, sondern auch, welche Ergebnisse die angestrebte Kombination aus Liberalisierung, Deregulierung und Privatisierung historisch geliefert hat. Selbst die Weltbank räumt rückblickend Fehler ein und doch – der neoliberale Duktus bleibt bestehen. Zwar geht es jetzt um »gute Institutionen« und »Teilhabe«, um »Demokratie« und »Rechtsstaatlichkeit«, aber die Notwendigkeit, für den globalen Markt frei zugänglich zu sein, um Wachstum zu generieren, wird nicht in Frage gestellt. In der eigenen Wachstumsgeschichte wird nicht hervorgehoben und somit auch in der Entwicklungszusammenarbeit schlichtweg ausgeblendet, dass keine der heutigen Dienstleistungsgesellschaften in der Zeit der Industrialisierung durch niedrige Zölle zu kompetitiven Volkswirtschaften wurden und in der Europäischen Union (EU) immer noch massives staatliches Eingreifen beispielsweise durch Agrarsubventionen die heimische Produktion stützt.[78] Die Macht eines intuitiv sinnig erscheinenden Deutungsmodells wie das des Neoliberalismus, ist nicht zu unterschätzen. Nicht umsonst wird in den Sozialwissenschaften von einer »Kolonisierung der Wirtschaftswissenschaften« gesprochen. Da, wo das Modell nicht aufgeht, muss mit der Welt etwas nicht stimmen. Warum ausgerechnet Freihandelszonen in diesem Konstrukt als sinnvoller erster Schritt in Richtung Marktöffnung gelten, soll im Folgenden aufgeschlüsselt werden.

---

77 Jane Harrigan und Hamed El-Said (2000): »Stabilisation and Structural Adjustment: The Case of Jordan and Malawi«, in: *Journal of African Business*, (1) 3, S. 63–109.

78 Ha-Joon Chang (2002): *Kicking away the ladder: development strategy in historical perspective*, Cambridge.

Freihandelszonen als politische Territorien

Grundannahme ist, dass es bei der Entwicklung neuer Produktions-
zweige in Entwicklungsländern primär darum geht, mit der globalen
Konkurrenz – und maßgeblich globalen Preisen – mithalten zu können. In »Entwicklungsländern« ist die Arbeitskraft der entscheidende
Faktor, durch den Produktionspreise gedrückt werden können. Somit
ist auch der Anreiz einer Freihandelszone in Ländern wie Haiti für
Investoren und internationale Produzenten derjenige, arbeitsintensive
Prozesse an Orte zu verlegen, in denen Löhne niedrig, die Arbeitskraft
aber dennoch ausreichend geschult ist. Dort, wo scheinbar keine wirt-
schaftsförderlichen Institutionen existieren, wird ein Raum geschaffen,
in dem Transaktionskosten reduziert werden können. Oftmals gelten
andere Lohnabkommen, Zölle und Handelsverträge als im Umland.
Länder mit hohen Transport- und Energiekosten sollen so ihre Kon-
kurrenzfähigkeit und Wertschöpfung steigern, indem sie für internationale Produzenten attraktiver werden. Denn was brauchen Unternehmen mehr als ein apolitisches Territorium, welches Marktfreiheit,
Planungssicherheit und günstige Arbeitskraft gewährt? Insbesondere
die Textilindustrie profitiert von solchen wirtschaftlichen Konstrukten
und kann zumeist noch Zölle in Absatzländern umgehen, da die USA
durch zahlreiche bilaterale Abkommen Nachlässe für diejenigen Unternehmen erlässt, die ihre Produktionsprozesse (als »Aid for Trade«
im Namen der internationalen Entwicklungszusammenarbeit) teilweise auslagern.

Auch in Haiti wurde immer wieder auf Entwicklungspläne gesetzt,
die das »Taiwan der Karibik« (so das Bild der USA zu Duvalier-Zeiten)
zu einem Vorzeigekind der Industrialisierung durch Textilexpor-
te machen sollten. Oftmals wird die Textilindustrie in Ländern wie
Bangladesch als Beispiel genommen, um dessen durchaus erfolgreiche
Spezialisierung von Arbeitskräften und marktführende Positionierung
im Textilbereich aufzuzeigen. Ein Fokus auf den Faktor Arbeitskraft
– so die Logik – ermöglicht den Ausbau des industriellen Sektors und
führt somit zu einer Win-win-Situation, von der sowohl das Unternehmen als auch das Produktionsland gleichermaßen profitieren. Neben
der umstrittenen Frage, ob Industrialisierung im 21. Jahrhundert überhaupt noch ein tragbares Entwicklungsmodell ist, lässt sich ein zweiter,
noch größerer Streitpunkt beim Heranziehen solcher »Erfolgsgeschich-
ten« ausmachen. Entscheidend ist nämlich, in welcher Weise eine ver-
gleichsweise positive wirtschaftliche Entwicklung wie beispielsweise

die von Bangladesch gedeutet wird. Denn weder hat Bangladesch eine »wie aus dem Lehrbuch« beschriebene Liberalisierung zugelassen, noch kann man somit das in Bangladesch angewandte Zusammenspiel aus starker politischer Kontrolle und Verzahnung mit dem Unternehmertum einfach in andere Länder exportieren.[79]

Woher, wie und wozu die Fähigkeit zu gesellschaftlicher Transformation eigentlich entsteht, ist jedoch der eigentliche Gegenstand der Forschung, wenn man – so wie schon Adam Smith in seinem Werk *Wohlstand der Nationen* – versuchte, den volkswirtschaftlichen Werdegang verschiedener Nationen nachzuvollziehen. Dass diese Fähigkeiten in Bezug auf Haiti mit historischem und politischem Kontext zusammenhängen, ist wissenschaftlich belegt. Wie auch der haitianische Ökonom Fritz Alphonse Jean (vgl. Interview ab S. 117) betont, muss es nicht nur eine gesellschaftliche Klasse geben, die genug Macht hat, um sich für wirtschaftliche Interessen des Landes einsetzen zu können, es muss auch in ihrem *eigenen* Interesse sein, diese Ziele tatsächlich zu verfolgen. Die entscheidende Frage ist somit nicht, welche Modelle erfolgreich wurden, sondern in welchem machtpolitischen Umfeld es überhaupt möglich wurde, jene Entscheidungen zu treffen *und umzusetzen,* die im Nachhinein als Erfolg gewertet werden können – und wo eben nicht.

Raumkonzept des Siedlungskolonialismus

Freihandelszonen reihen sich nahtlos in das Konzept des Siedlers ein, der versucht, einen Raum zu schaffen, in dem wie in einem Vakuum seine eigenen – in diesem Falle marktförderlichen – Institutionen eingeführt werden können. Nicht nur geografisch wird hier nach »leerem Raum« gesucht, der bebaut werden kann, sondern auch politisch gilt es, eine Zone zu kreieren, in der lokale Regeln neu bespielt werden können. Oft wird dies als eine »Entpolitisierung« oder als Gewährleistung einer gewissen Sicherheit wahrgenommen. Umso wichtiger ist es, hier zu unterstreichen, welch hochpolitisches Vorhaben es ist, einen Raum zu schaffen, in dem internationale Regelungen die lokalen politischen Institutionen übertrumpfen.

---

79 V. Bhaskar, B. Gupta und M. Khan (2006): »Partial Privatization and Yardstick Competition: Evidence from Employment Dynamics in Bangladesh«, in: *Economics of Transition*, (14) 3, S. 459–477.

Haiti ist hier ein denkbar gutes Beispiel, um diese Logik nachzuvollziehen. Bereits in den 1960er Jahren beschlossen François Duvalier und Nelson Rockefeller, damals Gouverneur von New York unter Richard Nixons Präsidentschaft, Haiti als Produktionsort für Textilien zu etablieren und auf den US-Absatzmarkt hin auszurichten. In den 1980er und 1990er Jahren wurden dann die ersten Freihandelszonen auf Haiti etabliert. Genau wie in vielen anderen Staaten in der Karibik stieg die Zahl der Freihandelszonen in Haiti rapide an und führte zu Arbeitsplätzen (in der Dominikanischen Republik wurden jährlich 10.000 bis 12.000 neue Arbeitsplätze geschaffen). Sowohl die steigenden Kosten in Industrienationen als auch die geringen Auflagen in den Karibikstaaten ermöglichten diese Entwicklung, da ein Großteil der Kosten (Umweltschäden etc.) auf die Gesellschaft abgewälzt wurde.[80]

Das Beispiel Caracol

Angesichts des allgegenwärtigen Selbstverständnisses als Heilsbringer, was bei Investoren, Einzelpersonen und auch Hilfsorganisationen zu beobachten ist, verwundert es nicht, dass auch das Vorzeigeprojekt der internationalen Zusammenarbeit nach dem Erdbeben – die Freihandelszone in Caracol – diesem Duktus unterliegt. Die Stadt Caracol liegt an der Küste im Nordosten Haitis, ca. eine Stunde von der dominikanischen Grenze entfernt. Auf Empfehlung von Paul Collier, Professor der Ökonomie und Leiter des Forschungsinstituts der Weltbank bis 2003, investierten die Interamerikanische Entwicklungsbank (IDB), die US-Regierung, der haitianische Staat und die südkoreanische Textilfirma Sae-A Trading Co. Ltd. in einen Industriepark. Letztere agiert in Haiti unter dem Namen S&H Global und sollte Hauptpächter des Parks werden. Auch Daniel Cho, Präsident von S&H Global, glaubte an den Mythos: »You can see. Nothing is here. […] This area is like a white paper and we can draw on it.«[81] Um das Ergebnis vorwegzunehmen:

---

80 Thorsten Sagawe: »Unterhosen aus den Freien Produktionszonen. Exportstrategien im Weltmarktkontext«. In: *Die Karibik zwischen Souveränität und Abhängigkeit: Analysen und Berichte zu Jamaika, Kuba, Haiti, St. Lucia, Guadeloupe-Martinique und der Dominikanischen Republik*, hrsg. von Gerhard Rieger, 1. Aufl. (Freiburg: Verlag Informationszentrum Dritte Welt, 1994), S. 165–172.

81 Deborah Sontag: »Earthquake Relief Where Haiti Wasn't Broken«, in: *The New York Times*, 05.07.2012, http://www.nytimes.com/2012/07/06/world/americas/earthquake-relief-where-haiti-wasnt-broken.html.

Der Erfolg blieb aus. Die Auswirkungen dieser fehlgeleiteten Herangehensweise an den Wieder- und Aufbau von Handelsstrukturen
und -kooperationen ist am Beispiel von Caracol gut zu beobachten.
Aus entwicklungspolitischer Perspektive sind Freihandelszonen per
se kritisch zu betrachten, da selten eine nachhaltige Form des Wissen-
stransfers und eine Ausweitung der Fähigkeiten[82] vor Ort erreicht werden. Das Tragische am Beispiel von Caracol ist jedoch, dass selbst aus
der Perspektive der Investoren, für die entwicklungspolitische Belange
im besten Falle zweitrangig sind, die Freihandelszone im Norden der
Insel als ein gescheitertes Projekt zu werten ist. Keine der angestrebten »output measures« wurden erreicht, und die Industrieanlage läuft
nach wie vor weit unter dem eigentlichen Auslastungsniveau (2015 lag
es bei zehn Prozent). Auch der geplante Hafen, der für die Rentabilität
der Zone als unabkömmlich dargestellt wurde, ist nie erbaut worden.

Schon in der Entstehungsphase des Industrieparks wird dieses
Scheitern erkennbar. Auch hier wird der Slogan des »build back better« gebraucht, um ein existierendes Denkmodell weiter zu festigen.
Bereits 2009 hatte Paul Collier in seinem Report für die Vereinten Nationen (UN) den Ausbau des Textilsektors als Haitis einzigen Weg aus
der Stagnation benannt.[83] Zunächst waren Investoren, was den Standort Caracol betraf, jedoch skeptisch. Erst das Erdbeben ermöglichte einen Entschluss, der recht überstürzt zur Errichtung des Industrieparks
führte. Die vorherigen Bedenken wurden im Zuge dieses Aktionismus
beiseitegeschoben, was der damalige Leiter der Haiti-Abteilung in
der Interamerikanischen Entwicklungsbank mit der Dringlichkeit der
Lage begründete. Nicht nur ernsthafte Bedenken des amerikanischen
Gewerkschafts-Dachverbandes AFL-CIO bezüglich der Menschen-
rechtsbilanz des auserkorenen Partners S&H Global wurden ignoriert,
sondern auch das interne Prüfverfahren der IDB zur Erfassung von
Umwelt- und Sozialverträglichkeit des Projektes wurde vor Beschluss
des Projektes nicht durchgeführt. Der US-Repräsentant enthielt sich ob
dieses Verstoßes gegen das Protokoll somit auch bei der Entscheidung,
das Projekt mit 55 Millionen US-Dollar zu finanzieren.[84]

---

82 Im Sinne der »Capability Approach«, die Amartya Sen oder auch Martha Nuss-
baum vertreten.

83 Dass die UN einen ehemaligen Weltbank-Ökonom ohne nennenswerte Expertise zu Haiti mit dem Bericht beauftragt hat und weder haitianische Zivilgesellschaft noch haitianische Ökonomen konsultiert wurden, ist nicht überraschend,
aber bezeichnend.

84 ActionAid USA (2015): Building Back Better? The Caracol Industrial Park and

So wurde schließlich ein Projekt abgesegnet, welches neben der Investition der Interamerikanischen Entwicklungsbank, die 17 Prozent der IDB-Unterstützung nach dem Erdbeben ausmachte und in die Infrastruktur des Parks floss, von weiteren 124 Millionen US-Dollar der US-Regierung, dem Land und den Management-Verträgen der haitianischen Regierung und weiteren 72 Millionen US-Dollar des Investors S&H Global getragen wurde. Es sollten bis 2020 rund 60.000 Arbeitsplätze entstehen, die zur Dezentralisierung nach der Verwüstung in Port-au-Prince beitragen sollten. Zudem wurde die Errichtung des benannten Hafens als zukünftige Investition geplant, der für den Erfolg des Parks als unabdingbar gewertet wurde. Mittlerweile hat sich herausgestellt, dass 80 Prozent der aufgewendeten Mittel in die USA zurückgeflossen sind. Insbesondere profitiert haben internationale und insbesondere US-Firmen, die mit dem Bau des Industrieparks beauftragt wurden. Interessanterweise befindet sich die Hälfte dieser Firmen noch dazu im Umfeld von Washington DC.[85]

Die Arbeitsbedingungen im Textilsektor sind somit klar an den Interessen der Arbeitgeber und Investoren ausgerichtet. Handelsabkommen wie der »Haitian Hemispheric Opportunity through Partnership Encouragement (HOPE) Act« und das »Haiti Economic Lift Program (HELP)« ermöglichen z.B. den zollfreien Zugang zum US-Markt für Textilien, sobald die Wertschöpfung zu 50 bis 60 Prozent in Haiti stattgefunden hat. Dies macht es auch für umliegende Staaten attraktiv, Stoffe in haitianischen Freihandelszonen zusammennähen zu lassen, um vergünstigten Zugang zum US-Markt zu bekommen. Auch eine Mindestlohnerhöhung auf fünf US-Dollar pro Tag, die vom haitianischen Parlament 2009 beschlossen wurde, konnte durch starken Druck der US-Botschaft in Haiti in gemeinsamer Sache mit Konzernen wie Fruit of the Loom oder Levi's verhindert werden, sodass ausschließlich im Textilsektor der Mindestlohn auf drei US-Dollar pro Tag gesetzt wurde. So ist es nicht überraschend, dass auch nach dem Erdbeben 2010 ausgerechnet eine Freihandelszone wichtigster Bestandteil der langfristigen Entwicklungsstrategie der USA für Haiti war.

Post-Earthquake Aid to Haiti, Washington, D.C. http://www.actionaid.org/sites/files/actionaid/building_back_better_the_caracol_industrial_park_and_post-earthquake_aid_to_haiti.pdf

85 Dass der Industriepark ein von den Clintons getragenes Projekt ist, hinterlässt bitteren Nachgeschmack. Die Rolle der Clintons wurde in Kapitel zum Erdbeben bereits erwähnt (siehe S. 86), hier sei nur gesagt, dass Bill Clinton den Grundstein für den Industriepark legte und auch bei der Vertragsschließung anwesend war.

Der Preis für die Haitianer vor Ort hingegen ist hoch. Als direktes Resultat der kurzsichtigen Herangehensweise, die die Kontexte der Betroffenen im Falle Caracol vollkommen unberücksichtigt ließ, mussten 366 Familien jahrelang auf Entschädigung für ihr Land in einer der fruchtbarsten Regionen Haitis warten. Das Gebiet war in der ersten Machbarkeitsstudie als »frei von Bewohnern« und vollständig in staatlichem Besitz beschrieben worden, ohne dass dies von offizieller Seite verifiziert wurde. Die in Haiti üblichen informellen Landtitel wurden schlichtweg ignoriert. Manche Familien wurden erst fünf Tage vor Ankunft der Bulldozer von den Plänen in Kenntnis gesetzt. Zudem gefährdete der Verlust der Anbauregion die Nahrungssicherheit in der Region: ein Paradebeispiel für die bis heute fortwährende »Siedlermentalität« und deren Folgen.

Montagsdemo

Lokale Protestbewegungen sowie Druck auf nationaler Ebene prangern solche Missstände an. In einem offenen Brief ans Parlament fordert der Ökonom Leslie Péan, dass solche Unternehmen, die ihre Mehrgewinne produktiv investieren, öffentliche Unterstützung bekommen müssen, anstatt dass weiterhin diejenigen Unternehmen gefördert werden, die auf Niedriglöhne setzen. Auf lokaler Ebene bildeten sich Interessensgruppen, (z.B. der Verband zur Verteidigung der Arbeiter von Caracol, ADCT), die sich für die ausbleibenden Entschädigungszahlungen einsetzten oder auch den Anschluss der umliegenden Gemeinden an das Elektrizitätsnetzwerk forderten. Jeden Montag standen Menschen vor den Toren des Industrieparks, um die ihnen versprochenen Arbeitsstellen einzufordern. Bemerkenswert ist hier, dass diese Formen des Aktivismus vom haitianischen Staat geduldet und teilweise ernst genommen wurden, was von einem historisch repressiven Staat nicht unbedingt zu erwarten gewesen war. Trotzdem wurde die lokale Bevölkerung erst in den Blick genommen, nachdem alle wichtigen Entscheidungen bereits gefällt worden waren. Nicht nur physische Strukturen vor Ort wurden ignoriert, sondern auch der soziale Kontext, in den das Großprojekt hineinplatzte. Die Bürgermeister der umliegenden Orte wurden nicht in den Entscheidungsprozess zur Ortsfindung einbezogen. Erst nachdem diese ausgehandelt hatten, dass Arbeitsplätze für Menschen aus der Region im Industriepark gesichert würden, willigten sie in das Projekt ein und akzeptierten die Rolle als Vermittler. Der lange

Verzug bei den Entschädigungszahlungen sowie die nur schleppenden Einstellungen von Arbeitskräften nach Errichtung des Parks führten zu einer lokalpolitischen Krise. Sie wurde auf dem Rücken eben jener Lokalpolitiker ausgetragen, die in der eigentlichen Konzeption des Projektes nicht konsultiert worden waren, und führte zu einem erheblichen Vertrauensverlust in der Bevölkerung.[86] Dass dies zwar für den internationalen Handel förderlich ist, schlussendlich jedoch die Marktfähigkeit der haitianischen Textilindustrie nicht nachhaltig entwickelt, ist einleuchtend. Ökonomisch ausgedrückt: Die Annahme, dass die Reduktion von Transaktionskosten, die zu einfacherem Marktzugang und erhöhter wirtschaftlicher Aktivität führt, immer wünschenswert ist, geht nicht auf, sobald man kontextuell und politisch denkt. Denn nicht jede wirtschaftliche Aktivität ist wünschenswert, und nicht jedem Teilnehmenden soll der Marktzugang erleichtert werden. Insbesondere dort, wo große Machtungleichgewichte herrschen, müssen politische Entscheidungen im Sinne derjenigen Marktteilnehmer getroffen werden, deren Interessen zu langfristigem und lokalem Wachstum führen können. Eine Firma wie S&H Global in Caracol, die zuvor die günstigen Arbeitskräfte in Guatemala nutzte, um beim ersten Engpass flugs den Standort zu wechseln, hat andere Interessen.

✳✳✳

Das Narrativ, man schaffe auf unberührtem Land Neues und Gutes, legitimiert Vorhaben, die sonst rigorosen Prüfungen unterzogen worden wären, denn irgendeine wirtschaftliche Aktivität ist vermeintlich besser als gar keine. Dass die Geschichte uns immer wieder eines Besseren belehrt hat, wird ignoriert. Weder haben die weltweiten Strukturanpassungsmaßnahmen (structural adjustment programs) der Weltbank für wirtschaftlichen Aufschwung (geschweige denn Entwicklung in einem umfassenderen Sinn) gesorgt, noch konnten die Länder sich gegen die massiven Eingriffe wehren, die ihnen im Namen der Entwicklungszusammenarbeit auferlegt wurden. Die Misserfolge solcher auferlegten »Blueprints« werden umgedeutet, sodass nie das ange-

---

86 Yasmine Shamsie (2019): »Reflections on Haitian Democracy: Zooming in on a Megaproject in the Hinterland«, in: *Latin American Research Review*, 54(1), S. 35–49.

wandte neoliberale Entwicklungsmodell hinterfragt werden muss, sondern immer nur die Welt, die sich diesem Modell nicht beugt. Immer wieder werden somit Pläne für Freihandelszonen in neuer Gestalt vorgebracht, die Länder wie Haiti aus der Entwicklungsstagnation retten sollen. Die Gefahr, die der Mythos vom »apolitischen« Wirtschaftswandel mit sich bringt, liegt auf der Hand. Gerade in Haiti sind die unzähligen gescheiterten Entwicklungsprojekte und -programme auf das fehlende Verständnis des politischen Kontextes zurückzuführen. Genauso wenig, wie Kolumbus unberührtes Land betrat, hat das Erdbeben 2010 Haiti in ein »unbeschriebenes Blatt« verwandelt. Machtverhältnisse, Abhängigkeiten und soziale Institutionen waren und bleiben vorhanden, auch wenn viele Initiativen und Bestrebungen zunichte gemacht wurden. Umso ironischer ist es rückblickend, wenn Paul Collier proklamiert, Haiti könne zum Prototyp für die Entwicklungshilfe in fragilen Staaten werden, denn auf gewisse Weise hat er recht behalten. Allerdings ist es eine scheiternde Entwicklungshilfe, die an Haiti ein ums andere Mal vorgeführt wird.

Ökonomie der Gewalt

Interview mit *Fritz Alphonse Jean*
über die Privatisierung des Staates

Hinter Pétionville den Berg hinauf zieht sich eine schmale asphaltierte Straße, auf die kaum zwei Autos passen. Die Grundstücke sind zum Teil von Mauern umgeben, aber die bergige Gegend offenbart die dahinterliegenden Häuser, die wohl alle einen großartigen Ausblick haben. Moderne, geschmackvolle Villen mit Flachdach und angepasster Architektur, die nicht mal in der größten Hitze eine Klimaanlage benötigen. Es ist ein gutes Viertel, im dem aber auch ärmere Leute wie Einsprengsel leben. Nach langem Suchen finden wir das Wohnhaus des Ökonomen Fritz Alphonse Jean. Eben ein solches Haus mit Ausblick in die Berge, auf denen die Armut wächst, die von hier aus gesehen von pittoresker Schönheit ist. Der jugendlich wirkende Anfang Sechziger kann auf eine lange Karriere zurückblicken: Er war einige Jahre Gouverneur der haitianischen Republikbank, der Zentralbank des Landes, außerdem Präsident der Handelskammer Nordost, mit Sitz in der zweitgrößten Stadt Cap Haitien und Dekan für Wirtschafts- und Politikwissenschaft an der Universität Notre Dame d'Haïti. Soeben ist sein jüngstes Buch *Haïti, une économie de violence* erschienen. Mit einem prophetischen Titelblatt. Katja Maurer hat Fritz Alphonse Jean im September 2019 getroffen.

Katja Maurer: Auf dem Cover Ihres 2019 erschienenen Buches sieht man einen brennenden Autoreifen. Eigentlich ein Zeichen des politischen Protests. Was hat das mit den wirtschaftlichen Problemen Haitis zu tun?
Fritz Alphonse Jean: In Haiti gibt es eine ökonomische Gewalt, die den Menschen aufgezwungen wird. Sie muss zwangsläufig zu den sozialen Aufständen führen, die wir immer wieder erleben.

Was sind die wichtigsten Gründe für diese ökonomische Gewalt?
In meinem ersten Buch habe ich mich mit der Geschichte der haitianischen Ökonomie seit 1803 beschäftigt. Ich bezeichne sie als eine Ren-

117

tier-Ökonomie. Was wir heute erleben ist Ergebnis dieser Wirtschafts-
geschichte. Sie ist gekennzeichnet davon, dass der Staat und die Elite
das Land systematisch ausrauben. Zuerst durch Agrarproduktion bis
Mitte des 19. Jahrhunderts. Die Bauernschaft produzierte die Güter.
Der Staat und die Elite eigneten sie sich an, ohne in die Landwirtschaft
zu investieren. Das nenne ich Raubwirtschaft. Und das ist auch der
Grund, warum der landwirtschaftliche Sektor von 1803 bis 1850 kontinuierlich ausblutete. Danach exportierte Haiti hauptsächlich Hölzer,
was zur heute vorliegenden Entwaldung führte, die uns nun so große
Probleme bereitet. Danach basierte die Ökonomie wesentlich auf Geld-
geschäften. Das ist die heutige haitianische Ökonomie. Wenn man sich
heute das Portfolio des Banksystems in Haiti anschaut, ergeben sich
die höchsten Gewinne aus Transferleistungen und Provisionen. 63 Prozent der Bankgewinne stammen aus diesen Geschäften. Haiti produziert überhaupt nichts. Wir kaufen und verkaufen. Eine reine Handels-
ökonomie. Das kann nicht ewig so weitergehen. Im Grunde leben wir
von den Geldtransfers der Diaspora, die jährlich bei fünf Milliarden
US-Dollar liegen.

Wird dieser Geldfluss aus der Diaspora anhalten?
Es gibt eine Richtung in der Wirtschaftswissenschaft, die an der
Theorie des Kollapses arbeitet. Tatsächlich können Länder kollabie-
ren. Das trifft nicht nur auf Haiti zu. Schauen wir nach Griechenland
oder Spanien. Haiti ist aus meiner Sicht schon mehrfach kollabiert. Und
das Einzige, was blieb, war, die Tür aufzuhalten und Menschen die
Ausreise zu ermöglichen. Sie ernähren uns jetzt. Die Ökonomen gehen
allerdings davon aus, dass der Geldfluss im Laufe der Generationen
und ihrer Integration in die Ankunftsländer abnehmen wird.

Wer sind die Entscheidungsträger in der haitianischen Wirtschaft?
Ich beschäftige mich unter anderem mit der Produktions- und Vertei-
lungsstruktur. Gegenwärtig gibt es nur eine sehr kleine Gruppe von
Leuten, die von dieser Art Wirtschaft profitiert: Kaufen und Verkaufen.
Für diese Art des Wirtschaftens gibt es drei Phasen: Von 1959 bis 1986
wurde die Wirtschaft von der repressiven Duvalier-Diktatur über den
Staat kontrolliert. Er konnte der Elite Privilegien und Gefälligkeiten zukommen lassen. Nach dem Ende der Diktatur von 1987 bis 2004 unter-
lag die Wirtschaft einer geringeren Repression. Immerhin existierte da-

mals noch eine Art Staat. Aber 2004 fühlten sich die ökonomischen Eliten durch den Präsidenten Aristide gefährdet und organisierten einen Staatsstreich. Weil sie den Staatstreich finanziert hatten, baten sie nicht mehr um Privilegien, sie nahmen sie sich. Das ging so bis 2011. Dieselbe ökonomische Elite steckte Millionen von US-Dollar in den Sieg von Martelly, der dann auch tatsächlich gewann. Daraus folgte eine weitere Mutation in der Beziehung zwischen Staat und dem privaten Sektor. Schließlich hatte die Wirtschaft sehr viel Geld in Martelly investiert. Und das hat sich mit der Wahl von Jovenel Moïse 2015 noch verstärkt. Jetzt übernahm der private Sektor die vollständige Kontrolle des Staates durch den privaten Sektor: Ein Staatsraub. Das gilt bis heute.

Vor wenigen Wochen traf ich Präsident Jovenel Moïse. Er bat mich um Rat, fragte, was er tun solle. Ich antwortete ihm, dass er ein Gefangener sei, so wie der ganze Staat ein Gefangener sei. Eine kleine Gruppe von Leuten kontrolliert die Basis der Staatseinnahmen: den Zoll und andere fiskalische Einnahmequellen. Deshalb kann der Staat keine Einnahmen mehr erzielen und keine Dienstleistungen wie Bildung für die Bevölkerung zur Verfügung stellen. Das nenne ich eine Ökonomie der Gewalt. In ihr können sich auch junge gut ausgebildete Menschen oder Unternehmer nicht mehr an der Produktion von Wohlstand beteiligen. Es gibt keine Zugangskanäle für sie. Es gibt keine Informationen über Ausschreibungen. Und selbst wenn man von Ausschreibungen erfährt, kann man sie nicht nutzen. Wenn man sich zum Beispiel den Zollbereich ansieht, so stellt man fest, dass hier keiner Steuern zahlt. Das ist schlimmer als Schmuggel. Sie zahlen eine vernachlässigenswerte Summe, eine Art Bearbeitungsgebühr, und damit ist alles legal.

Worin besteht die Rolle der internationalen Gemeinschaft? Schließlich kam nach dem Erdbeben sehr viel Geld über sie in das Land, nicht zuletzt auch die Petrocaribe-Gelder.

Die internationale Gemeinschaft ist Komplize dieses Systems. Nehmen wir die Petrocaribe-Gelder. Das waren vier Milliarden US-Dollar. Eine Menge Geld für ein Land, das über ein Bruttoinlandsprodukt von zehn Milliarden US-Dollar verfügt. Die USA, die in der Region die entscheidende Macht ausüben, haben die Beziehungen zwischen Haiti und Venezuela nicht unterstützt und wollten mit dieser Transaktion nichts zu tun haben. Sie haben deshalb den Missbrauch der Gelder ignoriert. Sie wussten natürlich, was da vor sich ging, denn das Geld musste gewaschen werden und das lief vorzugsweise über Banken in den USA. Die Profiteure haben sich Häuser und Geschäfte in Miami gekauft. Verfolgt man den Weg des Geldes, stellt man fest, dass haitianische, dominikanische und US-amerikanische Fonds in die Entwendung der Gelder verwickelt sind. Bis heute fließen Gelder aus den Petrocaribe-Dollars auch in Steuerparadiesen wie die Bahamas.

Was ist mit den Erdbeben-Geldern? Wurden sie auf ähnliche Weise privatisiert?

Das ist eine andere Geschichte, weil die Gelder erst gar nicht nach Haiti kamen. Hohe Summen stehen in den Büchern, aber eben nur in den Büchern. Geld wurde versprochen, es kam aber nicht.

Sie schreiben, es gäbe Auswege aus dem Teufelskreis. Wie sehen die aus?

Ich halte die Frage der Transparenz für sehr wichtig und bin sehr froh um die Auseinandersetzungen wegen der Petrocaribe-Gelder, weil sie Transparenz und Rechenschaftspflicht einklagen. Vor fünf Jahren hat sich hier niemand für das Staatsbudget interessiert. Man hat einfach die Bedeutung von Budgetfragen nicht erkannt. Aber dank der neuen Informationstechnologien und weil hier jeder ein Mobiltelefon hat, zirkulieren die Informationen und die Menschen werden sich bewusst, was sich ereignet. Mehrere Senatsberichte haben die Entwendung der Petrocaribe-Gelder öffentlich gemacht. Aber fast niemand hat davon erfahren. Als aber junge Leute das Thema aufgriffen und das ganze Land über die sozialen Netzwerke mit dem Skandal bombardierten, änderte sich das. Was mich das Ereignis lehrt, ist die Tatsache, dass wir nicht über Haiti reden können und nur das Territorium der halben Insel im Blick haben dürfen. Wenn wir von Haiti reden, müssen wir genauso von den Haitianern in Kanada und den USA sprechen. Die haitianische Diaspora ist sehr wichtig. Und zwar nicht nur, weil sie gute Verbindungen haben, sondern weil sie auch besser gebildet sind. Sie wissen sehr gut über die neuen Technologien Bescheid. Sie können darüber nicht nur Informationen verbreiten, sondern auch politischen Druck auf internationales Kapital ausüben, wo die eigentlichen Entscheidungen getroffen werden. Alles, was wir gerade in Haiti erleben, ist Ergebnis der neuen Technologien als neue Formen politischer Äußerung und Organisierung. Es gibt jetzt eine Weise des Netzwerkens, die vor zehn Jahren noch undenkbar war. Für mich ist die neue digitale Informationstechnologie der Weg aus dem Teufelskreis.

Haiti hat die erste und zweite industrielle Revolution verpasst. Wir befinden uns in der dritten industriellen Revolution, dieses Mal auf dem Gebiet der Informations- und Kommunikationstechnologie, aber auch der grünen Technologien. Ich halte es für einen Irrweg, zu versuchen, die erste und zweite industrielle Revolution nachzuholen. Nachholende Entwicklung wird in Haiti nicht funktionieren. Um Teil der digitalen Revolution zu werden, müssen wir in Menschen investieren, sie bilden und ausbilden. Aber vielleicht haben wir nicht genug Zeit dafür. Deshalb müssen wir ausgebildete Arbeitskräfte ins Land holen. Zum Beispiel aus Kuba, wo die Bevölkerung sehr gut ausgebildet ist. Oder auch aus der haitianischen Diaspora. Zu allererst aber müssen wir Haiti mit anderen Augen sehen. Haiti ist nicht mehr nur das Territorium, auf dem es existiert.

Es gibt einen haitianischen Professor in Berkeley, Michel S. Laguerre, der Haiti als eine Transgrenz-Nation und seine Infrastruktur als grenzübergreifend bezeichnet. Wäre das auch Ihre Idee?
Das sind wunderbare Begriffe. Ich höre sie zum ersten Mal. Aber genau das ist auch mein Konzept. Man kann nicht länger auf das Land in seinen geografischen Grenzen schauen. Wir brauchen dafür eine kritische Masse an Menschen, die sich dieser Möglichkeit bewusst ist. Dass Haitianer in Brooklyn und in Montreal Martelly daran hinderten dort aufzutreten, ist ein Beweis, dass eine solche politische Grenzüberschreitung möglich ist. Wir könnten dieses Netzwerk auch für andere Dinge nutzen: für Bildung, für die Produktion von Gütern, für vieles andere.

Haiti gerät immer tiefer in die Sackgasse. Wie kommt man da wieder raus?
Man behauptet, wir hätten in Haiti eine Demokratie. Das ist reines Wortgeklingel. Das politische Bewusstsein ist in Haiti stark gewachsen. Es wird nicht länger möglich sein, dieses verzahnte Monopol aus Staat und privatem Sektor länger aufrechtzuerhalten. Die Proteste auf der Straße haben eine klare Botschaft, dass wir Geschäfte in Haiti nicht länger so machen können, wie es die Elite gewohnt ist. Auch dieses Armutsniveau können wir nicht weiter aufrechterhalten. Und wenn wir zukünftig einen Wohlstand haben wollen, an dem alle beteiligt sind, brauchen wir junge Leute, die anders denken und handeln. Die Verteilung von Wohlstand muss sich fundamental ändern, daran führt kein Weg vorbei.

Das wird auf großen Widerstand der Privilegierten stoßen?

Natürlich. Wir erleben diesen Konflikt seit 200 Jahren. Aber es muss sich etwas ändern. Dieser Zustand kann nicht aufrechterhalten werden. Es wird explodieren. Wenn es dazu kommt, werden wir alle Opfer davon sein. Bei uns leben 65 Prozent der Bevölkerung von weniger als zwei US-Dollar am Tag, 25 Prozent von unter einem US-Dollar. Schauen Sie sich um: Die besseren Viertel hier in Pétionville sind schon von der Armut belagert. Wir befinden uns mitten im Kollaps. Man kann das nicht durch die Aufrechterhaltung des Status quo aufhalten. Hier muss eine tiefgreifende Transformation im Verhältnis von Staat, Zivilgesellschaft und privatem Sektor stattfinden. Wir brauchen dafür die Unterstützung aus dem Ausland. Dass die Europäische Union, die Vereinigten Staaten, die Vereinten Nationen zu all den Vorgängen hier schweigen, ist auch eine stillschweigende Unterstützung für das bisherige Machtsystem.

Die Vereinten Nationen und Haiti

Für die Gründung und Entwicklung der UNO war die Begleitung des nach 1945 einsetzenden Dekolonisierungsprozesses eine entscheidende Wegmarke. Nach dem Ende des Kalten Krieges begann der bis dato längste Militäreinsatz der UNO, der erst 2019 endete. Viele Haitianerinnen und Haitianer betrachteten ihn nicht als Maßnahme zu ihrer Sicherheit, sondern als Besatzung, die nach dem Erdbeben zeitweise die staatliche Gewalt komplett übernahm.

Missionen mit falschem Ziel
Die USA und die Vereinten Nationen besetzen Haiti

Von Andrea Pollmeier

Machtwechsel wurden in Haiti meist von Generälen initiiert. Ihre wichtige Stellung im Staat war seit der Republikgründung eine Art Achillesferse der haitianischen Gesellschaft. Es gab Phasen, in denen ein Putsch auf den nächsten folgte. Diese instabilen Lagen nutzten die USA im Hintergrund mehrfach aus, um Regierungswechsel in ihrem Sinne zu beeinflussen oder auch militärisch in Haiti einzumarschieren (z.B. 1915 bis 1934). Eine politische Entwicklung, die nicht den Interessen der USA und der ihr verbündeten Mächte entsprach, ist für die unabhängige Republik seit der Zeit des Ersten Weltkrieges faktisch nicht mehr realisierbar. Dies zeigte sich deutlich während der Duvalier-Diktaturen – diese wurden in der Phase des Kalten Krieges u.a. von den USA, Frankreich und dem Vatikan unterstützt –, aber auch in der anschließenden Phase, als es um den Aufbau demokratischer Strukturen in Haiti ging. Hilfseinsätze, die unter dem Motto »die Demokratie aufbauen« von außen installiert wurden, waren – wie die Erfahrung gezeigt hat – nicht originär an den Interessen des Landes ausgerichtet und aufgrund gegenläufiger Zielkonflikte oft wirkungslos. Das führte beispielsweise dazu, dass die Polizei, die in Haiti schon 1988 – zwei Jahre nachdem Baby Doc ins französische Exil gegangen war – mit Unterstützung Kanadas nach rechtsstaatlichen Prinzipien aufgebaut werden sollte und Aufgabe mehrerer UN-Missionen war, bis heute nicht stabil funktioniert. Noch immer ist die Polizei in Haiti vernetzt mit paramilitärischen Gruppierungen, die zum Teil wiederum eng mit den Geheimdiensten befreundeter Staaten zusammenarbeiten. Solche subversiven Netzwerke führten 1991 dazu, dass der demokratisch gewählte Präsident Jean Bertrand Aristide wenige Monate nachdem er sein Amt angetreten hatte durch General Raoul Cédras gestürzt wurde. Aristides von US-Präsident George Bush unterstützter Gegner, Marc Bazin, wurde zum Premierminister ernannt.[87]

---

87 https://www.britannica.com/biography/Marc-Louis-Bazin (zuletzt gesehen 10.2.2020).

Drei Jahre ging der einstige Befreiungstheologe Aristide, der sich engagiert für den Mindestlohn und sozialen Ausgleich ausgesprochen hatte und damit Positionen vertrat, die der wohlhabenden Elite und Unternehmern aus dem In- und Ausland nicht entsprachen, ins Exil in die USA. 1994 kehrte er jedoch mit Hilfe einer von den USA angeführten, multinationalen Truppe zurück. Das Motto der damaligen Invasion lautete »Operation Uphold Democray«. Wenn man den weiteren Verlauf der haitianischen Geschichte betrachtet und von den späteren Putschaktivitäten der internationalen Gemeinschaft gegen legal gewählte Regierungsvertreter weiß (siehe das nachfolgende Interview mit Ricardo Seitenfus), kann man dieses Motto nur als zynisch betrachten.

Nach seiner Rückkehr veränderte Aristide nun drastisch seine Politik und näherte sich den neoliberalen Forderungen seiner einstigen politischen Gegner an.[88] Zu einer seiner ersten großen Amtshandlungen gehörte es zudem, die nationale Armee Haitis aufzulösen. Zeitgleich wurde die US-Invasion umgehend durch eine UN-Mission erweitert, Tausende Blauhelmsoldaten durchkreuzten von nun an das Land, ohne dass es Krieg oder einen Bürgerkrieg im Land gab.

Seit dieser Demokratie-Mission gibt es in Haiti wieder – wie während der US-Invasion 1914 bis 1934 – eine Dauerpräsenz fremder Truppen und Berater, die auf zentrale Bereiche des Staates Einfluss nehmen. Mit kurzen Unterbrechungen und sich wandelnden Aufträgen sind sie inzwischen fast 30 Jahre im Land. Sie haben, so der Menschenrechtsanwalt Mario Joseph, quasi die Vormundschaft über Haiti übernommen.[89] International am stärksten wahrgenommen wurde in diesen 30 Jahren die Mission, die unter der Bezeichnung MINUSTAH[90] von 2004 bis 2017 in Haiti installiert worden war. Sie war vom UN-Sicherheitsrat maßgeblich auf US-Initiative hin beschlossen worden. Der MINUSTAH-Einsatz, bei dem tragischerweise ein großer Teil der Mitarbeiter während des Erdbebens 2010 starb, ist die längste Mission, die je von den Vereinten Nationen in einem Land ausgeübt wurden.

---

88 Marc Bazin arbeitete, bevor er Premierminister und kurzzeitig sogar Präsident Haitis geworden war, u.a. als UN-Funktionär und für die Weltbank. Bei der Präsidentschaftswahl 1990 hatte er nur 14 Prozent, Aristide hingegen 67 Prozent der Stimmen erhalten. Er konnte sich in den Spitzenfunktionen der Regierung nicht durchsetzen. Im Juni 1993 trat er von seinen Ämtern zurück.

89 Mario Joseph vertritt im Rechtsverfahren gegenüber den Vereinten Nationen die haitianischen Cholera-Opfer als Anwalt. Vgl. Ricardo Seitenfus (2018): *Les Nations Unies et le choléra en Haiti. Coupables mais non responsables*, S. 9.

90 Mission des Nations Unies pour la stabilisation en Haïti, MINUSTAH.

Rückblickend wurde die Wirkung dieser UN-Mission stark kritisiert. Denn obwohl es der Auftrag der Mission war, Frieden zu bewahren, verhielten sich die eingesetzten Truppen gegenüber der Bevölkerung kriegerisch. In Selbstdarstellungen der Friedensmission zeigte man die UN-Soldaten mit Helm und Maschinengewehr in schussbereiter Position auf gepanzerten Fahrzeugen. In Haiti aber gab und gibt es keinen Krieg. Warum wurde jedoch wie im Krieg agiert? Die Verrohung, die vor allem auch im Umgang mit Frauen stattfand, spiegelt diese kriegsähnlichen Missstände wider. Bereits am 3. September 2011 berichtet Mark Weisbrot in *The Guardian* unter dem Titel »Is this Minustah's ›Abu Ghraib moment‹ in Haiti?« von Videos, die zeigen, wie UN-Soldaten offenbar haitianische Teenager vergewaltigen.[91] Auch auf der Berliner Bilanz-Tagung des Bündnis Entwicklung Hilft berichtet zehn Jahre nach dem Erdbeben Andrea Steinke, wissenschaftliche Mitarbeiterin am Centre for Humanitarian Action: »Die Vereinten Nationen waren in einem unvorstellbaren Ausmaß Teil der Missbrauchenden. Die MINUSTAH ist eine der UN-Missionen, bei der die höchste Zahl an sexuellem Missbrauch und Ausbeutung stattgefunden hat.«[92] Doch die Vereinten Nationen weigern sich bis heute, Verantwortung für diese Übergriffe zu übernehmen. Frauen, die die Väter ihrer Kinder suchen, wird die Kontaktnahme zu den Vätern verweigert.[93] 2017 endete der MINUSTAH-Einsatz.[94] Die Motivation, die das US-amerikanische Engagement in solchen Einsätzen bestimmt, zeigt sich in den Worten von Susan Rice, der ehemaligen US-Repräsentantin bei den Vereinten Nationen und der Sicherheitsberaterin von US-Präsident Obama, während einer Konferenz, die 2011 zum Thema Friedensmissionen stattfand: »Die UNO hilft Konflikte zu vermeiden und Frieden rund um den Globus zu bewahren. Mehr als 120.000 Soldaten, Polizisten und Blauhelme sind jetzt in 14 Missionen weltweit eingesetzt, von Haiti bis Darfur und

---

91 Mark Weisbrot: »Is this Minustah's ›Abu Ghraib moment‹ in Haiti?«, in: The Guardian 03.9.2011, https://www.theguardian.com/commentisfree/cifamerica/2011/sep/03/minustah-un-haiti-abuse (zuletzt gesehen 31.1.2020).

92 Andrea Steinke auf der Konferenz von Bündnis Entwicklung Hilft »Zehn Jahre nach dem Erdbeben – Warum Haiti weiter große Probleme hat« am 9.1.2020 in Berlin.

93 Vgl. https://www.theguardian.com/global-development/2017/dec/15/peacekeeper-babies-mums- haiti-support-un-troops und https://theconversation.com/they-put-a-few-coins-in-your-hands-to-drop-a-baby-in-you-265-stories-of-haitian-children-abandoned-by-un-fathers-114854 (zuletzt gesehen 31.01.2020).

94 Der MINUSTAH-Einsatz wurde von einer neuen Mission unter dem Namen MINUJUSTH abgelöst.

Osttimor. Von diesen 120.000 Blauhelmen sind nur 87 Amerikaner in Uniform. Jede Friedensmission muss durch den Sicherheitsrat, in dem Amerika bei allen Entscheidungen das letzte Wort hat, gebilligt werden. Jeder UN-Blauhelmsoldat kostet ein Bruchteil dessen, was es kostet, wenn man einen US-Soldat ausrüstet, damit er den gleichen Dienst verrichtet. Was ist also für Amerika besser, die Last selbst zu tragen oder die Last mit den UN-Friedensvertretern gemeinsam zu tragen und dabei etwas mehr als ein Viertel der Kosten zu haben. Ich weiß nicht, wie es Ihnen ergeht, aber ich mag Orte, an denen ich 75 Prozent sparen kann.«[95]

Wie tief die Vereinten Nationen selbst zum Instrument einer interessengesteuerten Machtpolitik geworden sind, zeigt sich in Haiti außergewöhnlich deutlich. Ricardo Seitenfus, Sonderbeauftragter der Organisation Amerikanischer Staaten (OAS) für Haiti (2009–2011), war vor Ort, als dort 2010 das Erdbeben geschah, und hat verfolgt, mit welchen Desinformationskampagnen die Vereinten Nationen die Verantwortung für den Ausbruch der Cholera verschleiern wollten und die internationale Gemeinschaft die Präsidentenwahl ihren Interessen gemäß manipuliert haben.

---

95 Ambassador Susan E. Rice at the World Affairs Council of Oregon, Portland, Oregon, 11.02.2011. Vgl. https://www.globalpolicy.org/un-reform/general-analysis-un-reform/49903-facing-21st-century-threats-why- america-needs-the-un.htm.

Kronzeuge ohne Anklage

Interview mit *Ricardo Seitenfus* über die Mechanismen der Einmischung und einen Putschversuch

Der brasilianische Politikwissenschaftler Ricardo Seitenfus war in Haiti von 2009 bis 2011 Sonderbeauftragter für die Organisation Amerikanischer Staaten (OAS) und lehrt heute an der Universidade Federal de Santa Maria in Brazil. Er ist nicht nur ein ausgewiesener Kenner Haitis, sondern auch Kronzeuge für einen Putschversuch und die Fälschung der Ergebnisse der Präsidentschaftswahlen in Haiti, die kurz nach dem Erdbeben u. a. unter Verantwortung von Vertretern der USA und der UNO stattgefunden haben. Er ist der Einzige aus dem inneren Kreis internationaler Sachwalter in Haiti, der die Funktionsweise internationaler Governance-Strukturen, die nach außen den Humanitarismus 2.0 vertreten, schonungslos transparent macht. Die Offenlegung der unhaltbaren Einmischung in die inneren Angelegenheiten des Landes legt Zeugnis über eine Praxis ab, die vermutlich nicht nur in Haiti zur Anwendung kommt. Das Interview führte Andrea Pollmeier, die Übersetzung aus dem Französischen übernahmen Raguel Roumer und Christiane Rudolph. Die Fußnoten, wenn nicht anders vermerkt, sind vom Interviewpartner.

Andrea Pollmeier: Wie bewerten Sie die Ereignisse nach dem Erdbeben in Haiti im Jahr 2010?

Ricardo Seitenfus: Das haitianische Erdbeben war die destruktivste Naturkatastrophe der Moderne. Es hat mit Port-au-Prince eine Region getroffen, in der sich 65 Prozent der wirtschaftlichen Aktivitäten und 85 Prozent der Steuereinnahmen konzentrierten; es hat das Herz des Landes getroffen. Haiti verlor 120 Prozent seines Bruttoinlandprodukts und der Staat ein Drittel seiner Beamten. Die humanitäre Hilfe kam umgehend und brachte Unmengen an Verpflegung, Medikamenten, Spezialkräften und Ausrüstung. Die Grenze zur Dominikanischen Republik blieb geöffnet, sodass der Übergang »Malpasse« zum »Bonpasse« wurde und für humanitäre Helfer der einzige Zugang auf dem Landweg war. Niemand – angefangen mit der MINUSTAH, der Stabilisierungsmission der Vereinten Nationen in Haiti – war auf eine Katastrophe solchen Ausmaßes vorbereitet. Wenige Stunden nach dem Erdbeben füllten Hunderte Experten und tonnenweise Ausrüstungsmaterial den Flughafen. Dennoch hatten die Opfer des Bebens zurecht den Eindruck, dass es für die Helfer einfacher gewesen war, Tausende Kilometer per Flug zu überwinden, als die wenigen hundert Meter zwischen dem Flughafen und den Verletzten unter den Trümmern. Die Fülle an Hilfsleistungen, die wie ein Pandämonium vom Flughafen aus eintraf, machte sprachlos. Ein Gedanke war allerdings deutlich erkennbar: Die Hilfeleistungen sollten zuerst an all die Ausländer verteilt werden, die unter dem Schutt gefangen lagen. Alle Länder – ausnahmslos – orientierten ihre Hilfe in Richtung der Orte, an denen sie ihre Landsleute vermuteten. Parallel zu den Notmaßnahmen (Bergungsbemühungen, Beerdigung der Todesopfer, Versorgung der Verletzten, Unterstützung und Verpflegung der Obdachlosen, Suche nach Plätzen, um diese unterzubringen, Beseitigung der Trümmer, Identifizierung der zu demolierenden Gebäude, usw.) haben die haitianischen und ausländischen Behörden eine Strategie entwickelt, um strukturell und nachhaltig auf die Herausforderungen zu reagieren. Sie enthielt drei Komponenten:

Zunächst wurde ein Notstandsgesetz erlassen, das am 16. April durch eine Mehrheit der haitianischen Abgeordneten und Senatoren angenommen wurde. Dieses Notstandsgesetz verlängerte den Ausnahmezustand, der am Folgetag des Erdbebens ausgerufen worden war, um 18 Monate. Es erweiterte die Machtbefugnisse des haitianischen Präsidenten erheblich. Dies galt vor allem für haushalts- und finanzpolitische Themen. Das Gesetz autorisierte den Präsidenten und die Regierung zum Beispiel dazu, Verträge ohne eine vorherige Ausschreibung zu schließen und private Grundstücke zu beschlagnahmen, um dort Lager zu errichten oder Evakuierungen durchzuführen. Mit Hilfe des Notstandsgesetzes wurde eine Interimskommission für den Wiederaufbau Haitis (CIRH) gegründet und darüber am 31. März 2010 auf der internationalen Geberkonferenz in New York entschieden. Um den »Handlungsplan für den Wiederaufbau und die Nationale Entwicklung« (PARDN) funktionsfähig zu machen, galt es, die Kommission als Instrument zur effektiven Zuweisung und Koordination von Ressourcen zu nutzen. So sollte der Herausforderung, sich transparent und verantwortungsbewusste zu verhalten, entsprochen werden.

Wie sehen Sie die Interimskommission zum Wiederaufbau von Haiti, deren Arbeit Sie aus nächster Nähe verfolgt haben?

Man muss anerkennen, dass die Zusammensetzung des Administrationsrats der Interimskommission (CIRH) tatsächlich innovativ war. Er hat die Gleichstellung zwischen den bilateralen und internationalen Geldgebern einerseits und den verschiedenen politischen, ökonomischen, juristischen, sozialen und den zur Diaspora gehörenden Gruppierungen Haitis andererseits eingeführt. Nichtsdestotrotz hat sich die CIRH Vorrechte angeeignet, die in den Verantwortungsbereich des Nationalstaats gehören, um die Gelder für den Wiederaufbau zu verwalten. Schon in der ersten Sitzung zeigten sich die Mängel der Interimskommission. Sie war stark durch das unklare Beziehungs- und Interessengeflecht geprägt, das zwischen der Clinton Foundation, dem Repräsentanten des Generalsekretariats der Vereinten Nationen Bill Clinton, der Verantwortlichen des amerikanischen Außenministeriums Hillary Clinton und der Repräsentantin der Vereinigten Staaten gegenüber der CIRH, Cheryl Mills, der rechten Hand von Hillary Clinton im State Departement, bestand.[96]

Das Ausmaß der Krise im Innern der Interimskommission zeigte sich wiederholt. So war beispielsweise die Beratungsagentur PricewaterhouseCoopers (PwC) für die Angebotseinholung verantwortlich und wurde beauftragt, eine Institution für die Überwachung der transparenten Anwendung finanzieller Ressourcen der Kommission ausfindig zu machen. Dieselbe Agentur erhielt nun allerdings selbst die Erlaubnis vom Administrationsrat, an jener Auswahl teilzunehmen. Diese umstrittene Entscheidung nahm tragikomische Züge an und hätte spätestens dann, als die Agentur letztendlich die Angebotseinholung gewann, deren Bestimmungen und Bedingungen sie selbst gestellt hatte, hinterfragt werden müssen. Da es sich aber um die Interessen Clintons in Haiti handelte, wurde diese skandalträchtige Ungehörigkeit verschwiegen. Allein der Botschafter Pierre Duquesnes, der Repräsentant Frankreichs, äußerte Kritik.

Während unserer Zusammenkünfte schien es mir zuweilen, als wäre Bill Clinton auf einem anderen Planeten. Sein provokativer Dilettantismus war hemmungslos und nicht zu stoppen. Er ging im Zuge eines öffentlichen Auftritts in Port-au-Prince so weit, zu sagen, dass er aus Haiti das erste komplett Wi-Fi-vernetzte Land der Erde machen werde. Gleich-

---

96 Über die Geschichte der Interimskommission CIRH siehe Jean-Marie Bourjolly (2020): *Haïti : un pays à désenvelopper: Des ratés de la commission chargée de coordonner l'aide post-séisme aux convulsions d'une reconstruction politique et institutionnelle infructueuse.* Montreal: Editons JFD.

zeitig warteten Hunderttausende Obdachlose darauf, untergebracht zu werden. Als die staatlichen Behörden und die Interimskommission versuchten, Plätze für die Unterbringung der Obdachlosen in den Umgebungen von Port-au-Prince und Léogâne zu finden, hat das haitianische System der Bodenverteilung seine Wirkung entfaltet. Die Grundstücke, die in Frage kamen, gehörten formal gleich mehreren Grundbesitzern, hinzu kam noch das geltende Abstammungsrecht, welches die Situation noch komplizierter gestaltete. Für jede neue Obdachlosenunterkunft, die nach dem Januar 2010 entstand, mussten politische, polizeiliche und finanzielle Schritte vereinbart werden. Man brauchte Zeit. Zu viel Zeit.

Angesichts dieser Umstände schlug die Repräsentantin der Vereinigten Staaten, Cheryl Mills, vor, dass sich die Interimskommission zu einer notariellen Amtsgewalt erklärt und somit das Recht erlangt, Eigentumstitel auszustellen. Die Umsetzung dieser Regel hätte jedoch bedeutet, dass die soziologisch und historisch gewachsenen Grundlagen der haitianischen Gesellschaft, welche sich im Kampf um die Unabhängigkeit gebildet hatten, missachtet würden. Da René Préval in den Entscheidungen der Interimskommission das letzte Wort zukam, widersetze er sich dem vehement, und die Idee wurde fallen gelassen. Mills würde ihm dies nicht verzeihen. Sie wird später all ihren Einfluss benutzen, um Préval, den Präsidenten Haitis, vom politischen Leben in seinem Land fernzuhalten.[97]

Die Bilanz, die die CIRH vorzuweisen hat, ist schwach: Als Interimskommission war sie stets hin- und hergerissen zwischen Haitianern und Ausländern, zwischen den in der Diaspora Lebenden und jenen im Land; sie verfing sich in den Machtspielen der Clintons. Die Kommission schwang große Reden und vollbrachte doch wenig, vor allem trat sie ihre eigenen Transparenzregeln mit Füßen, zugleich schaffte sie es nicht, eine langfristige Vision zu entwickeln und tat sich schwer damit, ihre Rolle außerhalb von humanitärer Unterstützung und physischem Wiederaufbau zu sehen. Diese Praktiken wurden zum Haupthindernis beim Wiederaufbau des Staates.

Die dritte strukturelle Ebene des Wiederaufbaus hing stark von der Verfügbarkeit der Gelder ab (elf Milliarden US-Dollar), die auf der Geberkonferenz in New York im März 2010 versprochen worden waren.

---

97 Cheryl Mills war Bill Clintons Anwältin im Monica Lewinsky Skandal, ohne Ausbildung und Erfahrung auf dem Gebiet der Entwicklung und des Wiederaufbaus. Siehe https://www.wsj.com/articles/the-secrets-of-cheryl-mills-1474932673 und https://www.washingtonexaminer.com/news/federal-judge-shocked-clinton-aide- cheryl-mills-was-granted-immunity-by-doj

Mitte Juli 2010 stellte man fest, dass Haiti weniger als zwei Prozent dieses Betrages erhalten hatte. Wenn Gelder überhaupt ausgezahlt wurden, dann erfolgte dies nur im Namen von Haiti und nicht für Haiti. Eigentlich floss fast die gesamte internationale finanzielle Hilfe an NGOs und an internationale Organisationen, und zwar zu Lasten des haitianischen Staates. Wie kann man unter solchen Bedingungen das Zerstörte wiederaufbauen? Der Wiederaufbau entpuppte sich schnell als Täuschung und Betrug.

Der Ausbruch der Cholera-Epidemie, welche von Soldaten, die unter der Fahne der Vereinten Nationen nach Haiti gekommen waren, eingeschleppt wurde, war ein weiterer Sargnagel beim Wiederaufbau Haitis.[98] Diese Katastrophe hatte Mitte Oktober angefangen und setzt sich bis heute fort. Zum ersten Mal ist Haiti Opfer einer Cholera-Epidemie, verursacht durch nepalesische Soldaten der MINUSTAH. Die Vereinten Nationen lenkten jedoch von ihrer offenkundigen Schuld ab. Hierdurch konnte sich die Epidemie wie eine Schockwelle im ganzen Land ausbreiten. In den menschenunwürdigen Lebensbedingungen Haitis fanden die Krankheitserreger günstigen Nährboden, wodurch sie mit Todesopfern im fünfstelligen Bereich und Hunderttausenden Erkrankten zur tödlichsten Epidemie der Moderne wurde. Schließlich erfolgte eine nicht vorstellbare Einmischung seitens der internationalen Gemeinschaft in die Präsidentschaftswahlen Ende November 2010. Es war ein maßloser Übergriff jener Länder, die sich als Freunde Haitis bezeichnen. Sie haben dem Land nicht nur einen Kandidaten aufgezwungen, der nicht dem Willen der Bevölkerung entsprach, sondern zudem die diplomatischen Regeln und elementaren Wahlgesetze missachtet.

Der 12. Januar hat mich gelehrt, dass es in der Welt ein außergewöhnliches Potenzial an Solidarität gibt. Zweifellos waren es in den ersten Tagen die Haitianer selbst, die mit bloßen Händen versuchten, ihre Nächsten zu retten. Das weltweite Mitgefühl war in der Not äußerst wichtig. Wohltätigkeit darf jedoch nicht die treibende Kraft innerhalb internationaler Beziehungen sein. Stattdessen braucht es Autonomie, Souveränität, fairen Handel und Achtung des Anderen.

Denken Sie, dass Haitis Probleme von inneren oder von äußeren Faktoren verursacht werden?

---

98 Vgl. Ricardo Seitenfus (2018): *Les Nations Unies e le choléra en Haiti: coupables mais non responsables?*

Von beiden. Vor dem Hintergrund des Scheiterns der vermeintlichen internationalen Kooperation sowie des kriminellen geheimen Einverständnisses eines Teils der haitianischen Elite und einer räuberischen politischen Klasse sind die Resultate katastrophal. Aktuell ist Haiti noch ärmer und noch instabiler, als es 2004 war. Internationale Hilfe generiert in ihrem traditionellen Verständnis Abhängigkeit statt Autonomie. Die fundamentale Regel, die das Verhalten der internationalen Gemeinschaft jedoch bestimmen soll, lautet: Die Probleme Haitis gehören den Haitianern. Die haitianische Gesellschaft muss ihre zentrale Stellung auch während der Krisenbewältigung bewahren können, dies bleibt eine Bedingung sine qua non, wenn es darum geht, sich Vorschläge und Projekte von außerhalb anzueignen. Das Doppelspiel, das von bestimmten Ländern in Haiti gespielt wird, muss aufhören. Seit 1988 wirkt Kanada bei der Ausbildung der haitianischen Nationalpolizei mit, die Resultate sind jedoch unzureichend. Ein erheblicher Teil der Hilfe Ottawas ist auf die Entwicklung Haitis gerichtet, gleichzeitig aber entzieht Kanada dem Land, dem es hilft, seine qualifiziertesten menschlichen Kräfte, insbesondere im strategischen Bereich der Gesundheit.

Welche Lehren ziehen Sie aus der haitianischen Erfahrung?
In Haiti verdichten sich all unserer Dramen und das Scheitern der internationalen Solidarität. Wir werden den Herausforderungen nicht gerecht. Die internationale Presse kommt nach Haiti und beschreibt das Chaos. Die Reaktion der Öffentlichkeit lässt anschließend nicht auf sich warten. Für sie ist Haiti eines der schlimmsten Länder der Welt. Stattdessen sollte man vielmehr auf die haitianische Kultur und die regionale Beschaffenheit des Landes eingehen. Ich glaube, zu viele Ärzte wachen am Bett des Kranken, und der Großteil dieser Ärzte sind Ökonomen. In Haiti bräuchte man jedoch Anthropologen, Soziologen, Historiker, Politologen und sogar Theologen. Haiti ist viel zu komplex für Leute, die es eilig haben; Entwicklungshelfer haben es jedoch eilig. Niemand hat ein tieferes Interesse und nimmt sich die Zeit, zu verstehen, was ich die haitianische Seele nennen könnte.

Das System der UN-Missionen von Prävention und Konfliktlösung ist nicht auf den haitianischen Kontext zugeschnitten. Haiti ist keine internationale Bedrohung. Wir befinden uns nicht in der Lage eines Bürgerkriegs. Dennoch hat der UN-Sicherheitsrat Haiti seit 2004, nach dem erzwungenen Abgang von Präsident Aristide, die Präsenz von Blauhelmen aufgezwungen. Seit 1993 gab es bereits zehn UN-Missionen in

Haiti. Doch seit 1986, dem Jahr des Weggangs von Jean-Claude Duvalier, durchlebt das Land etwas, was ich als einen Konflikt von schwacher Intensität bezeichne. Es gab diverse Machtkämpfe zwischen politischen Akteuren, die die Regeln der Demokratie nicht respektierten. Auf internationaler Ebene zahlt Haiti jedoch vor allem für seine geografische Nähe zu den Vereinigten Staaten. Haiti war Objekt einer negativen Aufmerksamkeit seitens des internationalen Systems. Aufgabe der UNO war es, die Macht in Haiti kaltzustellen und die Haitianer zu Gefangenen ihrer eigenen Insel zu machen.

Am 6. April 2011, während seines letzten Besuchs im Nationalrat der Vereinigten Staaten, hat Präsident René Préval Bilanz gezogen und Gründe für das Scheitern der Beziehungen zwischen Haiti und der internationalen Gemeinschaft genannt. Er wiederholte dabei einen Teil der Rede, die er zu Beginn seines zweiten Präsidentschaftsmandats im Mai 2006 gehalten hatte und die, wie er sagte, bedauerlicherweise nicht gehört worden sei: »Die Instabilität in Haiti liegt grundsätzlich an der Unterentwicklung, oder anders gesagt an der fehlenden Einhaltung elementarer sozialer und ökonomischer Rechte«. Mit diesem einen Satz hat Préval die Legitimität umfangreicher Schriftberge, Hunderter Versammlungen, Tausender Statements und Handlungen der Vereinten Nationen und der Freunde-Haitis-Gruppe demontiert und hinweggefegt.

Er hat in seiner Bemerkung außerdem darauf hingewiesen, dass »die militärische Abschreckung nur ein Instrument im Ringen um Stabilität ist, man sie aber nicht mit derselben verwechseln darf [...] die Panzer und Militärs hätten den Weg für Bulldozer, Ingenieure, Auszubildende der Polizei und für Experten zur Unterstützung der Justiz und des Strafvollzugs freigeben sollen«. Auch erinnerte er daran, dass die endgültige Stabilisierung des Landes ein Vorrecht und eine Pflicht der Haitianer selbst sei.

Die Organisation von demokratischen Wahlen war eine Voraussetzung für finanzielle Hilfe. War diese Verpflichtung Ihrer Meinung nach angebracht oder schlicht ein Versuch, auf die Innenpolitik des Landes Einfluss zu nehmen?
Der Fall Haitis zeigt, wie wenig die demokratischen Mächte demokratische Regeln und Prozeduren respektieren, wenn es um ihre eigenen auswärtigen Angelegenheiten geht. Ihre interne Demokratie und ihr externer Autoritarismus sind zwei Seiten derselben Medaille. Demokratische Mächte, die als Vorbild dienen, verhöhnen selbst systematisch die Leitprinzipien der Demokratie. In Anbetracht der

skrupellosen politischen Manöver verfügt der haitianische Bürger nur über eine Waffe: desillusioniert gegenüber Politik und Politikern den Wahlen fernzubleiben. Diese Haltung hat sich vor Ort anhand starker Stimmenthaltung bei den Wahlen gezeigt. In der zweiten Runde der Präsidentschaftswahlen 2010 sank die Wahlbeteiligung gegenüber dem Jahr 2006 von 62 Prozent auf 23 Prozent herab.

An der Legitimität der Präsidentschaftswahl gab es Zweifel. Ginette Chérubin, ehemaliges Mitglied des provisorischen Wahlvorstands, hat ausführlich berichtet, wie die internationalen Repräsentanten in ihr Büro gekommen sind, um ihr zu drohen und sie zu zwingen, die Wahlergebnisse zu verändern. Auch Sie haben in einem Interview für die Schweizer Zeitung *Le Temps* Kritik offen ausgesprochen. Was ging Ihrer völlig überraschenden Abberufung als Chef und Sondervertreter der OAS in Haiti 2011 voraus?

An jenem schicksalhaften Sonntag der Präsidentschaftswahlen, dem 28. November 2010, wurden wir zu einer kurzfristig einberufenen außerordentlichen Sitzung in die Residenz von Edmond Mulet, dem Leiter der UN-Mission, MINUSTAH, geladen. Als wir kurz vor 14 Uhr ankamen, waren zunächst nur einige Mitglieder der Core Group[99] anwesend. Der Haupt-Wahlhelfer der MINUSTAH, der Irländer John Bevan, eröffnete uns (nicht ohne Zögern) den Grund für den Notfall: Zwölf der 18 Präsidentschaftskandidaten hatten sich am späten Nachmittag im Hotel Karibe zusammengetan und in einem von ihnen unterzeichneten Dokument behauptet, dass es Unregelmäßigkeiten und Betrug beim Ablauf der Wahl gegeben habe. Sie forderten die Annullierung der Wahl, die Auflösung des provisorischen Wahlvorstands und Neuwahlen unter einem neuen provisorischen Wahlvorstand (CEP). Zeitgleich durchkämmten zahlreiche Demonstranten die Straßen von Port-au-Prince und steuerten auf das Hotel Karibe zu, um den Protest gegen die Wahl zu unterstützen. Die Anwesenden in der Residenz waren beunruhigt und sagten, dass alles passieren könne und man unbedingt schnell handeln müsse, um ein Blutbad zu verhindern.

---

99 Die Core Group ist ein Bündnis mit Haiti befreundeter Staaten, deren Mission es ist, sich für Stabilität und Nachhaltigkeit einzusetzen. Sie ist zusammengesetzt aus dem stellvertretenden Sondervertreter des UNO-Generalsekretariats und den Botschaftern von Deutschland, Brasilien, Frankreich, den USA sowie den Vertretern von Spanien, der OAS und der Europäischen Union. (A. P.)

Ich hatte das Gefühl, einen Albtraum zu durchleben und war nicht im Stande zu verstehen, wie Kandidaten einen Wahlprozess anfechten konnten, der gerade erst begonnen hatte. Dabei hatten doch alle, auch Edmond Mulet, öffentlich versichert, dass sich alles normal abgespielt habe. Unter den Unterzeichnenden waren Mirlande Manigat und Michel Martelly, beide waren laut Umfragen Favoriten für die zu erwartende Stichwahl, bei der einer von beiden möglicherweise neben dem Hauptfavoriten Jude Célestin zur zweiten Runde antreten sollte. Die Krise erschien von langer Hand vorbereitet. Später erfuhr ich übrigens, dass der Versammlungssaal des Hotels Karibe im Voraus reserviert und besagtes Dokument im Vorhinein verfasst worden war. Im Kontext haitianischer Politik war dieser Vorgang ohne Präzedenz.

In den Gärten der Residenz von Edmond Mulet auf- und abgehend, warteten wir auf die anderen Mitglieder der Core Group und diskutierten über den scheinbar unerwarteten Krisenausbruch. Besorgt vertraute mir Mulet in ruhigem Ton an – ganz so, als spreche er über Alltägliches: »Ich habe gerade mit René Préval telefoniert, um ihn darüber zu informieren, dass ihm ein Flugzeug zur Verfügung steht, um das Land zu verlassen. In spätestens 48 Stunden, das heißt, bis Dienstag den 30. November, wird Préval die Präsidentschaft niederlegen und Haiti verlassen müssen.«

Noch immer frage ich mich, wie ich meine Entrüstung angesichts einer solchen Absurdität habe verbergen können. Ich schaffte es sogar, ihn zu fragen, was denn Prévals Reaktion gewesen sei. Darauf antwortete Mulet: »Präsident Préval hat gesagt, er sei nicht Aristide, sondern Salvador Allende«, bevor er in Spanisch folgerte: »Ricardo, wir haben sehr schlechte Karten.«

In diesem Moment kamen andere Gäste an, und wir begaben uns in den Versammlungssaal. Ich schaffte es nicht, die Enthüllungen Mulets zu verarbeiten: Wie sollte ich akzeptieren, dass der Repräsentant der Vereinten Nationen darüber enttäuscht war, es nicht geschafft zu haben, einen demokratisch gewählten Mandatsträger von der Macht zu entfernen? Wie einverstanden sein damit, dass der Repräsentant der Vereinten Nationen über die Macht verfügt, solch eine folgenschwere Initiative zu ergreifen? Mit wem hatte er sich beratschlagt? Im Verlauf der Versammlung realisierte ich, dass sich die Position Mulets mit der von einigen Botschaftern einflussreicher Länder deckte.

Was mir wie ein Albtraum vorkam, verwandelte sich in eine kollektive Tollheit der internationalen Gemeinschaft. Dann traf außerplanmäßig der Premierminister Jean-Max Bellerive ein, der beim Anblick so vieler Anwesender ironisch bemerkte: »Es wäre interessant, wenn zumindest ein Haitianer an einem Konklave teilnähme, das über die Zukunft Haitis entscheiden wird.« Auch der stellvertretende Generalsekretär der OAS gesellte sich zur Versammlung. Dieser war ebenfalls nach Port-au-Prince gekommen, um die Wahl zu verfolgen.

Nachdem Edmond Mulet den haitianischen Premierminister Bellerive vorgestellt hatte, herrschte Stille im Saal und alle Blicke richteten sich auf ihn. Mit ungewohnt ernster Miene grüßte Bellerive knapp in die Runde und verkündete, er habe bloß die Absicht, seine Position kundzutun und eine Frage zu stellen. Er sei gekommen, um zu sagen, dass niemand, angefangen mit der internationalen Gemeinschaft, auf seine Unterstützung für jedwede Krisenbeilegung bauen könne, die konträr zur oder am Rande der Verfassungsordnung stehe. Es war nämlich bereits der Vorschlag vorgebracht worden, eine provisorische Regierung unter der Führung von Jean-Max Bellerive zu bilden. Diese Regierung würde dann den provisorischen Wahlvorstand abschaffen und wäre für die Organisation von Neuwahlen unter einer neuen Wahlinstitution verantwortlich.

Bellerive schlug sich also umgehend auf die Seite der Legalität und der Respektierung der haitianischen Verfassung. Der erste Versuch der internationalen Gemeinschaft war gescheitert. Anschließend forderte Bellerive ohne Umschweife: »Ich möchte wissen, ob das Mandat des Präsidenten Préval auf dem Verhandlungstisch liegt. Ja oder nein?« Ein tiefes Schweigen legte sich über die Anwesenden. Blicke kreuzten sich, während Mulet wie gewöhnlich darauf wartete, dass sich jemand zuerst zu Wort meldete. Die Lage war äußerst ernst. Neben der Zukunft des Präsidenten und Haitis stand die Ehre der Vereinten Nationen auf dem Spiel.

Die Worte Mulets hallten noch in mir nach; die Annahme, dass Préval bereit wäre zu fliehen, die Bekräftigungen mehrerer anwesender Mitglieder, die dem Abgang Prévals (der Präsident hatte seinen Premierminister über Mulets Anruf in Kenntnis gesetzt) offenbar wohlwollend gegenüberstanden. Die Präsenz von dem stellvertretenden Generalsekretär Albert Ramdin, dem höchsten anwesenden Vertreter der OAS, hielt mich davon ab, das Wort zu ergreifen. Was tun? Trotz der Direktheit von Bellerives Frage sprachen diejenigen aus der Core Group, die sich noch kurze Zeit zuvor für den Rücktritt des Präsidenten ausgesprochen hatten, kein Wort.

Um mit dem Schweigen zu brechen und weil ich der Überzeugung war, dass es um grundlegende Prinzipien und nicht um simple Interessenpolitik ging, bat ich darum, das Wort ergreifen zu dürfen. Ich war der Meinung, dass wir kurz davor standen, einen groben politischen Fehler und eine moralische Schändlichkeit zu begehen. Ich machte mir zu diesem Zeitpunkt keine Gedanken über negative Konsequenzen für mich persönlich und beruflich. Im Gegenteil. Es erschien mir eine Pflicht zu sein, gegen die Absurdität der Entscheidung, die von einem Teil der internationalen Gemeinschaft getroffen worden war, Stellung zu beziehen. Mein demokratisches Gewissen und die Achtung der haitianischen Institutionen leiteten mein Handeln. Es war also nicht der Repräsentant der OAS, der sich zu Wort meldete, sondern der Brasilianer und Universitätsprofessor.

Nachdem ich bewusst darauf hingewiesen hatte, in meinem Namen und nicht im Namen der OAS zu sprechen, gab ich an, dass ich meinen Kollegen Loyalität schuldete. Wir alle wussten, wie mühselig die Ausarbeitung des Wählerverzeichnisses gewesen war; dieser Aufwand verlieh meiner Einmischung Legitimität. Ich wendete mich hauptsächlich an die nicht-amerikanischen Mitglieder, denen unsere politischen und juristischen Regeln prinzipiell nicht vertraut sind, und sagte: »In den Amerikas wurde im Jahr 2001 ein Dokument unterzeichnet, das den Namen ›Interamerikanische Demokratie Charta‹ trägt. Diese Charta legt fest, dass jede Modifizierung des Mandats eines demokratisch gewählten Präsidenten als *Putsch* (Hervorhebung durch den Interviewten) angesehen werden muss.« Erneutes Schweigen. Ich sah den brasilianischen Botschafter an. Er saß mir gegenüber, ich fragte ihn: »Ich kenne die Position von Brasilien nicht.« Daraufhin antwortete er sogleich: »Brasilien teilt dieselbe Auffassung.« Zu meiner großen Erleichterung war ich nicht mehr allein. Unmittelbar danach stimmte mir der Argentinier Rodolfo Matarollo, Repräsentant der Union Südamerikanischer Nationen, UNASUR,[100] zu. Botschafter Kenneth Merten (Vereinigte Staaten) schüttelte dazu nur seinen Kopf und schaute betrübt drein, offensichtlich verärgert durch die Wendung, die die Versammlung genommen hatte. Letzen Endes akzeptierte er, dass der Staatsstreich der Core Group, die Absetzung Prévals, fehlgeschlagen war. »Lasst uns nicht mehr darüber sprechen«, sagte er nur.

Diesen Kampf hatten Legalität und Vernunft gewonnen. Nur wie lange konnte so ein Sieg schon halten? Voller Illusionen war ich mir noch nicht darüber im Klaren, dass sich eine internationale Front gebildet hatte, die gemeinsam über den Verlauf der Wahlen in Haiti entschied. Bevor auch nur ein einziger Wahlzettel aus den Urnen genommen, ja noch bevor die Urnen überhaupt bei der Wahlkommission angekom-

---

100 Union Südamerikanischer Nationen, spanisch: Unión de Naciones Suramericanas, UNASUR.

men waren, hatte die Botschaft der Vereinigten Staaten ihre Kollegen der Core Group überrumpelt und verlauten lassen, dass Washington die Wahlergebnisse nicht anerkennen würde. Die Wahlbeobachtungsmission der OAS/CARICOM, die zum Großteil durch die Vereinigten Staaten finanziert wurde, wurde über den Haufen geworfen. Den ersten Einschätzungen ihres Beauftragten Collin Granderson zufolge, wonach »95 Prozent des Wahlprozesses ordentlich abgelaufen« seien, wurde keine Beachtung geschenkt. Washington zog die Vorbehalte und Kritiken seiner Beamten den Beobachtungen des Nationalrats der Wahlbeobachtung (Conseil National d'Observation Électorale, CNO) und seiner durch den provisorischen Wahlvorstand akkreditierten Beamten vor.

Von den Vereinigten Staaten übergangen, fiel es der Core Group schwer, ihre Einheit zu bewahren. Die Stimmen der widerwilligen Länder verebbten allerdings schnell, und man ließ Hillary Clinton machen. Zu dieser Zeit erfolgte ein E-Mail-Austausch zwischen Hillary Clinton und ihrer Chief of Staff, Cheryl Mills (Case No. F-2014-20439 Doc No. C05777664), der an den Botschafter der USA, Kenneth Merten, weitergeleitet wurde. Außenministerin Clinton beteiligt sich darin an einer umstrittenen Diskussion: dem Entwurf einer Stellungnahme des Außenministeriums zu den Wahlen in Haiti. Anscheinend sollte eine Erklärung dafür gefunden werden, weshalb die ursprünglichen Wahlergebnisse, die das Außenministerium veröffentlicht hatte, geändert wurden. »Dies ist das Statement, das wir letzte Nacht abgegeben haben. Rangordnung der Wahlergebnisse Maginault (sic), Celestin, Martelly (sic). Es wäre gut, wenn Tom Adams dir heute ein kurzes Update geben würde.« In dem E-Mail-Austausch vom Dienstag, den 7. Dezember 2010, instruiert Cheryl Mills einen Mitarbeiter, »print the traffic« auf den Entwurf der Stellungnahme der Botschaft zu drucken. Dieser zeigt etwas, dass das »tabulation center« in seiner ersten Stellungnahme, welches die CEP tabulations zitiert, nicht enthält. Die neuen »Resultate« setzen Michel Martelly an die zweite Stelle der ersten Runde der Präsidentschaftswahlen.[101]

Am Ende der Versammlung näherte ich mich Bellerive, um ihn zu grüßen und ihm zu versichern, er könne auf die OAS zählen, um die Legalität der haitianischen Verfassung zu schützen. Naiv, wie ich war, dachte ich, dass ich tatsächlich noch im Namen der OAS sprach. Dass ich unverzüglich abgerufen werden würde, habe ich nicht kommen

---

101 https://sfbayview.com/2018/12/merten-mercenaries-marionettes-and-the-media-blackout-on-haiti/ (zuletzt gesehen 10.2.2020).

sehen. Dafür, dass ich eine Grenze überschritten hatte, die ich mir ursprünglich auferlegt hatte (nicht an Debatten und Diskussionen über die haitianischen Wahlen teilzunehmen), und dafür, dass ich mich einer mächtigen Gruppe ausländischer Interventionisten entgegengestellt hatte, die mit Haiti nach ihrem Belieben umgehen.[102]

In Frankreich und Deutschland hört man immer wieder den Satz: »Haiti ist nicht mehr zu entwickeln!« Kann man für ein Land, das so fragil ist wie Haiti, noch auf einen Ausweg hoffen?
Alle haitianischen Indikatoren des Human Development Index (HDI) stehen auf Rot. Das Land steht bei Weitem auf der letzten Stufe aller Staaten Amerikas und zählt zu den letzten in der westlichen Hemisphäre. Selbst Hungersnöte sind hier zu finden. So hat das Amt der Vereinten Nationen für die Koordinierung humanitärer Angelegenheiten (OCHA) letztens mitgeteilt: »Einer von drei Haitianern braucht Nahrungsmittelhilfe, d.h. 3,7 Millionen Personen, eine erhebliche Steigerung im Vergleich zu 2,6 Millionen Personen Ende 2018. Wenn nicht unmittelbar gehandelt wird, werden zwischen März und Juni 2020 1,2 Millionen Personen nur alle zwei Tage eine Mahlzeit zu essen haben, und ca. 2,8 Millionen Personen können nur eine einzige Mahlzeit pro Tag essen«. Die Aussage, »Haiti ist nicht mehr zu entwickeln!«, ergibt also überhaupt keinen Sinn. Die Frage muss anders lauten: »W i e ist Haiti zu entwickeln?«

Es existiert immerhin ein Teil von Haiti, der modern, urban und nach außen gerichtet ist. Rund vier Millionen Haitianer leben außerhalb ihrer Landesgrenzen. Sie sind ein der Welt gegenüber aufgeschlossenes Volk. Ich träume nicht von einer Rückkehr ins 16. Jahrhundert, von einer Agrargesellschaft, aber Haiti lebt unter dem Einfluss der internationalen Mächte, der NGOs und der universellen Wohltätigkeit. Mehr als 90 Prozent des Bildungs- und Gesundheitssystems liegen in privaten Händen. Das Land verfügt über keine öffentlichen Ressourcen, um das Staatssystem auf minimale Art und Weise am Laufen zu halten. Die UNO hat in ihrem Engagement darin versagt, die kulturellen Merkmale des Landes zu beachten. Haiti auf eine Friedensoperation zu reduzieren bedeutet, sich vor den realen Herausforderungen, die sich in dem Land stellen, zu drücken. Das Problem ist sozio-ökonomisch.

---

102 Vgl. Ricardo Seitenfus (2019): *L'échec de l'aide internationale à Haïti : dilemmes et égarements*, Port-au-Prince.

Wenn die Quote der Arbeitslosigkeit 80 Prozent erreicht, ist es untragbar, eine Stabilisierungsmission zu entsenden. Es gibt nichts zu stabilisieren und alles zu errichten.

Ich hatte die Hoffnung, dass die Welt in der Not des 12. Januars verstehen würde, welch falschen Weg sie in Haiti eingeschlagen hatte. Leider wurde jedoch dieselbe falsche Politik weiter verstärkt. Anstatt einen Schnitt zu machen, hat man sogar noch mehr Soldaten geschickt. Man muss stattdessen Straßen bauen, Dämme hochziehen, sich an der Organisation des Staats und des Justizsystems beteiligen. Die UNO sagt, dafür habe sie kein Mandat. Ihr Mandat in Haiti ist es offenbar, den Frieden auf den Friedhöfen zu schützen.

Wir müssen daran denken, Haiti Exportmöglichkeiten zu bieten und zeitgleich die kleinbäuerliche Landwirtschaft zu schützen, die für das Land essenziell ist. Haiti ist das letzte karibische Paradies, mit seinen 1.700 Kilometern unberührter Küste ist es noch nicht vom Tourismus ausgebeutet. Wir müssen den kulturellen Tourismus fördern und es vermeiden, den Weg in ein neues Eldorado des Massentourismus zu finanzieren. Die Lehren, die wir predigen, sind schon seit zu langer Zeit unwirksam. Der Wiederaufbau und die Begleitung einer so reichen Gesellschaft gehören zu den letzten großen menschlichen Abenteuern.

Vor 200 Jahren hat Haiti die Weltgeschichte und die der Menschenrechte erhellt. Jetzt müssen wir den Haitianern die Chance geben, ihre Vision zu realisieren.

Zementierte Weltverhältnisse

Die Insel Hispaniola/Saint Domingue ist der Ort, an dem die Kolonisierung Amerikas begann. Die Folgen sind in alle Verhältnisse und Beziehungen bis heute eingegraben. Die postkoloniale Welt spiegelt sich in den beiden Ländern und in ihren Beziehungen zueinander. Die Geschichte einer Hierarchie der Ausbeutung und systematischen Ausgrenzung.

Haiti und die Dominikanische Republik
Über die Manifestation eines ungleichen Verhältnisses

Von Aïda Roumer

Ü ber Haiti gibt es eine immer wiederkehrende Erzählung. »Haiti ist darin kein Land, es ist ein unbestimmter Ort, an dem lauter Menschen arm sind. So vermeidet man politische und ökonomische Analysen: Auseinandersetzungen, die sich dort abspielen, sind keine politischen Auseinandersetzungen, sondern die Menschen da haben das eben schon immer so gemacht«, sagt der Ökonom Alrich Nicolas.[103] Dieses Narrativ mündet meist darin, kulturelle Unterschiede als erklärende Variable für Erfolg oder Misserfolg anzuführen – und läuft Gefahr, rassistisch zu sein.

Haiti als Land und als Teil westlicher Geschichte und des Weltgeschehens wahrzunehmen, ist das wirksamste Gegenmittel für solche vereinfachten Denkmodelle. Nicht umsonst ist Haiti auch in Thomas Pikettys *Kapital und Ideologie* wichtiger Bestandteil der Analyse. Die Politische Ökonomie Haitis im historischen Kontext zu behandeln, bedeutet eben auch, sich mit dem globalen Kontext zu befassen. Haiti auf nationaler Ebene zu betrachten, ist deshalb auch in Bezug auf heutige wirtschaftliche und politische Entwicklungen mehr als kurzsichtig. Es ist zu tief verstrickt in bilaterale und internationale Beziehungen, als dass man es isoliert betrachten könnte. Sowohl geopolitische Interessen der USA als auch die anhaltende kolonialgeschichtliche Verbindung zu Frankreich oder die starken Bezüge zur Diaspora wirken in die Gestaltung des politischen Geschehens ein.

Eine besondere Form der gegenseitigen Abhängigkeit besteht zwischen Haiti und der Dominikanischen Republik. Auch wenn man nicht von imperialistischen Beziehungen wie im Fall der USA oder Frank-

---

103 Interview mit Professor Alrich Nicolas vom 28.01.2020, Port-au-Prince (unveröffentlicht). Alrich Nicolas promovierte an der FU Berlin und war dort Dozent, bevor er von 1996 bis 2005 zum Botschafter in der Bundesrepublik Deutschland ernannt wurde. Nach seiner Zeit als Chefökonom der UNDP Haiti und als Außenminister unter René Préval, leitet er heute das Forschungslabor der Wirtschafts- und Rechtswissenschaften der Staatsuniversität Haiti.

reich sprechen kann, prägt ein ungleiches Machtverhältnis die haitia-nisch-dominikanischen Beziehungen. Die Besonderheit ist nicht nur geografisch bedingt;[104] darüber hinaus basieren die historisch gewach-senen Institutionen, also die Regeln, die politische, ökonomische und soziale Interaktionen strukturieren,[105] auf einem geteilten kolonialen Erbe und einem schon immer bestehenden Spannungsfeld zwischen Selbst- und Fremdbestimmung der beiden Nationen.[106]

Aus wirtschaftlicher Perspektive wirft die Ungleichheit auf der In-sel Hispaniola einige grundlegende Fragen auf, die die Entwicklungs-prozesse und die sie untermauernden Institutionen betreffen. Folgt man der Logik des selbstregulierenden Marktes und der Idee der »unsichtbaren Hand« von Adam Smith, müsste es schon längst eine Annäherung der Wohlstandsniveaus in den beiden Ländern gegeben haben. Theoretisch müsste es beispielsweise deutlich lukrativer sein, in die touristisch größtenteils unerschlossenen 1.700 Kilometer haitia-nische Küste zu investieren als in den etablierten Tourismussektor in der Dominikanischen Republik. Investitionen müssten vermehrt nach Haiti fließen, da sich dort die größeren Marktanteile sichern lassen. Und doch ist Haiti auch im Vergleich zu den restlichen Karibikstaa-ten das Land mit den geringsten Investitionen aus dem Ausland. Auch nachdem Faktoren bedacht werden, die den Zugang zum haitianischen Markt erschweren – schwache Infrastruktur, geringe Planungssicher-heit, hohe Transportkosten – scheint es überraschend, dass trotz hoher Margen scheinbar keine unternehmerische Risikobereitschaft vorhan-den ist. Das Resultat ist eine Insel, auf der sich Produktivität, Lebens-qualität und Wohlstand entlang der nationalen Grenze stark unter-scheiden.

Dualistisches Bild

Am einfachsten wäre es nun, ein dualistisches Bild zu zeichnen, von der erfolgreichen, institutionell gut aufgestellten, unternehmerisch er-folgreichen Dominikanischen Republik und dem gebeutelten, in Armut

---

104 Hispaniola ist weltweit die einzige Insel, die aus zwei eigenständigen Staaten besteht.

105 North, D.C.: (1991): *Institutions. The Journal of Economic Perspectives*, 5(1), S. 97–112.

106 Der haitianische Geograf Jean-Marie Théodat forscht und lehrt zu diesem The-ma an der Sorbonne und der Staatsuniversität Haiti.

versinkenden und korrupten Haiti. Zumal die Abhängigkeit Haitis von der Dominikanischen Republik nicht von der Hand zu weisen ist. Der haitianische Konsumgütermarkt baut auf günstigen dominikanischen Importen auf, und selbst Waren aus anderen Staaten werden meist über die Dominikanische Republik importiert. Die Anzahl der Haitianer, die im Nachbarland ihr Geld verdienen oder ausgewandert sind, wächst stetig. Dies gilt für Menschen ohne abgeschlossene Schulausbildung genauso wie für Unternehmerinnen und Unternehmer, die mit ihrem Gewerbe in die Dominikanische Republik abwandern. Die Ökonomen Acemoğlu und Robinson führen solche unterschiedlichen Entwicklungspotenziale auf die Institutionen zurück, die sie in »gute« und »schlechte« Institutionen unterteilen. Dort, wo wie in Haiti keine oder negative Entwicklung stattfindet, sind demnach zugrundeliegende »schlechte« Institutionen im Spiel.[107]

Doch Acemoğlu und Robinson räumen auch ein: [D]ies ist nur eine Hypothese, die sich mit den Fakten deckt; die Divergenz zwischen den beiden Hälften der Insel Hispaniola bleibt ein großes Rätsel.«[108] Denn was geschieht, wenn man annimmt, dass die »guten« dominikanischen Institutionen, die demokratischer und inklusiver sind als die haitianischen, gerade durch die »schlechten« Institutionen ihres Nachbarlandes aufrechterhalten werden? Ist ein solch meritokratischer Ansatz dann noch haltbar? Die starke Abhängigkeit Haitis nutzt der Dominikanischen Republik, denn sie profitiert vom haitianischen Absatzmarkt, der nach den USA für die dominikanischen Exporte am bedeutendsten ist. Da die haitianischen Qualitätsstandards niedriger sind als die in anderen Ländern, können dominikanische Unternehmen, die im internationalen Geschäft nicht bestehen würden, sich durch die Spezialisierung auf den haitianischen Markt halten. Solange der haitianische Markt auch die qualitativ minderwertigen Produkte dominikanischer Produzenten aufnimmt, geht das dominikanische Modell auf.

Auch die haitianischen Arbeitskräfte, die früher auf dominikanischen Zuckerrohrplantagen eingesetzt wurden und heute die Tourismus- und Baubranchen aufrechterhalten, sind für das Wachstum der Dominikanischen Republik unerlässlich. »Der Kapitalismus der Dominikanischen Republik wird durch die haitianische Arbeitskraft gestützt«, sagt Alrich Nicolas. »Während der US-Besatzung 1915–1934

---

107 Frei übersetzt aus: Daron Acemoğlu und James A. Robinson:»Why is Haiti so poor?«, Why Nations Fail (blog), 4. März 2012, http://whynationsfail.com/blog/2012/4/3/why-is-haiti-so-poor.html (zuletzt gesehen 22.2.2020).
108 Ebd.

haben die USA in Unternehmen in Haiti, aber auch in Großplantagen auf Kuba und in der Dominkanischen Republik investiert. Die Rolle, die man Haiti zu diesem Zeitpunkt zuwies, bestand darin, in der Region die Arbeitskräfte zu stellen. Diese Rolle der haitianischen Arbeitskraft bleibt bis heute bestehen.« Es ist somit Heuchelei, wenn dominikanische, nationalistisch-populistische Politiker für ihre Kampagnen eine anti-haitianische Haltung vertreten und Haitianerinnen und Haitianer als eine Belastung für den dominikanischen Arbeitsmarkt darstellen.

Dieses Wechselspiel zweier benachbarter Staaten ist heutzutage oftmals zu finden. Dabei muss man sich nicht auf Märkte im Globalen Süden fokussieren: Die Debatten um günstige ausländische Arbeitskräfte, die ganz offensichtlich eine wirtschaftliche Funktion im Aufnahmeland haben und doch immer wieder verteufelt werden, kennt man beispielsweise auch aus Diskursen zum Brexit oder in Bezug auf die lateinamerikanische Migration in die USA. Auch im EU-Kontext werden scheinbar wirtschaftliche Bedenken mit kultureller Abgrenzung verwoben. Dies ermöglicht einen Diskurs, der »die Griechen« oder »den Osten« als grundlegend andersartig erscheinen lässt und gegenseitige Abhängigkeiten verschleiert.

Der oftmals xenophobe Unterton, der mit dem vermeintlichen Schutz der nationalen Interessen einhergeht, findet sich in der Beziehung zwischen Haiti und der Dominikanischen Republik ebenfalls wieder. Auch hier ist der Ursprung solch rassifizierten Denkens eng mit dem kolonialen Erbe auf der Insel verknüpft. Während sich die Bevölkerung in der Dominikanischen Republik als *Latinxs* identifiziert und die kulturellen Verbindungen zu Lateinamerika und Spanien betont, geht die Identität der haitianischen Bevölkerung maßgeblich aus dem Widerstand gegen die französische Kolonialherrschaft und dem Trauma der Entwurzelung und Versklavung hervor.[109] Zudem haben die vielfachen Verwerfungen, politischen Auseinandersetzungen und Massaker zwischen Haiti und der Dominikanischen Republik den Blick auf den »Anderen« stark geprägt. Trotz dieses asymmetrischen Machtverhältnisses zwischen Haiti und der Dominikanischen Repu-

---

109 Erst die Konstruktion eines entrassifizierten dominikanischen Bewusstseins der ebenfalls vorwiegend von Sklaven abstammenden dominikanischen Bevölkerung ermöglicht die starke anti-schwarze Haltung, die besonders in den vergangenen Jahren erneut erstarkt ist. Siehe Silvio Torres-Saillant (1998): »The Tribulations of Blackness: Stages in Dominican Racial Identity«, in: *Latin American Perspectives, (25)3, Race and National Identity in the Americas.* (Mai, 1998), S. 126–146.

blik haben beide Länder auf globaler Ebene einen ähnlichen Status inne. Beide Länder unterzogen sich Strukturanpassungsprogrammen der Weltbank und des Internationalen Währungsfonds (IWF), die – wie in den meisten »zu entwickelnden Ländern« in den 1980er und 1990er Jahren – zu einer massiven Untergrabung der Agrarwirtschaft und einer Schwächung der Industrialisierungsbestrebungen führten. Beide Länder werden weiterhin von der UNO als »Entwicklungsländer« eingestuft und multidimensionale Armut ist auch in der Dominikanischen Republik noch gegeben.[110]

Auch die Staatsverschuldung, die meist mit der Einführung von Weltbank und IWF-Programmen einhergeht, ist in der Dominikanischen Republik ein Thema, und die Hegemonialstellung der USA in der Region macht sich auch hier bemerkbar. Diese Schulden reproduzieren sowohl in Haiti als auch in der Dominikanischen Republik die Machtverhältnisse, die bereits zu Kolonialzeiten zwischen westlichen Kräften und ihren Kolonien galten. Die Dominikanische Republik hat es zwar geschafft, sich in Teilen eine gewissen Autonomie zu bewahren und zunutze zu machen, um beispielsweise den Tourismussektor auszubauen.[111] Trotzdem setzt ein erfolgreicher Ausbau des Tourismussektors existierende Machtstrukturen nicht außer Kraft, sondern macht lediglich von ihnen Gebrauch, sodass auch emotionale Arbeit und Sextourismus weiterhin feste Bestandteile der Industrie bleiben. Auch muss sich die Dominikanische Republik den Anforderungen nachfragegesteuerter Liefer- und Dienstleistungsketten beugen, was oftmals zur verstärkten Spezialisierung auf All-inclusive-Angebote führt, die verhindert, dass auch die lokale Wirtschaft Gewinne erzielt.

***

Interessant ist, dass Haiti und die Dominikanische Republik in ihrem Zusammenspiel die Machtverhältnisse, die in der heutigen Kapitalis-

---

110 Der Index setzt sich aus gewichteten Indikatoren zu Gesundheit, Bildung und Lebensstandard zusammen. Siehe »The 2019 Global Multidimensional Poverty Index (MPI) | Human Development Reports«, http://hdr.undp.org/en/2019-MPI (zuletzt gesehen 22.2.2020).

111 Amalia L. Cabezas (2004): »Between Love and Money: Sex, Tourism, and Citizenship in Cuba and the Dominican Republic«, in: *Signs: Journal of Women in Culture and Society* (29) 4 (Summer 2004): S. 987–1015.

musform gelten, auch auf bilateraler Ebene reproduzieren. Ihr Austausch orientiert sich an einem klaren Muster, in dem Haiti – als schwächerer Handelspartner – den Anforderungen der Dominikanischen Republik nachkommt, ohne sich selbst eine vorteilhaftere Position sichern zu können. Hinzu kommt eine stark xenophobe Ausrichtung mancher Politiker, die das Leben haitianisch stämmiger Menschen (oder solcher, die es vermeintlich sind) noch prekärer macht, als es ohnehin schon ist. Diese Dynamiken sind beispielhaft für die »Rangordnung« zwischen Staaten, die bei Weitem nicht nur in Ländern des Globalen Südens oder zwischen »entwickelten« und »unterentwickelten« Staaten zu beobachten ist. Die Vorstellung, es gäbe eine »Erste«, moderne Welt und eine »Dritte« unterentwickelte Welt, verkennt diese Parallelen.

Raum für Wandel könnte es letztendlich nur dort geben, wo langfristige Kooperationen und eine gegenseitige Abhängigkeit gemeinsame Interessen hervorrufen. Selbst innerhalb eines starken Machtgefälles liegt hier das Potenzial dominikanisch-haitianischer Kooperation. Denn selbst dort, wo Löhne niedrig und Arbeitsbedingungen schlecht sind, zeigt sich, dass der kleine Handlungsfreiraum, der Arbeitnehmern und Arbeitnehmerinnen zur Verfügung steht, genutzt wird. Sogar in Freihandelszonen wie der in Caracol oder in Ouanaminthe an der dominikanisch-haitianischen Grenze reichte das Bisschen an zeitlicher und finanzieller Bindung seitens der Investoren dafür, dass sich Arbeiterinitiativen und Interessensvertretungen bilden und schrittweise Veränderungen erkämpfen konnten. In einer Branche, in der jedoch nichts produziert wird, bleibt selbst der kleinste Spielraum Arbeitnehmern und Arbeitnehmerinnen verwehrt. Alrich Nicolas sieht eine tatsächliche Verwirklichung dominikanisch-haitianischer Potenziale somit vorerst nicht: »Ein strategischer Staat, würde sich die Beziehungen zur Dominikanischen Republik zunutze machen. Dies tut der haitianische Staat nicht. In Haiti ist es nach wie vor lukrativer, ausländische Waren auf- und weiterzuverkaufen als selbst zu produzieren.« Die Herausforderung beginnt somit schon damit, ein Verständnis dafür zu bekommen, wo und wie solche Potenziale für kollektives Handeln entstehen oder umgesetzt werden können. Dies wäre der erste Schritt, um jene Institutionen zu stärken und Spielräume auszuweiten. Auch dies gilt nicht nur in Haiti und der Dominikanischen Republik.

Bürokratie und Willkür

Interview mit *Angénor Brutus* über Migrationsverwaltung jenseits des Rechts

Spätestens seit der US-Besatzung von 1915 bis 1934 ist Haiti gezielt zu einem Reservoir billiger Arbeitskräfte ausgebaut worden, die in Kuba und vor allen Dingen in der angrenzenden Dominikanischen Republik auf den Plantagen arbeiteten, so wie heute auf dem Bau und in der Tourismusindustrie. Auf diese Weise sind haitianische Arbeitskräfte zu einer zentralen Achse der dominikanischen Ökonomie geworden, während sich gleichzeitig ihre rechtliche Situation kontinuierlich verschlechtert. Höhepunkt dieser Entwicklung war die Entscheidung des Obersten Gerichtshofes 2013, eine zuvor schon im dominikanischen Parlament verabschiedete Gesetzesänderung zu bestätigen, die 250.000 Dominikanerinnen und Dominikanern mit haitianischen Wurzeln die dominikanische Staatbürgerschaft aberkannte. Nach anhaltenden Protesten der haito-dominikanischen und dominikanischen Zivilgesellschaft, die wenigstens für eine kurze Zeit der haito-dominikanischen Community Sichtbarkeit und Selbstbewusstsein verschaffte, gaben sich die dominikanischen Behörden scheinbar kompromissbereit. In einem aufwändigen bürokratischen Verfahren, das mit Hilfe der Internationalen Organisation für Migration (IOM) erarbeitet wurde und das die Antragstellenden selbst bezahlen mussten – die Kosten lagen umgerechnet bei ca. 130 Euro –, konnten sie die Staatsbürgerschaft erneut beantragen. Damit ging die Bewegung für das Recht auf Staatsbürgerschaft zu Ende und Betroffene versuchten, individuell ihren zivilen Status zurückzuerhalten.

Laut einer Studie der dominikanischen Forschungsstelle für Migration OBMICA (Centro para la Observación Migratoria y es Desarollo Social en el Caribe) haben 245.000 Dominikaner mit haitianischem Hintergrund temporäre Aufenthaltsgenehmigen statt der ursprünglichen Staatsbürgerschaft erhalten. Allerdings konnten nur 27.000 von diesen Menschen ihren ursprünglichen zivilen Status zurückerhalten. Das heißt, über den meisten hängt das Damoklesschwert der Deportation. Das Thema wird immer dann aufgerufen, wenn es Parteien gewinnbringend erscheint. 2019 beglückwünschte der dominikanische Präsident Medina die Migrationsbehörden dazu, die Rate der Deportation zwischen 2017 und 2018 um 340 Prozent gesteigert zu haben.

Was laut OBMICA nicht den Tatsachen entspricht. Trotzdem sind die Zahlen hoch. Nach Angaben der haitianischen Zivilgesellschaft wurden 120.000 Menschen zwischen 2015 und 2018 abgeschoben.

Das alles ereignet sich vor dem Hintergrund einer seit 1991 kontinuierlich stattfindenden Abschiebepraxis von Arbeitsmigranten aus der Dominikanischen Republik nach Haiti. Das nennt sich euphemistisch Repatriierung. Einzig die Zivilgesellschaft kümmert sich um die Hunderttausenden Personen, die von dieser Praxis betroffen sind. Sie versammelt sich in der Unterstützungsgruppe für Repatriierte und Geflüchtete, GARR (der Unterstützungsgruppe für Repatriierte und Geflüchtete, GARR (Groupe d' Appuie aux Rápatries et Réfugiés), die seit 1991 existiert. Über ihre Arbeit zwischen Karitas und politischer Einflussnahme spricht Katja Maurer mit Angènor Brutus, dem Interimskoordinator von GARR.

Katja Maurer: Wie kam es zur Gründung Ihrere Organisation?
Agénor Brutus: 1991 begannen die staatlichen Organe der Dominikanischen Republik, Tausende der dort arbeitenden und lebenden Haitianerinnen und Haitianern nach Haiti auszuweisen. 75.000 Haitianerinnen und Haitianer mussten damals in einem Zeitraum von zwei Jahren das Land verlassen und repatriiert werden. Die Ausweisungen wurden mit ihrem ungeklärten Aufenthaltsstatus begründet. In Haiti gab es aber keine Struktur, um diese Personen aufzunehmen. Damals bat der haitianische Staat die Zivilgesellschaft um Hilfe. So entstand eine gemeinsame Struktur: die Plattform GARR. Es folgten danach immer wieder Ausweisungswellen: 1997, 1999, 2006. Seit 2016 bis heute erleben wir fortlaufend Deportationen aus der Dominikanischen Republik, die mittlerweile auch Menschen aus Martinique, Jamaika oder Nigeria betreffen. Sie dürfen sich bei den Festnahmen, die offenkundig entlang rassistischer Vorurteile stattfinden, nicht einmal ausweisen. Es werden auch immer wieder Dominikaner abgeschoben, die einfach keine Papiere dabeihatten.

Welche Hilfestellung geben Sie Ausgewiesenen?
1999 haben Haiti und die Dominikanische Republik ein Abkommen zur Rückführung von Haitianerinnen und Haitianern verabredet. Das versucht, Standards zu setzen und Rechtssicherheit zu schaffen. Ei-

gentlich muss die Dominikanische Republik Haiti über die abzuschiebenden Personen vorab informieren. Zudem ist darin festgelegt, dass Familien nicht getrennt werden dürfen.

Abschiebungen dürfen nur zwischen 8:00 und 16:00 Uhr stattfinden. Und die zu Repatriierenden haben das Recht, ihr Eigentum mitzunehmen. Doch die dominikanischen Behörden halten sich nicht daran. Wenn Frauen auf der Straße aufgegriffen werden, gleichgültig ob sie kleine Kinder zu versorgen haben, kommen sie sofort ins Abschiebegefängnis an der Grenze. Viele werden in ihrer Arbeitskleidung festgenommen. Ihre Habseligkeiten dürfen sie auch nicht mitnehmen. Zudem kommen sie für mehrere Tage in ein Gefängnis, ohne Wasser und Essen zu bekommen; die Frauen erhalten keine Hygieneartikel. All das widerspricht dem Abkommen und zielt auf die Entwürdigung der Menschen ab. Leider interessiert sich auch die haitianische Seite nicht für die Menschen und für die Einhaltung des Abkommens. Wir versuchen aus humanitären Gründen, diese Lücke zu füllen, bringen Lebensmittel, Wasser, Hygieneartikel und Kleidung. Wir betreiben zwei Migrantenherbergen, um die Abgeschobenen dabei zu unterstützen, dass sie ihre Familien in Haiti finden. Damit sie nicht vollkommen allein gelassen sind. Eigentlich sind diese Herbergen nur für Kurzzeitaufenthalte gedacht. Aber es gibt einzelne Fälle, dass Menschen viele Jahre dort leben, weil sie nach Jahrzehnten, die sie in der Dominikanischen Republik verbrachten, keine Angehörigen mehr kennen.

Müssten Sie in Ihrer Rolle als Unterstützer nicht das Abkommen eher bekämpfen, statt es zu erfüllen zu helfen?
GARR ist Mitglied in einer gemeinsamen haitianisch-dominikanischen Plattform, zu der auch dominikanische Migrationsorganisationen gehören. Dort haben wir gemeinsam festgestellt, dass wir weit davon entfernt sind, das Abkommen bekämpfen zu können. Es wäre schon ein großer Schritt, wenn die Verabredungen eingehalten würden. Aber weder die haitianischen noch die dominikanischen Behörden halten sich an einen würdevollen Mindeststandard im Umgang mit Personen, die aufgrund ihres ungeklärten Aufenthaltsstatus abgeschoben werden. GARR setzt sich bei der haitianischen Regierung für eine klare, rechtebasierte Migrationspolitik ein. Denn so wie derzeit die Migration zwischen Haiti und der Dominikanischen Republik geregelt ist, ist sie vollkommen regellos und lässt damit der Willkür Tür und Tor offen.

Auf welche Weise spiegelt sich das in den Grenzsicherungsmaßnahmen?
Zurzeit installieren die dominikanischen Behörden überall an der
etwa 300 Kilometer langen Grenze Kameras. Es gibt vier legale, jedoch
über 600 illegale Übergänge. Gerade die abgeschobenen Menschen
nutzen die illegalen Übergänge, die häufig von Dominikanern betrieben werden. Trotzdem bedeutet das nicht, dass man die haitianischen
Arbeitskräfte nicht will.

**Ist die dominikanische Wirtschaft nicht von den haitianischen Ar-
beitskräften abhängig?**
Die Haitianer leisten einen großen Beitrag zur wirtschaftlichen Entwicklung der Dominikanischen Republik, aber dies wird nicht anerkannt. Manche stellen Migranten ein und sobald sie den Lohn zahlen
müssen, rufen sie die Polizei, um die Menschen abzuschieben. So sparen sie das Gehalt der Leute ein. Das passiert vor allen Dingen auf dem
Bau. Andere Unternehmer wollen aber ihre Arbeitskräfte behalten; sie
holen sie manchmal sogar aus dem Abschiebegefängnis wieder heraus.

**Wie haben sich das Erdbeben und seine Folgen auf die haitianische
Migration in die Dominikanische Republik ausgewirkt?**
Nach dem Erdbeben 2010 gab es eine große Solidarität der Dominikanerinnen und Dominikaner, auch seitens offizieller Stellen. Damals fanden beispielsweise keine Abschiebungen statt. Sie wurden
erst 2011 wieder aufgenommen. Dann aber kam die berüchtigte Entscheidung des Verfassungsgerichts vom 23. September 2013: 250.000
Dominikanerinnen und Dominikanern mit haitianischen Wurzeln
wurde die dominikanische Staatsbürgerschaft entzogen. Die Behörden haben das bis dahin in der Verfassung vorgesehene Geburtsrecht
(Ius solis) in Blutsrecht (Ius sanguinis) umgewandelt. Das war eine
vollkommen willkürliche Entscheidung. Wie kann man einer Person,
die dort geboren ist und einen entsprechenden Pass besitzt, rückwirkend die Staatsbürgerschaft entziehen? Und zwar rückwirkend be-
zogen auf die letzten 60 Jahre. Es handelt sich zum Teil um Familien,
die in dritter Generation in der Dominikanischen Republik leben. Diese Verfassungsänderung hatte das Parlament eigentlich bereits 2010
beschlossen. Sie wurde aber erst durch das Verfassungsgerichtsurteil
2013 wirksam.

Gibt es Widerstand gegen diese Willkür?

(Lacht verzweifelt). Nein es gibt keinen kollektiven Widerstand mehr. Die Angst abgeschoben zu werden, ist einfach zu groß.

Werden auch Dominikaner abgeschoben, denen man die Staatsbürgerschaft entzogen hat?

(Wieder ein trauriges Lachen). Bislang noch nicht. Aber es sind Hunderttausende davon bedroht. Nach dem internationalen Druck auf die Dominikanische Republik ist es gelungen, durchzusetzen, dass die Dominikaner, die denationalisiert wurden, einen erneuten Antrag auf Staatsbürgerschaft stellen können. Sie müssen sich allerdings als Menschen haitianischen Ursprungs registrieren lassen. Wie soll man das aber tun, wenn man keinen anderen zivilrechtlichen Status als den dominikanischen hat? Wir haben die Martelly-Regierung stark unter Druck gesetzt und verlangt, dass sie sich weigert, diese Bürger der Dominikanischen Republik als Haitianer anzuerkennen. Als Martelly endlich dazu bereit war, hatten die Dominikaner jedoch bereits eine Regulierung der Staatsbürgerschaft beschlossen, die Menschen mit haitianischen Wurzeln in verschiedene Gruppen und Formen des legalen Status einteilt. Die dominikanischen Behörden verlangten, dass die betreffenden Personen eine Geburtsurkunde und einen Personalausweis aus Haiti vorlegen sollten, um einen Antrag auf die dominikanische Staatsbürgerschaft zu stellen. Um dieses Prozedere schmackhaft zu machen, wurde über einzelne Fälle, die sich dem Druck gebeugt hatten, sehr breit in der dominikanischen Presse berichtet. Aber eigentlich zielt das Vorgehen darauf ab, die Dominikaner mit haitianischen Wurzeln offiziell zu erfassen, um letztlich willkürlich entscheiden zu können, wer eine Staatsbürgerschaft bekommt und wer nicht. Von den über 200.000 Personen, die sich in das mittlerweile beendete Programm haben eintragen lassen und entsprechende Gelder bezahlt haben, erhielten nur 50.000 tatsächlich Dokumente, viele davon temporäre. Auch haitianische Behörden haben im Rahmen dieser Identifizierungsprogramme Gelder erhalten. Auch die sind längst verbraucht und wurden für Veranstaltungen und Reisen ausgegeben.

Gibt es seitens der internationalen Kräfte noch Druck auf beide Regierungen, die unsichere Situation der haitianischen Migration rechtmäßig zu klären?

Es ist kein Thema mehr. Mit der großen Migration nach Europa 2015 ist das Interesse an dem Rechtsbruch der Dominikanischen Republik deutlich zurückgegangen. Nationalistische Kreise in der Dominikanischen Republik versuchen zudem, die Geschichte umzuschreiben und erklären, dass die Haitianer heute verschwinden müssten, weil Haiti Anfang des 19. Jahrhunderts die Dominikanische Republik 25 Jahre lang besetzt hätte.[112] Das neue historische Narrativ lautet: Die Haitianer haben uns besetzt und ausgebeutet. Es ist Zeit, dass sie gehen. Heute wird die Ausgrenzung der Haitianer mit dieser Geschichte legitimiert. Das steht sogar in den Schulbüchern. Wenn man ein Kind erschrecken will, dann sagt man: Ich hole den Haitianer. Haitianer ist ein Synonym für Teufel. Andererseits gibt es auch eine große Solidarität. Ich habe selbst viele Freunde. Und vielen ist klar, dass die dominikanischen Wirtschaftserfolge auf der haitianischen Arbeitskraft beruhen. 2013 gab es eine große haitianisch-dominikanische Bewegung gegen den Entzug der Staatsbürgerschaft. Der Rassismus gegen Haitianer ist eher Teil des Machtkampfs unter dominikanischen Politikern. Darin ist er aber eine wirksame Waffe.

---

112 Die Besatzung der Dominikanischen Republik durch Haiti war Ergebnis des dominikanischen Befreiungskampfes. Spätestens jedoch, als die Dominikaner in die Abbezahlung der Kredite an Frankreich einbezogen werden sollten, gab es einen wachsenden Widerstand gegen die haitianische Besatzung.

Die Bedeutung der Provinz

Die Deregulierung der Landwirtschaft hat in vielen Ländern des Globalen Südens zu einem rasanten Prozess der Verstädterung geführt, in vielen Fällen ohne entsprechende Arbeitsmöglichkeiten. Die Stadt, auch Port-au-Prince, ist auch ein Ballungsraum des Ländlichen geworden. Gibt es einen Weg zur Wiederbelebung der Provinz und zur Entlastung der Städte?

Die fatale Vernachlässigung des ländlichen Raums
Hoffnung auf Dezentralisierung: Ein Bericht aus der Provinz

Von Katja Maurer

Im Arbeitszimmer in Frankfurt hängt das Bild eines haitianischen Malers. Die Signatur lautet Sesly B, als wolle er als Autor erkennbar sein und zugleich anonym bleiben. Das Bild begleitet in seiner Rätselhaftigkeit das Schreiben dieses Buches. Viele Werke der haitianischen Malerei, die wir Privilegierten gern als naiv bezeichnen, haben ähnliche Themen und Motive und sind ein Geschäftsmodell des Exotismus. So auch dieses Bild, erstanden auf irgendeiner Straße in Pétionville. Eine Marktplatzszene. Frauen ohne Gesichter, die man nur an ihren Brüsten erkennt, sitzen, stehen, bücken sich in weißen Gewändern mit bunten Turbanen wie ineinander verwoben. Vor sich Körbe aus Stroh mit angedeuteten farbenprächtigen Früchten. Die schwarzen Gliedmaßen der Frauen sehen aus wie Trommelstöcke und verleihen dem Bild einen eigensinnigen Rhythmus. Der Philosoph Édouard Glissant vergleicht diesen haitianischen Stil mit Sprache und Literatur. Wie könnte man das Bild lesen? Als Poetik der Beziehung, von der Glissant spricht? Es ist eine Darstellung der Gemeinschaft: »Diese beginnenden Gemeinschaften formen einen poetischen Schrei, der die Behausung, den Ort und das Wesen der Gemeinschaft zusammenbringt, um im gleichen Zug alles von der Gemeinschaft auszuschließen, was nicht zu ihr gehört.«[113] Die Wiederholung der Motive erscheint als eine immer neu angesetzte Erzählung eines poetischen Schreis, Stoff einer bedrohten Gemeinschaft, die sich im Bauch der Sklavenschiffe zusammengefunden hat.

Macht man sich auf den Weg in die Kleinstadt Aquin, verschwimmt dieses Bild mit der Wirklichkeit. Aquin hat etwa 18.000 Einwohnerinnen und Einwohner und liegt an der Südküste, 90 Kilometer von Port-au-Prince entfernt. Die ersten endlosen Kilometer vollziehen sich in Schneckentempo. Mit einem Auto ohne Klimaanlage geht es durch die überbevölkerten Straßen von La Saline und dem alten Stadtzentrum,

---

113 Vgl. Éduard Glissant (2005): *Kultur und Identität*, Ansätze einer Poetik der Vielheit, Heidelberg.

das von den Besserverdienenden aufgeben wurde, welche alle oben auf dem Berg in Pétionville leben. 80 Prozent der Haitianerinnen und Haitianer leben vom informellen Sektor. Hier in La Saline ballt es sich zusammen. Marktfrauen, die Luft und drei Avocados verkaufen, stehen dicht gedrängt wie auf dem Bild im Frankfurter Arbeitszimmer. Nur selten sind es geflochtene Körbe, in denen sich ihre Ware befindet, meist liegt das Wenige ausgebreitet auf gebrauchtem Papier direkt auf dem Boden. Durch die offenen Fenster des Autos dringen die Gerüche von Orangen, Mangos und von einem Leben an der Grenze zum Überleben. Wer sich vom Klima und den Leuten abgrenzt und noch dazu die Angst des Privilegierten hat, fährt hier mit abgedunkelten Scheiben, Klimaanalage und fest verschlossenen Türen entlang. Wir hatten keine Wahl. Das klimatisierte Auto wurde für andere Dinge gebraucht. So offenbart sich ein undurchdringliches Beziehungsgeflecht im Staub der Straße. Wir fahren endlich Port-au-Prince hinter uns lassend die Küstenstraße entlang; im Radio läuft ein Nachrichtensender, der kommuniziert, wenn irgendwo neue Barrikaden entstehen, die die Fahrt behindern könnten. Sie können jederzeit aus sehr unterschiedlichen Gründen entstehen. Die Karibik hat zwischen Port-au-Prince und Léogâne wenig Pittoreskes zu bieten. Kleine Boote sind am Strand festgetäut, dazwischen dümpeln Schiffswracks, um deren Abtransport sich keiner kümmert. Trübe Abwasser fließen ins Meer, und der Strand ist verschmutzt. Hinter Léogâne geht es links ab durch immergrüne, einladende Wälder, die Straße ist fast nicht befahren. Ab jetzt lässt sich die Fahrt genießen. 30 Kilometer durch beschauliches, hügeliges Gelände. Im Auto sitzt die Ärztin Tania Pierre-Charles. Sie ist die Tochter von Suzy Castor und betreut für das sozialwissenschaftliche Institut CRESFED die Projekte in Aquin. In ihrer Freizeit. Tania hat in Mexiko Medizin studiert. Gemeinsam mit einer Freundin betreibt sie ein medizinisches Reisebüro für Patienten, die sich in Kuba behandeln lassen wollen. Ihre erwachsenen Kinder leben verstreut in Europa und Kanada. Ein gewöhnliches haitianisches Familienschicksal der Mittelschicht. Empört berichtet die Ärztin, dass die UNO einen Impfstoff gegen Cholera in den Departements Grand Anse und Sud nach dem verheerenden Hurrikan Mathews 2016 getestet habe. In ihren Augen ein Lebendversuch an Hunderttausenden Haitianerinnen und Haitianern.[114]

---

114 Vgl. https://www.who.int/news-room/feature-stories/detail/cholera-vaccination-campaign-for-haitians-hardest- hit-by-hurricane-matthew

792.000 Personen hätten eine Schluckimpfung verabreicht bekommen, verkündet die Weltgesundheitsorganisation (WHO). Für Tania ist das nichts weiter als ein Skandal mehr: »Die zweite Impfung wurde ohne Begründung ausgelassen, die eigentlich zu einem sicheren Impfschutz nötig wäre.« Es sind diese wenig ausgegorenen medizinischen und technischen Lösungen, die gerade in Ländern wie Haiti ohne großes Aufsehen ausprobiert werden können.

Planet der Slums

Für langfristige Entwicklungsprojekte, wie sie die sozialwissenschaftliche Nichtregierungsorganisation CRESFED in der Stadt und dem Landkreis Aquin betreibt, fehlen hingegen das Geld und das Interesse. Dabei gab es nach dem Erdbeben die Hoffnung, dass es dieses Mal Zeit und Willen für die Finanzierung solcher Projekte unter dem Stichwort der Dezentralisierung geben könnte. Im Plan zum Wiederaufbau Haitis war dies als zentrales Ziel festgeschrieben, eben weil die hohe Opferzahl durch die nicht zu bewältigende Urbanisierung mitverursacht ist. Die rasante Urbanisierung, die einer »Verländlichung« der Stadt gleichkommt, hat sich so nicht nur in Haiti abgespielt. Der US-amerikanische Geograf Mike Davis widerlegt in seinem Standardwerk *Planet of Slums*, dass Urbanisierung ohne Industrialisierung einfach nur Ausdruck einer unaufhaltsamen Entwicklung des modernen Kapitalismus sei. Er schreibt: »Aber in Afrika, Lateinamerika, im Nahen Osten und in großen Teilen Südasiens ist Urbanisierung ohne Wachstum [...] viel eher das Vermächtnis einer globalen politischen Konjunktur – der weltweiten Schuldenkrise Ende der 1970er Jahre und der in den 1980er Jahren folgenden, vom Internationalen Währungsfonds (IWF) geleiteten Umstrukturierung der Ökonomien der Dritten Welt.« Die Maßnahmen zur Deregulierung der Landwirtschaft und die auferlegten Sparmaßnahmen der staatlichen Haushalte, die wie beschrieben in Haiti verhängnisvolle Konsequenzen hatten, haben »den Exodus überschüssiger landwirtschaftlicher Arbeitskräfte in die urbanen Slums« selbst dann noch vorangetrieben, »als die Städte aufgehört hatten als Jobmaschinen zu wirken«.[115]

Hinzu kommt, dass die ländliche Bevölkerung aufgrund zunehmender Verarmung besonders anfällig für äußere Katastrophen ist:

---

115 Mike Davies (2007): *Planet der Slums*, Berlin, S. 16-23.

Erkrankungen, für deren Heilung das bisschen vorhandene Geld aufgebraucht werden muss, bis zu fallenden Preisen für ihre Erzeugnisse
oder Naturkatastrophen. Letztere ereilen die Haitianerinnen und Haitianer eigentlich fast jährlich. Um die Reproduktion der Armut zu stoppen, müsste also der Überurbanisierung[116] Einhalt geboten werden.
Soweit war man sich nach dem Erdbeben unter allen Akteuren einig.
Deshalb glaubten die Kolleginnen und Kollegen von CRESFED auch,
dass ihre sozialwissenschaftlichen Forschungen zur Entwicklung oder
vielmehr zur fatalen Desentwicklung des ländlichen Raumes nun in
nützliche, exemplarische Maßnahmen übersetzt werden könnten. Für
Außenstehende mag es problematisch erscheinen, dass es über Suzy
Castor (vgl. Portrait ab S. 61), der Direktorin von CRESFED, traditionelle familiäre Bindungen zu dem Ort Aquin gibt. Tatsächlich aber sind
angesichts fehlender konsistenter staatlicher Infrastrukturpolitik diese
persönlichen Beziehungen zur Herkunftsregion auch bei vielen der im
Ausland lebenden Haitianern eine der Möglichkeiten, eine andere lokale Entwicklung voranzutreiben.

Für die haitianische Nichtregierungsorganisation war klar, dass
kommunale Entwicklung nur durch ernst gemeinte Partizipation der
Bevölkerung eine Chance hat. Ein langwieriger Beratungsprozess bis
in die kleinsten Gemeinden der Kommune Aquin stellte die Bedürfnis-
se und Mängel fest, legte Prioritäten offen und schuf ein dichtes Netz
der Zusammenarbeit aus lokalen Institutionen und Zivilgesellschaft,
um von Anfang an die Autorenschaft der kommunalen Entwicklung
bei den Bewohnern und ihren Institutionen zu belassen. So entstand
der »Kommunale Entwicklungsplan von Aquin«. Ein dickes Heft,
DIN-A4-Querformat, herausgegeben von der Stadt Aquin, die sich mit
dem Wappen von Haiti präsentiert. Dazu gehören unter anderem sechs
haitianische Flaggen in Blau und Rot – das Weiß der Trikolore wurde
entfernt –, drapiert wie ein Schiff. Als Bild für Aquin wurde die Kirche
des Ortes ausgewählt. Das einzige große Gebäude, das einen repräsentativen Zweck erfüllen kann. Ihr weißer Vierkantturm leuchtet vor
einer tropischen Kulisse aus Palmen und dunklen Wolken, die einen
Regen ankündigen.

---

116   Josef Gugler (1997): *Cities in the Developing World*, S. 114–123, Oxford.

Wunschliste für das Allernötigste

Der kommunale Entwicklungsplan wurde zwei Jahre nach dem Erdbeben veröffentlicht. Natürlich in der Hoffnung, auch Projekte bei der
Interimskommission zum Wiederaufbau von Haiti einreichen zu können. Die hatte sich da allerdings schon aufgelöst, als könne man einen
globalen Prozess der Überurbanisierung, der seit den 1980er Jahren bis
heute anhält, nach anderthalb Jahren mit im Schnelldurchlauf beschlossenen Projekten lösen. Nun weiß die Gemeindeverwaltung von Aquin
um die Probleme, die sie zuvor schon ahnte, aber nicht lösen kann. Der
Plan listet den Ist-Zustand der Gemeinde auf und macht damit viele
typische Dilemmata einer abgehängten Provinz in einem abgehängten
Land deutlich. Knapp 95.000 Einwohner hat der Landkreis, wovon fast
90 Prozent auf dem Land leben. Detailliert wird aufgelistet, wie viele
Schulen in der Gemeinde existieren. 126 sind es, und nur vier Prozent
davon sind öffentliche Schulen. Alle anderen sind private, häufig religiöse Einrichtungen, die Geld kosten und deren Qualität erheblich
schwankt. Das größte Problem aber besteht darin, dass die Wege so
schlecht und die Entfernungen so groß sind, dass die Kinder, sobald es
regnet, nicht in die Schule gehen können.

Das zweite große Thema für die Bevölkerung ist der fehlende Zugang zu Gesundheitseinrichtungen. Immerhin gibt es hier eine positive Nachricht, weil die Zahl der Ärzte von fünf (1998) auf 25 gestiegen
ist. Es gibt auch mehr Pflegepersonal, aber all das kann den Bedarf bei
Weitem nicht abdecken. Noch dazu, da alles bezahlt werden muss und
viele sich eine Behandlung nicht leisten können. Sie greifen deshalb auf
traditionelle Mediziner zurück, von denen es im Landkreis 241 gibt,
hinzu kommen 216 Hebammen. Zu den »Push-Faktoren«, also den zur
Abwanderung zwingenden Ausgangslagen, gehört auch die Tatsache,
dass es zwar drei Krankenhäuser gibt, eines davon unter Leitung ku-
banischer Ärzte, die aber nur über eine bescheidene Ausstattung verfügen. Sie können viele nötige Behandlungen gar nicht durchführen. Da
es keine Krankenwagen gibt, werden die Patienten auf nichtadäquate
Weise transportiert.

Zu den wesentlichen Voraussetzungen für Gesundheit gehört der
Zugang zu sauberem und fließendem Wasser. Die Erkenntnis, dass
Sozialpolitik die wichtigste Medizin ist, hat in Europa der Sozialmedi-
ziner Rudolf Virchow Anfang des 20. Jahrhunderts durchgesetzt. Davon können Haiti und der Landkreis Aquin nur träumen. Trinkwasserversorgung und Hygienemaßnahmen haben sich seit der letzten Befra-

gung 2007 nicht verbessert. Je weiter weg von der Stadt, umso weniger fließendes Wasser. Zuständig für das Wasser ist die Nationale Trinkwasserversorgung (DINEPA), die aber nicht immer trinkbares Wasser liefern kann.

So setzt sich die Litanei des Leidens fort: Tabellen über Latrinenbau in den ländlichen Gemeinden offenbaren eine totale Unterversorgung. Außer in der Stadt, die immerhin zu 85 Prozent über Latrinen oder Wasserklos verfügt, weisen die meisten ländlichen Gemeinden Zahlen zwischen 15 bis 40 Prozent auf. In einem Land mit Cholera ist das eine medizinische Katastrophe. Denn auch der hygienische Schutz durch Latrinen ist nur dann gewährleistet, wenn ein Dorf zu 100 Prozent mit Latrinen versorgt ist. Die Einkommensmöglichkeiten werden ebenfalls im Bericht anschaulich beschrieben. Da heißt es unter anderem, dass die Fischer »auf archaische Weise und mit rudimentären Materialien in kleinen, höchst unsicheren Booten« ihrer Arbeit nachgehen. Glücklicherweise leben nur sehr wenige ausschließlich vom Fischfang. Aquin ist eine ländliche Region, in der über 60 Prozent der Bevölkerung Landwirtschaft oder Viehhaltung betreiben. Allerdings weitestgehend in Subsistenzwirtschaft.

Die Projektmanagerin

Mona Vana Marie ist die lokale Vertreterin von CRESFED. Die Mittfünfzigerin ist eine ausgebildete Projektmanagerin und hat Dank CRESFED unter anderem in Kuba studiert. Sie hält den Kontakt zu den Freiwilligengruppen und organisiert Bildungs- und Fortbildungsveranstaltungen. Jeden ersten Montag im Monat gibt es Treffen mit Vertretern aller Basisorganisationen, mit denen sie im Auftrag von Nichtregierungsorganisationen Programme macht: Bauernorganisationen, Jugendgruppen, Frauenorganisationen. Sie ist eine kräftige und sprechfähige Person, der man die Organisationserfahrung anmerkt. »Als wir jung waren«, sagt sie, »haben wir hier in Aquin Demonstrationen durchgeführt, um politisch etwas zu erreichen. Das waren aufregende Zeiten nach der Duvalier-Diktatur, die viel politische Energie freigesetzt hatten. Alles schien möglich.« Heute verließen nicht nur junge Menschen die Region. Das gelte auch für ihre Generation. Mit ihr zusammen wurden zehn Frauen als kommunale Organisatorinnen ausgebildet. Außer ihr hätten alle Aquin verlassen. Aquin ist eine Auswanderungsregion.

Zurzeit arbeitet Mona Vana Marie mit einer Gruppe Jugendlicher, um ihre Stimme in kommunalen Angelegenheiten hörbar zu machen. Die Jugendlichen, so Mona Marie, wüssten längst, wie die Dinge liegen, und hätten wenig Vertrauen in die repräsentative Demokratie: »Aus ihrer Sicht gewinnen nur die die Wahlen, die Geld haben. Die Stimmen werden gekauft. Die Abgeordneten aus der Region, die im Parlament der Hauptstadt sitzen, lassen sich meist anschließend nie wieder vor Ort sehen. Ein Parlamentssitz dient einzig den persönlichen Interessen, weil er Zugang zu Geld, Ressourcen und Kontakten verschafft.« Das wäre in der lokalen Politik anders. Die Bürgermeisterin sei sehr engagiert. Aber die Kommune von Aquin habe kein Geld, kein eigenes Budget, keine Autonomie.

Mona Vana Marie hat die Gespräche zur Ausarbeitung des kommunalen Entwicklungsplans begleitet. »Wir wissen, was nötig ist; wenn jemand kommt, der Geld hat«, sagt sie, sei man vorbereitet. Die Prioritäten, die die Menschen geäußert haben, sind klar. Das Wichtigste ist ihnen die Bildung ihrer Kinder, das ist oft auch ein Auswanderungsgrund. Da es an öffentlichen Schulen fehlt, schicken hier viele ihre Kinder in kirchliche Einrichtungen, die manchmal fragwürdig sind. »Viele von evangelikalen Gruppierungen aus den USA getragenen Schulen haben ein klares Umerziehungs- und Missionierungsziel«, meint Mona Vana Marie. Sie seien die einzigen, die kontinuierlich über Geld verfügten.

Die Menschen würden gerne von der Landwirtschaft leben, meint die Projektmanagerin. Schließlich erlauben die Tropen bei guten Bedingungen mehrere Ernten im Jahr. Aber die Entwaldung hat dazu geführt, dass fast jeder tropische Regen verheerende Folgen für die Landwirtschaft hat, weil die Wassermassen an den kahlen Hängen nicht aufgehalten werden und riesige Steine, manche von ihnen haushoch, in die Ebenen spülen und die bearbeiteten Böden zerstören. Systematische Wiederaufforstung, sagt Mona Vana Marie, wäre neben Zugang zu Bildung und Gesundheit das dritte zentrale Feld, um die Region wieder lebenswert zu machen.

Der Auswanderer

Über Mona Vana Marie lernen wir Bazil Anthony, einen jungen Mann von 35 Jahren kennen. Er lebt bei seiner Großmutter, die bereits das hohe Alter von 90 Jahren erreicht hat. Er berichtet, dass viele seiner

Altersgenossen Haiti in Richtung Chile oder Brasilien verlassen hätten. Seine Ex-Frau lebt illegal in Französisch-Guayana als Haushaltshilfe und verlässt ihre Wohnung nur vor 6:00 Uhr morgens oder nach 18:00 Uhr abends, um nicht von der Polizei aufgegriffen zu werden. Er ging 2017 mit Arbeitspapieren nach Sao Paulo zu Freunden. Aber er blieb nur zwei Monate. Er habe sich dort nicht zurechtgefunden und sei zurückgekehrt. Seine brasilianische Aufenthaltsgenehmigung gilt noch bis 2021 – bis dahin muss er nach Brasilien zurückgekehrt sein und eine Arbeit gefunden haben. Sonst erlischt sie. Bazil Anthonys Träume sind einfach: »Ich wünsche mir einen Kühlschrank, ein Wohnzimmer und einen Fernseher. In Haiti erscheint ihm das unerreichbar. Von Brasilien schwärmt er, obwohl er es nicht lange ausgehalten hat. »Es gibt ein funktionierendes Transportwesen«, sagt er zu unserer Überraschung. Gab es nicht in Sao Paulo vor wenigen Jahren riesige Demonstrationen, weil die Menschen die langen Busfahrten und Staus nicht mehr aushielten? Für Bazil Anthony sind diese kleinen Errungenschaften ein Inbegriff der Menschenwürde. Doch seine Sprache wird tonlos, sein Körper schwer, wenn er über Brasilien spricht. 1.600 US-Dollar hatte seine Herkunftsfamilie für seinen Auswanderungsversuch nach Brasilien bezahlt. Noch einmal wird sie ihn nicht unterstützen. Jetzt fährt er Taxi und hält über WhatsApp Kontakt zu seinen drei Kindern, die mit ihren Müttern irgendwo leben, wo er nicht hinkann. Ihm ist klar, dass viele an der Migration scheitern und zurückkehren. Nicht zuletzt er selbst.

Die Bürgermeisterin

Josette Monferousse Cambry sitzt hinter ihrem Schreibtisch. Die 42-Jährige hat einst Lehramt studiert, besitzt eine Lizenz in Kommunikation und ist zum Zeitpunkt unseres Gespräches 2018 die Bürgermeisterin von Aquin. Mit goldene Kreolen, die Haare streng nach hinten gebürstet, und mit einem Kugelschreiber in der Hand, strahlt sie energische Tatkraft aus. Aber was soll sie den europäischen Besucherinnen erzählen, außer über die Missstände zu berichten. Alles werde, sagt sie, von Port-au-Prince entschieden. Selbst wenn das Klo auf der örtlichen Polizeistation defekt sei, müsse sie nach Port-au-Prince telefonieren, und die schickten dann Handwerker aus der Provinzhauptstadt Les Cayes, um es zu reparieren. Sie pocht lauthals auf die Verfassung von 1987. Nach dem Sturz Duvaliers seien dort die Dezentralisation und die Dekonzentration der öffentlichen Verwaltung festgeschrieben worden, auch um künftig einen allmächtigen Diktator zu verhindern. In der Verfassung wurde deshalb ein Fonds festgeschrieben, aus dem regelmäßig Gelder für die Kommunen und Landkreise kommen sollen. Nichts davon wurde realisiert. Im Haushalt der »Republik Port-au-Prince«, wie sie das Land ironisch nennt, sind seit Jahren keine Mittel für den in der Verfassung festgelegten Fonds vorgesehen.

Der Urbanist

Eine der wichtigsten Kenner des Themas, der haitiainische Urbanist André Lafontant Joseph, gibt ihr in einem zur gleichen Zeit erschienen Zeitungsinterview recht: »Die Notwendigkeit zur Dezentralisierung Haitis ist so wichtig wie Luft für einen Ertrinkenden.«[117] Geradezu verzweifelt berichtet er in dem Interview von seinen langjährigen Versuchen, in Ministerien und Kommissionen des Parlaments einen Gesetzentwurf durchzusetzen, um die Finanzierung der Kommunen sicherzustellen. Bislang ohne Erfolg. Es gäbe viele Gründe dafür, aber die wichtigsten lägen im Unwillen der Abgeordneten, den Bürgermeistern Gelder zur Verfügung zu stellen. Erfolgreiche Bürgermeister könnten deren Wiederwahl gefährden. In Haiti fordern deshalb viele, dass eine neutrale Überprüfung der Mittelvergabe aus dem Fonds für Gebietskörperschaften (Fonds de gestion de collectivités territoriales) stattfinden solle. Die Vorwürfe lauten, dass während der Präsidentschaft von Martelly (2011–2015) 40 bis 120 Millionen US-Dollar aus dem Fonds von den zuständigen Ministerien zurückgehalten wurden. Joseph fordert ein »großes Dezentralisierungsprogramm, das dem Ernst der aktuellen Situation entspricht. Dafür braucht es kompetente Fachleute mit einer politischen und technischen Vision, die von einem Ministerium geführt werden, das frei von Niedertracht und Parasiten ist.« Nicht nur Joseph, sondern auch viele Bürgermeister des Landes verlangen deshalb, die Abschaffung des teuren Senats und ein Parlament aus einer Kammer, um Gelder für kommunale Entwicklung zur Verfügung zu haben. Wenn die Dezentralisierung nicht endlich greife, so Joseph in *Alterpress*, müsse man in Port-au-Prince 2030 mit fünf Millionen Einwohnern rechnen.

---

117 Alterpress, 31. Juli 2018, https://www.alterpresse.org/spip.php?article23378#. Xk0pxSMxnIU (zuletzt gesehen 18.2.2020).

In der Nacht hat es zu regnen begonnen. Schwere Wolken hängen über der Küste von Aquin, die sich in Buchten geschwungen von unserem Hotel auf der Anhöhe aus zeigt. Kleine Inseln liegen verstreut und der Küste vorgelagert wie Schiffchen, die gefährlich den schweren schwarzen Wolken ausgesetzt sind. Von diesem Hotel aus mit seinen riesigen verwitterten Schaukelstühlen, in denen selbst große Menschen wie kleine Kinder zu verschwinden drohen, wirkt alles wie ein Traum aus Gabriel Garcia Marquez' *Hundert Jahre Einsamkeit*. Die vom Regen überfeuchte Luft, die schwere Hitze, die einen in leichte Lethargie versetzt, die Blüten im Garten mit ihrem knalligen Rot und Orange – alles birgt eine Ankündigung von Überfülle und Schönheit. Selbst die Blitze, die wir vom Balkon aus beobachten, kommen uns wie ein Naturschauspiel vor, ein tropisches Feuerwerk nur für uns. Das Hotel, das einem Kubaner und einem Mexikaner gehört, ist ein Ausbund an verblichenem Luxus. Der Swimmingpool mit tiefblauen Kacheln und eingelassenen Fischmosaiken ohne Wasser, der aber vielversprechend wirkt. Die Nacht kostet 70 US-Dollar, zu teuer für Backpacker, die es wahrscheinlich nicht hierher verschlägt. Wir sind die einzigen Gäste. NGO-Leute können 70 US-Dollar zahlen.

Am nächsten Tag fahren wir nach Frangipane, einer Kommune, in der CRESFED mit Mitteln der Europäischen Union ein integriertes Programm zur Entwicklung der lokalen Landwirtschaft als eine Art Pilotprojekt durchführt. Ein Ergebnis des kommunalen Entwicklungsplanes. Über eine holprige Piste gelangen wir nach endlos scheinender, einstündiger Fahrt an die Bushaltestelle, wo uns Jean-Tony Celange, ein Vertreter des Dorfes, abholt. Die Skepsis ist groß, ob wir wirklich nach Frangipane kommen werden. Wir fahren mit einem Allrad-Auto weiter. Aber keine Chance, das Gewitter hat die Straße in eine einzige Ansammlung aus Schlaglöchern verwandelt. Wir können höchstens zehn Kilometer zu Fuß gehen, wie das haitianische Schulkinder nach einem Regen gewöhnlich machen müssen. Wir setzen uns stattdessen an die Bushaltestelle unter den überdachten Marktplatz, der nur an den Vormittagen genutzt wird. Einzig ein paar Frauen sitzen mit Säcken voller Orangen und warten auf einen Transporter, der die Früchte in die Hauptstadt bringen soll. Und wie sonst überall auch hier, Einzelhändlerinnen mit nichts mehr als einem Bauchladen. Die Auslagen bestehen weitestgehend aus Importwaren: Kekse aus Indien, selbst hier auf dem Land.

In Frangipane, so berichtete Celange, versuchen sie die Landwirtschaft durch Investitionen und Fortbildungen attraktiver für die Bevölkerung zu machen. Die Programme sollten den Bauern das Verbleiben in der Region ermöglichen. 450 Bäuerinnen und Bauern beteiligten sich daran. Es gab Fortbildungen über Viehzucht und Lebensmittelproduktion, Ziegen wurden verteilt, ein Bewässerungsbrunnen errichtet, Silos zur Lagerhaltung und zur Reproduktion von Samen aufgebaut. An den Maßnahmen waren alle Akteure und Institutionen vor Ort beteiligt. Jean-Tony Celange berichtet voller Enthusiasmus von diesem tatkräftigen Beginn. Sogar die Weltbank habe später Gelder zur Verfügung gestellt, um die Anfangserfolge zu stärken. Aber das Wetter habe sich verändert und sei nicht mehr so berechenbar für die Landwirtschaft. Haiti gehört nach jüngsten Berechnungen der UNO zu den fünf am meisten vom Klimawandel betroffenen Ländern der Erde.

Celange berichtet, dass trotz ihrer Bemühungen der Exodus aus Frangipane anhalte. »Wenn wir unsere Produkte verarbeiten und verkaufen, dann sind sie teurer als das, was auf dem freien Markt angeboten wird.« Die Billigkekse aus Indien sichern offenbar eher das geringe Einkommen als selbst hergestellte Produkte. Das ist das Ergebnis der Deregulierung. Dass damit auch ein Stück Würde verloren ging, interessiert die Ökonomen der Weltbank und des Internationalen Währungsfonds nicht. Dabei geht mit dem bäuerlichen Handwerk ein Ethos und die Zufriedenheit darüber einher, was man mit eigenen Händen hergestellt hat: Produkt liebevoller Pflege und Ergebnis von überliefertem Generationenwissen. Achille Mbembe nennt den Verlust dieser Fähigkeiten »die Wirklichkeit eines vakanten Lebens, das unentrinnbare Schicksal von Millionen Menschen, die dazu verurteilt sind, ihren Körper und ihr Denken von außen funktionieren zu sehen«.[118]

Jean-Tony Celange verlässt uns trotzdem fröhlich. Im Gehen sagt er, »einen Traktor im Dorf zu haben, wäre die Erfüllung eines großen Traums«. Monate später schickt CRESFED Bilder von einer Veranstaltung in Frangipane. Die Gemeinde des Ortes ist versammelt an einem Rohbau. Drei Männer mit Laptop und Smartphones sitzen ihr gegenüber. An den Wänden hängen zum Schmuck Palmzweige. Und auch die Bewohnerinnen und Bewohner haben sich hübsch gemacht. Die Frauen tragen bunte Hüte, die Mädchen Schleifen im Haar. Ein lila Ballon hängt von oben herab. Ein festlicher Moment offenbar: die Einweihung eines Gemeindezentrums. Die Menschen von Frangipane stemmen sich gegen das »vakante Leben«, das für sie eigentlich vorgesehen ist.

---

118 Achille Mbembe (2014), S. 21.

Die Republik Port-au-Prince

Interview mit *Julien Mérion*
über den unverwüstlichen Zentralismus

Julien Mérion ist Professor für Politikwissenschaften an der Université des Antilles in Pointe-à-Pitre, Guadeloupe. Als Präsident der Vereinigung CO.RE.CA
(Contacts et Recherches Caraïbes) hat er sich seit Jahrzehnten mit der Entwicklung Haitis auseinandergesetzt und die Landbevölkerung von Beaumont mit
Bildungsprojekten unterstützt. 1998 publizierte er die Studie *Le défi haïtien:
re-fonder l'Etat à partir de la décentralisation?* über die staatliche Verfassung
und Möglichkeiten der Dezentralisierung. Andrea Pollmeier sprach mit dem
Wissenschaftler.

**Andrea Pollmeier: Port-au-Prince ist als Hauptstadt Haitis demografisch
explodiert. Immer mehr Menschen zieht es – einem weltweiten Trend
entsprechend – vom Land in die Stadt. Versuche, gegenzusteuern und
eine Dezentralisierung zu fördern, waren bisher erfolglos – warum?**
Julien Mérion: Die Verfassung des haitianischen Staates war nach der
Unabhängigkeit zunächst am Beispiel Frankreichs orientiert und begünstigte einen zentralistischen Staatsaufbau. Diese Übermacht hat
man in späteren Revisionen der Verfassung versucht abzuschwächen
und die Macht von der Zentrale weg auf drei Ebenen zu übertragen.
Von der Basis aus betrachtet gibt es heute zunächst als kleinste terri-
toriale Einheit 564 »Sections Communales«. Ihnen sind 133 Kommunen
und neun Départements übergeordnet. Diese Strukturen dienen dazu,
die Autonomie der Provinz gegenüber der Hauptstadt zu stärken. Vor
allem in der Verfassung von 1987 hat man sehr bewusst versucht, gegen den zentralistischen Ansatz Gegengewichte zu setzten. Man wollte durch vielschichtige Maßnahmen sicherstellen, dass kein Präsident
mehr auf Lebenszeit die gesamte Macht an sich ziehen kann.

   Doch obwohl die Verfassung dies so klar ausformuliert hat, können sich die nachgeordneten, kleinen Einheiten im praktischen Alltag

nicht durchsetzen. Um wirksam zu sein, fehlt es den Kommunen an finanziellen Mitteln, damit sie z.B. öffentliche Schulen oder ein eigenes Krankentransportsystem aufbauen können. Das führt zu einer Art Teufelskreis. Denn weil die Bevölkerung nicht sieht, welchen Nutzen ihnen ein Bürgermeister bringt, nehmen nur wenige Haitianer an den lokalen Wahlen in den Kommunen teil. Die meisten Bürger richten ihr Interesse fast ausschließlich auf die Wahl des Präsidenten. So fehlt es den kommunalen Amtsträgern neben den finanziellen staatlichen Mitteln zusätzlich noch an Legitimität. Langfristig wäre es wichtig, den Bürgern auch in den Provinzen mehr Wissen über ihre Zivilrechte zu ermöglichen.

Nach dem Erdbeben wurde öffentlich immer wieder darüber gesprochen, dass die Förderung der Region jetzt intensiv vorangetrieben werden sollte. Warum ist es nicht gelungen, diese Maßnahmen erkennbar in die Wege zu leiten?
In den 1990er Jahren gab es die Vision, man könne den Staat von der Basis aus entwickeln. Das war aus heutiger Sicht leider eine Utopie. Es reicht nicht, dass der Gesetzgeber nur einen juristischen Rahmen vorgibt, er muss auch Staatsgelder und Einnahmequellen (z.B. Steuern) verfügbar machen, damit man in den Departements und Kommunen konkrete Pläne für die Entwicklung der Region ausarbeiten kann.

Ich habe in Beaumont, einem Ort in der Grand'Anse, nach dem Hurrikan Matthew im September 2016 erlebt, wie der sehr engagierte Bürgermeister dort von den Verantwortlichen in Port-au-Prince vollständig im Stich gelassen wurde. Es gab keinerlei Unterstützung, weder vom Staat noch von großen internationalen Institutionen. Niemand fühlte sich verantwortlich, die Region an mögliche Hilfen heranzuführen. Der Bürgermeister war ganz auf seine eigene Initiative angewiesen und kam zufällig mit uns Helfern aus Guadeloupe in Kontakt. Wir konnten Saatgut liefern und ermöglichen, dass Gemeinschaftsgärten aufgebaut wurden und man sich heute gegenseitig bei der Ernte unterstützt.

Wirkten Maßnahmen der internationalen Gemeinschaft, die nach dem Erdbeben verstärkt in Haiti eingesetzt wurden, für den angestrebten Dezentralisierungsprozess stützend oder kontraproduktiv?
Die NGOs waren guten Willens, das Hauptgewicht ihrer Aktionen haben sie jedoch leider in Port-au-Prince angesiedelt, anstatt haitiweit

ihre Hilfe auszurichten. Die Provinz hatte so mangelhafte Möglichkeiten, dass gerade auch in dieser Zeit die Menschen von der Provinz
nach Port-au-Prince gingen, um von den Gütern, die die NGOs verteilt
haben, auch etwas abzubekommen. Alle Versuche, die Dezentralisierung voranzutreiben, sind bisher gescheitert.

**Wie stark sind diese Defizite mit dem Festhalten an überkommenen
postkolonialen Denkmustern verbunden?**
In Haiti hat sich die Gesellschaft wie überall in den Antillen von den
Plantagen aus entwickelt. Wer konnte, zog ans Meer, dort bildeten sich
Kleinstädte und Metropolen mit größeren Häfen. Die jeweiligen Stadt-
gebiete und die Kirchengemeinden bildeten die Basis der haitianischen
Verwaltung. In ihrer Grundstruktur war sie religiös und militärisch
geprägt. Zwischen den Bewohnern in den Städten und auf dem Land
gab es kaum Bindeglieder. Bis heute ist diese Polarisierung sehr aus-
geprägt, soziale Aufstiegsmöglichkeiten sind gering. Die postkoloniale
Gesellschaft hat kein Konzept, um diese Strukturen zu verändern.

**Die Proteste gegen die aktuelle Regierung in Haiti fordern einen an-
deren, funktionierenden Staat. Müsste die Verfassung noch einmal
in die Richtung einer gemeinwohlorientierten Staatlichkeit geändert
werden?**
In die Verfassung von 1987 hat man viele Regelungen eingearbeitet,
die die Machtbefugnisse begrenzen sollten. Man spricht jedoch heute
noch immer von einer »République de Port-au-Prince«, weil sich hier
die ökonomische, soziale, administrative und kulturelle Macht konzentriert. Die unterschiedlichen Interessengruppen treffen hier aufein-
ander. Die gegenwärtige Verfassung bewirkt, dass Macht und Gegen-
macht, Präsidenten, Premierminister und Parlament, ständig miteinander kollidieren. Um die Verfassung zu ändern, benötigt man jedoch ein
Minimum an Stabilität, Korrekturen sind jetzt also unrealistisch.

Spuren, die aus der Misere führen

Die Erzählung, worin Alternativen für Haiti bestehen könnten, ist notgedrungen eine der Einzelbeispiele. Sie stehen zuallererst für sich, für den Mut und die Kraft der Selbstbehauptung derer, die als Bewegung, Gruppe, Einzelne eine andere Möglichkeit mit einer eigenen Praxis verknüpfen.

Inseln der Inspiration
Vier Beispiele aus Kultur, Bildung, Justiz und Landwirtschaft

Von Andrea Pollmeier und Katja Maurer

An vielen Orten ist in Haiti spürbar, wie sehr Menschen für einen Wandel in ihrer Heimat kämpfen. Die Vielfalt unterschiedlicher Kulturen, die hier Einfluss gewonnen haben, ist nahezu selbstverständlich miteinander verwoben und erzeugt eine enorme Lebendigkeit und vielleicht auch Willenskraft. Vier Beispiele aus den Bereichen Kultur, Bildung, Justiz und Landwirtschaft sollen zeigen, was in Haiti auch unter widrigen Umständen doch möglich ist.

Quantensprung im Kosmos der Sprache

Diese Haitianer bringen Glanz in die französische Sprache« titelt im Februar 2016 die französische Zeitung *Le Figaro* auf ihrer Literaturseite. In großen Lettern kündigt die konservative Zeitung ein Dossier zu Haiti an und stellt Autoren wie Lyonel Trouillot, Dany Laferrière, René Depestre und – aus der jüngeren Generation – Makenzy Orcel sowie Evains Wêche vor. Wer weiß, wie schwer es Franzosen noch immer fällt, ihre kulturelle Überlegenheit gegenüber dem französischsprachigen Ausland zu hinterfragen, erahnt, welcher Quantensprung in einer solchen Überschrift erkennbar wird. Und die Überraschung geht weiter. So heißt es in der Unterzeile: »In Haiti wird gar kein Französisch gesprochen, dennoch schreibt man es ganz ohne Komplexe.« Genau das ist der Punkt. Haiti hat – gegen Widerstand – seine Autonomie genutzt und die kreolische Denkart in allen kulturellen Sparten aktiv entfaltet. Das zeigte sich in der Sprache, aber auch in der Malerei, Musik, Philosophie und Religion. Kompetenzen aus allen Himmelsrichtungen fließen hier ineinander und werden in einer dem Kreolischen eigenen Weise verbunden. Während es nicht möglich war, in Politik und Ökonomie die eigene Autonomie zu entfalten, ist es der haitianischen Gesellschaft gelungen, einen speziellen kulturellen Kosmos zu entfalten, ohne sich zugleich abzukapseln. Internationales Wissen wurde integriert, eine fremde Leitkultur jedoch abgewehrt. Das gilt bis heute und besitzt eine überraschende internationale Strahlkraft.

Weltbekannte Künstler wie der Hip-Hop-Musiker Wyclef Jean und der Maler Jean-Michel Basquiat wurden bzw. werden erkennbar durch ihre haitianischen Wurzeln inspiriert. Bis heute gibt es aber auch eine im Land aktive Kulturbewegung, die bewusst kreolisch schreibt und rappt und sich direkt an die Bevölkerung Haitis richtet. Wie lebendig dieser Kreis ist, zeigte sich anlässlich der Gedenkfeier zu Ehren des im Februar 2020 verstorbenen Dichters Georges Castera, der mit seinen in Kreolisch, Französisch und Spanisch geschriebenen, rhythmisch aus Theater- und Liedstücken komponierten Gedichten die Grundlagen einer Poetik des Kreolischen weiterentwickelt hat. Rezitationen seines Werkes waren Teil der Trauerfeier im Centre d'Art. Dieser Ort, der durch das Erdbeben 2010 zum Teil zerstört worden war, bildet bis heute das Zentrum der kulturellen Identität Haitis. Auf eine direkt nach dem Beben an die Autorin Yanick Lahens gestellte Interviewfrage, womit man beim Wiederaufbau beginnen solle, antwortete sie damals ganz entschieden: »Mit dem Centre d'Art«. Ihr für Fremde zunächst überraschender Wunsch ist heute zum Teil realisiert. Zwar lagern die Gemälde des Kunstmuseums noch immer im improvisierten Archiv, doch während die nahe gelegene Kathedrale und der Präsidentenpalast funktionslos am Boden liegen, hat das Centre d'Art einen Teil seines Lebens bereits zurückgewonnen.

Im zuvor erwähnten *Figaro*-Beitrag blickt der Literaturjournalist Thierry Clermont mit Erstaunen auf die Vielzahl an Persönlichkeiten, die durch ihr Leben in Haiti inspiriert wurden. Zu denken wäre bei diesen Zeilen zum Beispiel an Alexandre Dumas, den Autor von *Die drei Musketiere*, der in Haiti gelebt hat und im Panthéon von Paris begraben liegt. Oder an den 1850 in Cap Haitien geborenen Ethnologen Anténor Firmin. Als erster Wissenschaftler stellte er sich durch seine Schrift *De l'égalité des races humaines* (1885) (dt.: *Über die Gleichheit der Menschen*) mit internationaler Resonanz gegen den französischen Diplomaten und wichtigsten Begründer des rassistischen Denkens, Joseph Arthur de Gobineau. Schaut man in die Gegenwart, ist es neben dem im kanadischen Exil lebenden Dichter Anthony Phelps nun vor allem Dany Laferrière, der viel öffentliche Resonanz erhält. Als erster Autor aus der Karibik, der zudem kein französischer Staatsbürger ist, wurde er 2015 Mitglied in der Académie française. Einige Zeit später nahm dann Yanick Lahens ihren Platz im renommierten Collège de France in Paris ein, um als erste Gastdozentin auf dem 2019 gegründeten Lehrstuhl »Mondes francophones« über haitianische Kultur zu sprechen.

Vendredi Littéraire im Centre Marie Morisette

Herausragende Leistungen der haitianischen Kulturwelt gehören zu den unerwarteten Überraschungen, denen man in Haiti immer wieder begegnet. Sie wirken wie Inseln der Inspiration, die sich verlässlich – und oft auch ohne Hilfe von internationalen Gebern – den Widrigkeiten des Alltags entgegenstellen. Hierzu zählt ein privat initiiertes Literaturhaus, das Menschen aller Altersgruppen und sozialen Milieus zum Lesen und Schreiben animiert. In einem Umfeld mit vielen Analphabeten ein existenzielles Projekt.

Die Anfänge liegen mehr als 25 Jahre zurück. Grauen wie in der Duvalier-Diktatur waren nach dem Putsch gegen Präsident Aristide erneut Realität. In dieser Zeit initiierte der Autor Lyonel Trouillot ein Projekt, das benachteiligten Jugendlichen Bildung ermöglichen sollte. An jedem Freitag, dem »Vendredi Littéraire«, öffnete er für sie die Türen zur familiären Bibliothek. Was klein begann, wuchs zu einem solidarischen Großprojekt heran. Nach dem Tod der Mutter, die die Liebe zur Literatur, aber auch das Gespür für soziale Not in ihren Kindern wachgerufen hatte, baute die Familie auf dem eigenen Grundstück ein Literaturhaus, das nun ihren Namen trägt, »Centre Marie Morisette«. Es liegt nur wenige Blöcke vom Viertel der Armen in Delmas entfernt. »Unser Land ist auf Ungleichheit gegründet«, sagt Trouillot. »Hier im Umfeld gab es für Jugendliche nichts. Manche kommen zu uns, die kein einziges Buch besitzen.« Das gemeinnützige Haus, in dem es eine Bibliothek, mit Computern ausgestattete Arbeitsräume und eine große Außenbühne für Lesungen, Konzerte und Theater gibt, hat Trouillot ohne staatliche Unterstützung aufgebaut. »Das Zentrum ist unsere echte ›folie‹ [Verrücktheit]«, bekennt er. Für die Gehälter von vier Angestellten und Elektrizität benötigt der Autor monatlich rund 5.000 US-Dollar. »Mais, il faut le faire«, ergänzt er und zieht angespannt an seiner Zigarette. Für den Start hat Trouillot Einnahmen aus einer Theatertournee investiert und auch seine Schwester Evelyne Trouillot, die ebenfalls eine international anerkannte Autorin ist, spendete die Autorenrechte eines Buches. Heute ist das Zentrum jeden Freitag der wichtigste literarische Treffpunkt des Landes. Menschen aus allen sozialen Milieus kommen an diesem Tag hier zusammen und hören gemeinsam Poesie. Bekannte Dichter wie Syto Cavé und Frankétienne lesen neben unbekannten Autoren. Niemand wird eingeladen, man kommt einfach, selbst Autoren aus dem Ausland. »So ist es seit mehr als 25 Jahren«, erzählt Trouillot.

177

Wer beispielsweise aus der haitianischen Diaspora anreise, finde hier verlässlich Kontakt.

»Atelier Jeudi Soir«

Dem Freitag ist donnerstags das »Atelier Jeudi Soir« vorgeschaltet. Hier geht es ums Schreiben selbst. »Es darf nur der mitmachen, der selbst qualitativ gute Literatur hervorbringen will,« betont Trouillot. Vor mehr als 16 Jahren hat er die Schreibwerkstatt initiiert. Es ist eine Assoziation, für die man kein Geld zahlt, um Mitglied zu sein. Einzige Bedingung ist: Man muss mit Leidenschaft bereit sein, Schreibwerkstätten quer im Land zu führen und selbst an eigenen Publikationen zu arbeiten. Beiträge erscheinen regelmäßig in der nationalen Tageszeitung *Le Nouvelliste*. Heute gehören 20 aktive Autoren und Autorinnen zum Atelier. Sie schreiben auf Französisch und Kreolisch und präsentieren ihre Werke auf Lesungen in »La Pléiade«, der wichtigsten Buchhandlung von Port-au- Prince. Auch das ist solch ein charismatischer Ort. In freier Verlässlichkeit kommen hier berühmte und unbekannte Talente zusammen, es wird beraten, füreinander gelesen und verkauft. Mit Geldern, die hier eingenommen werden, finanziert sich der eigene Verlag des Ateliers. Er publiziert u.a. Erstlingswerke und eine Literaturzeitschrift. »Wir bemühen uns auch im Ausland um Nachdrucke oder eine Co-Édition von Werken junger Autoren,« betont Trouillot. So entstand 2015 zusammen mit dem Pariser Verlag Actes Sud die *Anthologie Bilingue de la Poésie Créole Haïtienne de 1986 à nos Jours*, in der junge Poetinnen und Poeten ihre kreolischen Werke auch in Europa vorstellen können. »Man behauptet oft, dass Haitianer nichts machen, was nachhaltig ist,« sagt Lyonel Trouillot am Ende unseres Gesprächs, »doch das ist Unsinn. 15 Jahre gibt es uns schon, und es hält an.« Überzeugt, dass Literatur die soziale Realität beeinflussen kann, weiß der Autor, der selbst während der Duvalier-Diktatur das Land verlassen musste, welche Arbeit Priorität haben muss.

Die Richterin Sheila Monsanto Bazile

Vor Gericht zählt jede Nuance. So bekam eine Person, die lediglich einen Zaunpfahl von einem Grundstück entwendet hat, eine lebenslängliche

Haft auferlegt. Diese unverhältnismäßige Strafe erließ der Richter, weil der Gerichtsschreiber »enlèvement« auf den Aktendeckel geschrieben hatte. Das Wort steht im Französischen nicht nur für »Diebstahl« (Entnahme), sondern auch für das schwere Delikt »Entführung«. »Solche sprachlichen Missverständnisse sind in haitianischen Justizverfahren ein strukturelles Problem,« erklärt Richterin Sheila Monsanto Bazile. Seit mehreren Jahren ist sie Stellvertretende Regierungskommissarin im Justizministerium in Port-au-Prince. Als eine der wenigen Richterinnen wagt sie es, an für sie selbst nicht ungefährlichen Prozessen zu Gewaltverbrechen und Drogendelikten mitzuwirken.

Sheila Monsanto Bazile gehört zudem zu den Anwälten in Haiti, die sich für Reformen im Justizwesen einsetzen. Dieses ist in der 1804 von Frankreich unabhängig gewordenen Republik noch immer viel zu sehr an dem französischen Vorbild ausgerichtet. Anhörungen, Anklageschriften und Urteile werden stets in französischer Sprache abgefasst. Die Tatsache, dass seit 1987 Kreolisch neben Französisch Amtssprache ist, wird hier noch ignoriert. Das führt zu den eingangs beschriebenen Sprachproblemen. Denn die Bewohner Haitis sprechen mehrheitlich Kreolisch. Gerichtsschreiber, die eine Anhörung protokollieren, müssen beim Niederschreiben der Aussagen also das mündlich gesprochene Kreolisch simultan übersetzen und auf Französisch schriftlich festhalten. Immer wieder kommt es bei diesen Übertragungen zu Fehlinterpretationen. Die »greffiers« haben darum einen schlechten Ruf. Beklagte fürchten, dass Berichte am Ende zu ihrem Nachteil formuliert sind.

Wenn man das Justizwesen in Haiti verbessern will, geht es also nicht nur um große Themen wie beispielsweise Korruption. Schon die alltägliche Arbeit birgt enorme Hürden. Das zeigt sich auch im Justizpalast. Das Originalgebäude hatte das Erdbeben 2010 zerstört. Heute ist es noch immer provisorisch untergebracht. Auf dem Schreibtisch der Stellvertretenden Regierungskommissarin stapeln sich die Akten. »Ich möchte alle Verfahren, für die ich verantwortlich bin, selbst vor Augen haben,« sagt Sheila Monsanto Bazile entschuldigend, als wir uns in ihrem karg eingerichteten Büro zum Interview treffen. Der Grund, warum sie die Akten im eigenen Büro verwahrt, ist ein gravierendes Verwaltungsproblem. »Die Justiz in Haiti verfügt über kein eigenes Archiv, in dem die noch zu bearbeitenden Fälle regulär aufbewahrt werden,« erklärt die Richterin. Das bedeutet, wenn ein Zeuge noch nicht angehört und ein Urteil noch nicht gefällt wurde, liegen die Akten einfach irgendwo herum. Oft gehen sie in der Menge der offenen Fälle unter. Dieser Mangel zeigt sich auch in den alarmierenden Zahlen der Gefängnisstatistik. Rund 80 Prozent der Gefängnisinsassen sind noch nicht verurteilt und befinden sich seit vier oder acht oder noch mehr Jahren in Untersuchungshaft. »Wenn man seinen Fuß ins Gefängnis gesetzt hat, wird es schwer, dort wieder herauszukommen,« bestätigt Bazile.

Bis 2019 gab es eine spezielle UN-Mission (MINUJUSTH), die sich die Stärkung der Rechtsstaatlichkeit zur Aufgabe gemacht hat. Doch die Gefängnisse sind noch immer bis zu 400 Prozent überbelegt. Trotz dieser widrigen Arbeitsbedingungen kämpft Sheila Monsanto Bazile darum, die Rechtslage in Haiti zu verbessern und unterstützt Hilfsangebote, die diesem Ziel dienen. 2015 nahm sie an einer Fortbildung teil, die von der Menschenrechtsinitiative RNDDH ausgerichtet wurde. Richterinnen und Richter aus allen Teilen des Landes kamen zusammen, um die Qualität von zivilrechtlichen Anhörungen zu verbessern. »Den partizipativen Ansatz, den RNDDH verfolgt, schätze ich besonders,« betont die Richterin. »Zum ersten Mal waren wir so vielschichtig zusammen und konnten wertvolle Erfahrungen austauschen.« Rund 100 Richterinnen und Richter nehmen jährlich an diesen Angeboten der Menschenrechtsorganisation teil.

Sheila Monsanto Baziles besondere Aufmerksamkeit gilt den Frauen, die Opfer von Gewalttaten geworden sind. Als Tochter eines anerkannten Augenarztes aus Jacmel hat sie selbst einen Übergriff nur knapp überlebt. Aus eigener Erfahrung weiß sie, wie wichtig es ist, offen über die erlebte Gewalt zu sprechen. Jeden Tag kämpft sie darum an der Seite von Frauen, die vergewaltigt wurden. Für ihr Engagement wurde sie 2015 von der International Action for Human Rights (AIDH-Haiti) zum »Judge Model of the Year« gewählt.

Collège les Oliviers – Weg in eine haitianische Zukunft

Zum prekären Leben in Haiti gibt es Gegenentwürfe. Wohltuende Orte der Geborgenheit. Ein Beispiel ist das »Collège les Oliviers« im Viertel Fragneauville in Port-au-Prince. Hier, hinter schützenden Mauern, können junge Menschen Grundlagen für eine gute Bildung aufbauen. Es ist ein Ort für die Mittelschicht. Eine Privatschule, die es den bürgerlichen Familien, die sich gegen den »brain drain« des Landes stemmen und nicht ins Ausland emigriert sind, ermöglicht, ihren Kindern einen anregenden und weitestgehend unbeschwerten Start ins Leben zu geben.

Entstanden ist die Schule nach dem Erdbeben 2010, ohne internationale Hilfsgelder. »Wir haben mit zehn Lehrern und fünf Schülern angefangen,« erzählt Jean-Claude Neptune, der die Schule zusammen mit seiner

Tochter Jacaranda aufgebaut hat. Die Einrichtung zählt in Haiti heute zu den acht landesweit anerkannten Partnerschulen des Lycée Alexandre Dumas, der staatlichen Schule Frankreichs.

Im schwer überschaubaren Geflecht der Bildungseinrichtungen Haitis sind Schulen, deren Erziehung sowohl internationalen als auch haitianischen Erfordernissen entspricht, ein kostbares Gut. Jean-Claude Neptune hat beide Ansprüche klar im Blick und wurde vom französischen Staat 2016 für sein außergewöhnliches Engagement geehrt und mit dem »Ordre des Palmes académiques« ausgezeichnet.

Bis zum Erdbeben hatte Jean-Claude Neptune fast 25 Jahre das zusammen mit zwei Kollegen aufgebaute »Le Collège Antillais« geleitet. Das fünfstöckige Gebäude des Gymnasiums war jedoch beim Erdbeben eingebrochen. Externe Geldgeber zeigten nur flüchtiges Interesse, den Wiederaufbau des zerstörten Schulgebäudes zu unterstützen. »Wir halfen darum all unseren ehemaligen Schülern, einen Platz in anderen qualifizierten Schulen zu finden. Zugleich fassten wir in unserer Familie den Entschluss, eine neue, eigene Schule aufzubauen,« erzählt Jean-Claude Neptune.

Wie schwer dieser Weg war, kann man nur erahnen. Denn Jean-Claude Neptune hatte nicht nur seine Schule, sondern auch eigene Familienangehörige im Erdbeben verloren. Sein Sohn Olivier, dessen Namen das neue Collège trägt, war unter den Trümmern des Elternhauses umgekommen. Im Gedenken an ihren Bruder gründete Jacaranda Lillavois, die sich als Juristin auf Internationales Recht und Menschenrechte spezialisiert hatte, aber zugleich den Lehrerberuf sehr schätzte, mit ihrem Vater einen herausragenden Ort, an dem zukünftige Generationen zur Schule gehen können. Die Mutter von zwei Kindern hatte neben ihrem Vater ein weiteres Beispiel in der eigenen Familie, das dazu motivierte, trotz widriger Umstände nicht aufzugeben. Ihr Großvater Jean Dominique war als Journalist gegen die Diktatur Duvaliers und gegen die Korruption in Aristides Regierung offen angetreten. Im April 2000, kurz nach der Wiederwahl von Aristide, ist er am Eingang seiner Radio Station, die mehrfach zerstört und wiedererrichtet worden war, getötet worden. Der Tod des bekanntesten politischen Kommentators Haitis wurde weltweit wahrgenommen.[119]

Wenn man die Treppen zum Schulgebäude hochsteigt, spürt man sogleich die lebendige, kreative Atmosphäre, die hier den Ton bestimmt. Es gibt neben den Schulräumen für rund 200 Schüler u.a. eine Bibliothek,

---

119 Vgl. *Frankfurter Rundschau*, 4.4.2000 und *Reporters without Borders*, https://rsf. org/en/reports/who-killed- jean-dominique, Reports March 25, 2001 – Updated on January 20, 2016, (gesehen 15.1.2020).

Computerräume, eine Aula, Sportmöglichkeiten und einen Essbereich. Alles wirkt solide, ohne exzessiven Luxus zu verströmen. »Die Eltern der Schüler, die zu uns kommen, sind zumeist Rechtsanwälte, Ärzte, Ingenieure. Es sind in der Regel keine Industriellen oder Großhändler darunter. Manche Kinder kommen mit dem Auto zur Schule, andere laufen zu Fuß,« erläutert Jean-Claude Neptune. Der Unterricht ist also gerade auf die Gruppe abgestimmt, die aufgrund der mangelnden Zukunftsaussichten für sich und ihre Kinder sonst oft das Land verlassen. Mehr als zwei Millionen Personen haitianischer Herkunft leben heute im Ausland, die Kluft zwischen Arm und Reich wird auch aufgrund dieser Verluste im Land immer tiefer. Programme, mit denen Staaten wie Kanada aktiv Lehrkräfte mit ihrer ganzen Familie aus Haiti abwerben, führen zudem dazu, dass es auch für das »Collège les Oliviers« schwer ist, gutes Personal zu finden und vor Ort zu halten, erzählt Jean-Claude Neptune.

Der Unterricht im »Collège les Oliviers¡ findet in französischer und kreolischer Sprache statt. Es gibt zudem die Möglichkeit, das haitianische und das französische Baccalauréat, das international anerkannt ist, zu absolvieren. An einer Schule, die sich an die Kinder von Akademikern richtet, war diese Zweisprachigkeit nicht selbstverständlich. Langsam erst hat sich in der Gruppe der gebildeten Haitianer die kreolische Sprache als anerkannte Unterrichtssprache durchgesetzt. Zwar wurde schon 1979 – noch zur Zeit der Diktatur Duvaliers – per Erlass der Unterricht in Kreolisch durchgesetzt, doch galt vielen damals das Kreolisch als Sprache der Bauern und verarmten Stadtbewohner. Kreolisch war die Vorstufe, um später das höherrangige Französisch zu erlernen. Erst 1987 wurde mit Artikel 5 der neuen Verfassung festgelegt, dass Kreolisch neben Französisch als Amtssprache offiziell anerkannt ist.[120] Dass eine Schule, die sich an den weltoffenen, gebildeten Teil der Gesellschaft Haitis richtet und seine Schülerinnen und Schüler auf ein Studium im In- und Ausland vorbereitet, parallel auch Kreolisch als Unterrichtssprache einsetzt, ist ein wichtiges Zeichen. Es zeigt, im »Collège les Oliviers«geht es nicht darum, Wissen aufzubauen, das als Sprungbrett in eine andere Welt dient. Hier geht es um Wissen, das auf Haiti selbst gerichtet ist, einer weltoffenen Heimat, die eine eigene Zukunft eröffnet.

---

120 Vgl. Renauld Govain, (2014): L'état des lieux du créole dans les établissements scolaires en Haïti. The State-of-the-Art of Creole in the Educational Institutions in Haiti, https://www.contextesetdidactiques.com/724 (gesehen 01.2.2020).

Wege zur Nahrungsmittelsouveränität

Von Montrieus aus kann man das Meer sehen. Das Gelände, auf dem die Schule der Bauernorganisation Tet Kole (dt.: Köpfe zusammen) entsteht, liegt auf einer Anhöhe und eröffnet so einen weiten Horizont. Um sich eine andere Zukunft für die Bäuerinnen und Bauern Haitis vorzustellen, die eine wichtige Produktivkraft für das Land sein könnten, braucht es einen solchen Blick. Denn die Bauernwirklichkeit in Haiti trägt tragische Züge. Tet Kole wurde 1971 gegründet und war einst eine starke Organisation, die politischen Druck entfalten konnte; noch dazu ist sie gut vernetzt mit anderen kleinbäuerlichen Organisationen in Lateinamerika, versammelt in »via campesina« (Der Bauernweg). Auch heute zählt Tet Kole 70.000 Mitglieder im ganzen Land. Aber die Bauernbewegung ist seit 30 Jahren von Niederlage zu Niederlage geeilt, weil es nie zu einer Regierung kam, die strategisch die kleinbäuerliche Landwirtschaft gefördert hätte. Im Gegenteil, die Deregulierung der Landwirtschaft hat die Ohnmacht der Bauern weiter voran und in die Städte getrieben. Sich gegen solche übermächtigen globalen Geschehen als Organisation zu behaupten, ist nicht einfach und erklärt Momente von beharrlicher Sturheit. Das alles habe zu einer »kulturellen Veränderung« geführt, sagt Jean-Baptist Rosnel, ein liebenswürdiger und trauriger Mann, der einer der Chefs der Organisation ist: Auf dem Land verwandelten sich die meisten in kleine Händler oder in Migranten. »Ein Tag dauert hier zwei Wochen«, seufzt der Brasilianer Andre Luiz Soares. Er ist Teil einer internationalen Brigade der »via campesina« zur Unterstützung von Tet Kole. Für mindestens ein Jahr lebt er hier als eine Art solidarischer Entwicklungshelfer. Er spricht kein Französisch, dafür aber ein bäuerliches Kreol, weil er gemeinsam mit den Bauern in einem Dorf nahe der Schulungsstätte wohnt. Er sagt offen, dass die Strukturen von Tet Kole sehr schwerfällig seien. Immer müsse die Zentrale selbst die unwichtigsten Dinge entscheiden. Der Zentralismus Haitis bildet sich offenbar auch hier ab. Trotzdem sind diese Brigaden seit 2009 vor Ort und wollen zeigen, »dass auch in der Praxis eine andere Welt möglich ist«. Mit ihren Ideen und ihrem Einsatz haben sie es geschafft, dass die Schule 2019 fast fertig gebaut ist. Für Andre Soares ist das eine neue Form des Internationalismus, der die Diversität der Kulturen aushält. Neben Brasilianern gibt es hin und wieder auch Brigadisten aus Chile, Mexiko und Argentinien. Die Freiwilligen arbeiten lediglich gegen Kost und Logis. Sie wollen nicht Teil einer Entwicklungshelfergemeinde in Haiti sein, die bereits aufgrund ihres Einkommens und ihrer Wohnsituation zu nahe an der herrschenden Schicht ist.

Die kontinentale Bauernbewegung, so divers sie ist, setzt sich für Landreformen, Nahrungsmittelsouveränität und ökologische Landwirtschaft ein. Ihre Unterstützung für die Kollegen in Haiti begründen sie zudem mit der Anwesenheit der UNO-Militärmission MINUSTAH, die von lateinamerikanischen Militärs geleitet wurde. Aus Sicht der haitianischen und der lateinamerikanischen Organisationen war die UNO-Militärmission nichts anderes als eine fremde Besatzung des Landes. Die Brigade will hingegen eine andere Form der Solidarität von unten zum Ausdruck bringen. Ihre vernünftige politische Agenda hat aber gerade angesichts der globalen Finanzialisierung der Landwirtschaft und des Rohstoffextraktivismus einen extrem schweren Stand. Die Forderung nach Nahrungsmittelsouveränität, die die Bauernbewegungen überall in Lateinamerika erheben, wurde über viele Jahre als antimodern belächelt. Während in Ländern wie Brasilien eine in der Verfassung festgelegte, aber nicht umgesetzte Agrarreform im Zentrum der Bewegung steht, geht es in Haiti um Auseinandersetzung mit der Überflutung des einheimischen Marktes durch subventionierte Lebensmittel des internationalen Agrarbusiness, aber auch mit fehlenden staatlichen infrastrukturellen und bildungspolitischen Maßnahmen.

Das große Vorbild für die haitianische Bauernbewegung ist die brasilianische Landlosenbewegung »MST«[121] (Movimento dos Trabalhadores Rurais Sem Terra – Bewegung der Landarbeiter ohne Land). Letztere ist eine den größten organisierten Strukturen der sozialen Bewegungen in Lateinamerika und zählt zu den Erzfeinden der brasilianischen Rechten. Der MST betreibt in vielen Bundesstaaten Schulungszentren und organisiert Landbesetzungen. Zudem gehörten der Organisation ganze Gemeinden an, die nach Landbesetzungen Grundstücke erhalten haben und dort versuchen, durch Kooperation und ökologische Landwirtschaft als Bauerngemeinschaft zu überleben. Das ist zum Teil recht erfolgreich.

Die Schule der haitianischen Bauernbewegung will nach einem ähnlichen Bildungsansatz wie die Brasilianer arbeiten. Auch hier soll von ökologischem Landbau, Verarbeitung von Produkten bis zur

---

121 Bei seinem Amtsantritt 2019 erklärte der rechtspopulistische Präsident Jair Bolsonaro den MST zu einer terroristischen Organisation und kündigte harte Maßnahmen wie die Schließung der MST-Schulen an.

politischen Bildung alles unterrichtet werden und auch an praktischen Beispielen sichtbar sein. In den Jahren nach dem Erdbeben gab es Geld, um exemplarische Landwirtschaft und Viehzucht an der Schule zu entwickeln. Ein aufwändiger Ziegenstall wurde gebaut, der als Vorbild für gemeinschaftliche Ziegenaufzucht dienen soll. Hier geht es unter anderem darum, die Ziegenaufzucht zu professionalisieren und sie an die ökologischen Bedingungen anzupassen, statt sie durch wildes Abgrasen noch zu verschärfen. Auch ein Hühnerstall wurde gewünscht und die Frankfurter Hilfs- und Menschenrechtsorganisation medico international finanzierte den Bau. Ein Projekt wurde ausgearbeitet, das im Detail festlegte, wie viele Hühner angeschafft werden, wie viele Eier produziert werden, wie viele Menschen Hühner erhalten, wie viele davon Mitglied der Bauernorganisation sein sollen und wie viele nicht. Wenn man all diese Zahlen zusammenrechnet, kommt man auf eine beeindruckende Summe an Leuten, die etwas davon haben. Nun haben Bauprojekte nicht nur in Haiti ihre Tücken. Sie stoßen auf ungeahnte Hindernisse und werden oft teurer als erwartet. In diesem Fall zog sich der Bau endlos in die Länge. Ein Alptraum für die internationalen Projektmanager, die für die Verwendung der Mittel geradestehen mussten.

Jahre später stellte sich heraus, dass die Kolleginnen und Kollegen von Tet Kole einen modernen Hühnerstall und gerade nicht ein auf Subsistenzwirtschaft angepasstes Projekt wollten. Ein moderner Hühnerstall sollte beweisen, dass sie schnell und gut, viele und preiswerte frische Eier produzieren können und damit marktfähig sind. Zumindest in der Branche der ökologischen Eierproduktion. Sie fanden eine Organisation, die bereits Erfahrung mit solchen technologisch ambitionierten Projekten hatte, ließen sich schulen und errichteten einen vollautomatischen Hühnerstall, den nur eine Person betreuen muss. Das Hühnerleben dort ist immer noch erträglicher als in den meisten europäischen Anlagen. Die Eier werden in die besten Hotels der Hauptstadt geliefert. Der alte Hühnerstall ist zu einer Lagerhalle umgebaut worden. Wer bei der Präsentation des Hühnerstalls den Stolz in den Gesichtern der haitianischen Bauern gesehen hat, versteht, dass auch die Förderung einer kleinbäuerlichen Landwirtschaft nur dann Sinn macht, wenn sie den Anschluss an moderne Technologien bietet. Ein Stück konkrete Zukunft im idyllisch gelegenen Montrieus.

Ein Territorium – zwei Länder

Interview mit dem Aktivisten *Nixon Boumba*
über einen nötigen Systemwechsel in Haiti

Nixon Boumba ist ein haitianischer Aktivist und Menschenrechtler, der sich insbesondere mit der Ausbeutung haitianischer Rohstoffe durch internationale Bergbauunternehmen auseinandergesetzt hat. Er organisierte juristische Begleitung für Familien, die ohne Kenntnisse ihrer Rechte der staatlichen und unternehmerischen Willkür ausgeliefert waren. Er selbst kommt aus einer armen Bauernfamilie, die allerdings immer politisch aktiv war. Genau wie seine Eltern beschreibt er die Bauernorganisation Tet Kole als seine politische Heimat. Zur Drucklegung des Buches repräsentiert er die US-amerikanische Hilfsorganisation American Jewish World Service, die eine lange Tradition in Haiti hat und dort vor allen Dingen politische Arbeiten unterstützt. Das Gespräch führte Katja Maurer im Oktober 2019.

Katja Maurer: Sie sind als Aktivist bei der Petrocaribe-Challenge[122] dabei. Was tut sich auf Haitis Straßen und warum interessiert sich in Europa niemand dafür?
Nixon Boumba: Das ist auch in den USA der Fall, obwohl dort so viele Haitianerinnen und Haitianer leben. Dabei dauert diese riesige Bewegung hier seit zwei Jahren an. Im Herbst 2019 waren zeitweise vier Millionen Menschen auf den Straßen. Sie blockierten das ganze Land, nicht nur die Hauptstadt. Die Gründe dafür sind offenkundig: Die Ökonomie ist bankrott, der Staat ist zu keinerlei Dienstleistung in der Lage, die Infrastruktur ist ebenfalls zerstört. Diese Proteste sind nicht von politischen Interessensgruppen organisiert, die an die Macht wollen. Die Menschen in Haiti streben einen grundlegenden Systemwechsel an. Uns ist bewusst, dass nur wir selbst diesen Wechsel her-

---

122 Die Bewegung Petrocaribe-Challenge entstand im August 2018, als Gilbert Mirambeau, ein haitianischer Videofilmer, der in Montréal lebt, ein Foto von sich mit verbundenen Augen und mit einem hingekritzelten Schild veröffentlichte, auf dem in Kreol stand: »Wo ist das Petrocaribe-Geld?«.

beiführen können. Die internationale Gemeinschaft hat ebenso wenig eine Antwort auf diese Krise wie die haitianischen Politikerinnen und Politiker. Die Regierung hier kennt nur einen Ausweg: die Repression. Das La-Saline-Massaker, bei dem 2018 über 70 Menschen ums Leben kamen, ist dafür ein Beispiel und auch die Tatsache, dass viele Waffen ins Land kommen und verteilt werden. Im Februar 2019 wurden vier US-amerikanische Söldner eingeflogen, die bis an die Zähne bewaffnet waren. Über ihre Pläne kann man nur spekulieren. Sie wurden von der haitianischen Polizei eher zufällig festgenommen und dann sehr schnell über die US-amerikanische Botschaft abgeschoben. Aufklärung über die Hintergründe? Fehlanzeige. Sie kehrten in die USA zurück, ohne dass ihnen etwas geschehen wäre.

Die größte Herausforderung für die Bewegung besteht darin, dass es für diesen anhaltenden Aufstand keine Vision und keine Führung gibt. Es fehlt ebenfalls eine klare Strategie. Die Fragmentierungen und Spaltungen in Haiti seit 30 Jahren erweisen sich dabei als das größte Hindernis. Seit dem zweiten Putsch gegen Aristide 2004 gibt es eine tiefe Spaltung zwischen Lavalas, der Aristide-Partei, und seinen Gegnern, die damals gegen ihn protestiert haben. Wir müssen einen Umgang damit finden.

Wie kann diese Spaltung überwunden werden?
Wir haben eine Jugendbewegung, die brandneu und großartig ist. Sie bewegt sich nicht entlang alter ideologischer Linien, sie fordert nichts weiter als institutionelle Verantwortlichkeit. Diese Bewegung ist eine Inspiration zur Überwindung alter Denkmodelle.

Um noch einmal auf die Ereignisse 2004 zurückzukommen. Der Ökonom Fritz Alphonse Jean vertrat gegenüber uns die Auffassung, es habe sich nicht um einen Putsch gegen einen offensichtlich autoritär agierenden Präsidenten gehandelt, sondern um die Aneignung des Staates durch eine Handvoll Familien. Wie haben Sie das erlebt?
Ich habe mich 2004 an der Bewegung gegen Aristide beteiligt. Heute entschuldige ich mich dafür. Ich war sehr jung damals. Es war eine große Manipulation und Konspiration. Ich bin kein Aristide-Anhänger. Aber man muss zur Kenntnis nehmen, dass die USA ihn nie mochten. Sie sahen zu diesem Zeitpunkt die Möglichkeit, ihn loszuwerden. Für viele Menschen ist er aber nach wie vor eine Symbolfigur, weil er in

ihren Augen das wirkliche Leben, ihr Leben in Haiti kennt und wahrnimmt.

2004 hatte man gerade in der Mittel- und aufgeklärten Oberschicht Angst vor den Gangs auf der Straße. Sobald Plünderungen stattfinden, wird die Angst wieder wach?
Die gegenwärtige Situation unterscheidet sich fundamental von 2004. Weil niemand hier die Bewegung für sich und seine Ziele instrumentalisieren kann. Keine politische Gruppe oder Partei ist in der Lage, diese Menschen zu mobilisieren, geschweige denn sie zu repräsentieren. Sie haben keine Kontrolle über die Bewegung. Die Menschen gehen auf die Straße, weil es keine Option für sie ist, so weiterzuleben, wie sie gerade leben. Die übergroße Mehrheit der Bewohnerinnen und Bewohner können nicht einmal Pläne für den nächsten Tag und noch viel weniger für die weitere Zukunft machen. Sie wissen nicht, wie sie ihre Kinder ernähren sollen. In diesem Land ist nichts an dem Platz, an den es gehört. Deshalb verlangen die Menschen fundamentale Veränderungen. Wir müssen sie darin unterstützen. Es wird nicht ausreichen, dass der Präsident zurücktritt. Er kann heute abdanken. Die Probleme werden bleiben. Wir brauchen jetzt einen offenen Raum, in dem wir darüber diskutieren können, worum es eigentlich geht. Wir müssen eine Vision entwickeln, mit der wir strategisch arbeiten können.

Was wären strategische Themen und Visionen?
Es gibt ein paar Ansätze. Zum Beispiel das Bündnis gegen Korruption, das von traditionellen haitianischen Nichtregierungsorganisationen wie den Menschenrechtsorganisationen gegründet wurde. Im Rahmen dieses Bündnisses haben wir eine Arbeitsgruppe gegründet, um uns mit Organisationen in anderen Ländern zu den Themen Korruption und Straflosigkeit auszutauschen. Zum Beispiel mit Guatemala, wo viele Jahre eine internationale Kommission, die von der UNO installiert und legitimiert wurde, gegen die herrschende Straflosigkeit vorging. Wir haben Leute von CICIG eingeladen, um mit ihnen Erfahrungen auszutauschen. Wir würden gern eine Taskforce gegen Korruption gründen, um zu verstehen, was Korruption in Haiti bedeutet, worin ihre Mechanismen bestehen und welche Strategien es gibt, um sie zu überwinden. Auch in anderen Bereichen versuchen wir kooperative Räume aufzubauen, in denen Menschen Themen diskutieren und Stra-

tegien ausarbeiten können. Als American Jewish World Service unterstützen wir die Petrocaribe-Challenger, damit sie in den Regionen weiter aktiv bleiben können. Es ist wichtig, dass sie auch in der haitianischen Diaspora präsent bleiben.

Ein weiteres sehr wichtiges Thema sind die in Haiti verheerenden Folgen des Klimawandels. Ich war mit einem Kollegen im Norden von Haiti. Dort gibt es viel längere Dürreperioden als früher. So, wie dort bislang Landwirtschaft betrieben wurde, kann man nicht weitermachen. Gleichzeitig wollen die Menschen vor Ort bleiben und von der Landwirtschaft leben. Sie brauchen aber dringend andere Produktionsweisen dafür.

Arbeit ist selbstverständlich ein zentrales Thema. Die offiziellen Statistiken behaupten, dass 80.000 Menschen Staatsangestellte sind. Sie leben zum Teil sehr prekär. Es gibt ca. 70.000 Fabrikarbeiter und Tausende Personen, die im Sicherheitsbereich arbeiten. Aber sieben Millionen Menschen gehen keiner regelmäßigen Tätigkeit nach. Auf dieses existenzielle Problem gibt es ebenfalls keine Antwort. Es gibt keine Bildung. Junge Leute besuchen stattdessen schlechte und teure Bildungseinrichtungen in der Dominikanischen Republik. Auch das Gesundheitssystem liegt völlig darnieder. Wenn du ein Gesundheitsproblem hast, musst du ins Ausland gegen. Aber auch wenn man Geld hat, braucht man einen Pass, den man auch nicht immer bekommt. Die Forderung nach einem Systemwechsel ist also keine ideologische Parole. Das muss passieren, weil das bestehende System keinerlei Antwort auf die Nöte der Menschen hat.

Würden Sie von einer sozialen Bewegung sprechen oder handelt es sich um sehr spontane Zusammenkünfte?
Diese Aufstände verkörpern eine soziale Bewegung, die nicht so schnell verschwinden wird. Den Anfang der Petrocaribe-Bewegung machten junge, hochqualifizierte Professionelle. Einige von ihnen entstammen der Diaspora. Sie haben ihre Stimme über die sozialen Medien erhoben. Und dann gibt es noch die Gruppen in den ärmeren Stadtteilen, die Petrocaribe-Nachbarschaften gegründet haben. Sie sind häufig nicht in den sozialen Medien. Sie benutzen andere Kommunikationswege. Zum Beispiel Kunst, Gedichte, Musik.

Im Zentrum von Port-au-Prince finden sich immer Sprüche an Mauern:
Gedichte können töten.

Die »Stadt der Gedichte« heißt eine dieser Gruppen. Lyriker können, wie
Sie sehen, durchaus gewalttätig in gewalttätigen Verhältnissen sein. Wir
müssen diese Prozesse in ihrer Tiefe mit viel Leidenschaft begleiten.

Gibt es in diesen neuen sozialen Bewegungen einen Platz für NGOs?
Sie arbeiten auch für eine.

Historisch haben die internationalen NGOs ihre Arbeit in Haiti entlang
ihrer eigenen Agenda ausgerichtet. Daraus erwächst eine Haltung, die
die Hilfsbedürftigkeit immer wieder reproduziert und den Klientelis-
mus fördert. Ich selbst gehörte immer zu den Kritikern der NGOs in
Haiti. Das ist mein erster Job für eine internationale NGO. Und ich mache das, weil diese Organisation mir erlaubt, die soziale Bewegung zu
unterstützen. Es ist wichtig, zu verstehen, dass die NGOisierung von
Haiti eine der größten Hindernisse für einen Systemwandel darstellt.
Wir können nicht mehr entlang von Agenden und Projekten arbeiten. Es
geht darum, Vertrauen aufzubauen, die Prozesse offen, flexibel und mit
Leidenschaft zu begleiten. Meine leidenschaftliche Unterstützung signa-
lisiert: Ich bin nicht hier, um dich zu kontrollieren oder dir eine Agenda
aufzuzwingen. Ich fürchte, auch viele traditionelle Organisationen der
haitianischen Zivilgesellschaft drohen obsolet zu werden, weil sie diese
neue Bewegung nicht verstehen. Sie sind als Organisationen zu patriar-
chalisch organisiert. Alles geht top-down. Sie müssen neue, ernsthafte
Orte schaffen, wo Menschen wirklich an den Debatten und den Entscheidungen teilhaben können. Solche Veränderungsprozesse werden heute
nicht nur in Haiti eingefordert, sondern an vielen Orten in der Welt. Das
liegt auch an der Krise der repräsentativen Demokratie. Neue, weniger
hierarchische Organisationen brauchen eine andere Form der Unterstützung. Sie setzt eine leidenschaftliche und nicht überstülpende Haltung
voraus. Die Politik-Zeiten und die Assistenzialismus[123]-Zeiten sind sehr
unterschiedlich. Eine Unterstützung politischer Prozesse braucht Beziehung und langfristige Begleitung. Ein Ende ist da nicht planbar. Der
Assistenzialismus denkt lediglich in kurzfristigen Ergebnissen.

---

123 Der Begriff wurde vom Befreiungstheologen Paulo Freire geprägt, um eine
    klassische karitative Armenfürsorge zu kritisieren, die unpolitisch und kon-
    textlos agiert.

Viele Internationale sagen, dass sie müde sind, in Haiti zu arbeiten.
Sie wollen Projekte in einer bestimmten Frist und mit einer bestimmten Agenda abwickeln. Die Zeit für ein solches Vorgehen ist abgelaufen.

Ist die Entwicklung in Haiti eine Art Weltparadigma, an dem das Wesen vieler Konflikte deutlich wird?
Da bin ich mir sicher. Was sehen wir hier: Die Haitianer lehnen ihre Eliten ab, die vom internationalen System getragen und eingesetzt wurden. Sie lehnen sie ab, weil sie unter dem inneren Kolonialismus leiden, den wir hier tagtäglich erleben. Bei den Wahlen 2015 gab es eine sehr niedrige Wahlbeteiligung. Viele aus dem Ausland fragten mich verwundert, warum die Menschen nicht wählen gehen. Wahlen sind aber lediglich Teil einer Entwicklungsagenda, die die Haitianerinnen und Haitianer selbst keineswegs kontrollieren. Dasselbe mit den Erdbebengeldern: 16 Milliarden US-Dollar – wo sind sie geblieben? Die Menschen mussten ihr Leben ohne dieses Geld neu organisieren. Und deshalb gibt es jetzt den Widerstand. Wir als NGOs müssen uns unserer Privilegien und unserer höheren Bildung bewusst sein. Wir können nicht den Anspruch erheben, als wüssten wir, was die Leute tun sollten. Die Menschen wissen, was sie brauchen. Wir können ihnen nicht unsere Visionen, Vorstellungen und Projekte aufzwingen.

Für ein solches Vorgehen ist es aber sehr schwer, öffentliche Gelder aus den USA oder Europa zu bekommen.
Die Beziehungen der Hilfsorganisationen und ihrer Vertreter zu den Menschen, die sie häufig als *Beneficiaries*, als Begünstigte bezeichnen, ist auf eine falsche Weise professionalisiert. Professionalität besteht heute darin, gute Projekte oder aufschlussreiche Berichte für die Geber zu schreiben, und nicht in guten Beziehungen zu denen, die Unterstützung benötigen. Ein solches Handeln dreht sich nicht um die Lebensnöte der Menschen.

Was machen Sie anders?
Ich mache kein Projekt. Ich versuche zu verstehen, was passiert. Wir können Unterstützung beispielsweise im Bereich der Landwirtschaft oder im informellen Sektor leisten, aber wir können nicht vorschreiben, in welche Richtung Menschen sich entwickeln müssen. Es ist in Haiti

beispielsweise sehr schwer, haitianische Landwirtschaftsprodukte zu bekommen. Sie kennen Artibonite und die Zerstörung der Reisproduktion durch die neoliberale Deregulierung der haitianischen Landwirtschaft. Damit wurde das ganze Lebenssystem vor Ort und die Ernährungskultur zerstört und verändert. Es würde also darum gehen, den Reis für den Reisbedarf in Haiti wieder selbst anzubauen. Es geht nicht darum, Exportprodukte zu produzieren, was Präsident Jovenel Moïse mit seinen Bananen für den Export nach Deutschland nicht sehr erfolgreich gemacht hat, was ihn aber als kompetenten Präsidenten ausweisen sollte. Und das alles, während wir billige Bananen aus der Dominikanischen Republik importieren. Wir könnten die Ökonomie hier dynamisieren, indem wir die haitianische Landwirtschaft und den Verkauf ihrer Produkte zur ökonomischen Priorität machen.

Ist die haitianische Bourgeosie, die wesentlich vom Handel lebt, ein Hindernis oder eine Hilfe?

Ich würde sie nicht als haitianische Bourgeosie bezeichnen. Sie nutzen nur das Territorium, um hier Kapital zu akkumulieren. Sie kontrollieren das Territorium und den Staat, aber sie fühlen sich nicht für die Bewohnerinnen und Bewohnern verantwortlich. Sie investieren nicht im Land. Sie beschäftigen sich nur mit Im- und Export. Sie kontrollieren die Steuern, um keine zu bezahlen. Das ist keine Bourgeosie, die sich für das Land auch nur ein bisschen interessiert. Sie sollten deshalb überhaupt nicht bei der künftigen Gestaltung von Haiti mitreden. Das sollten die anderen 95 Prozent der Mittelschicht und aus den populären und marginalisierten Schichten machen. Haiti zu verändern ist eine Aufgabe aller Menschen und nicht die einer Minderheit. Diese Minderheit ist zwar offiziell in der Lage, Kreol, die Sprache der übergroßen Mehrheit, zu sprechen, aber in ihrem Privatleben ist Kreol verboten. Auch Voodoo ist verboten. Daran sieht man, dass sie dieses Territorium nur benutzen, aber sie betrachten sich nicht als Teil von Haiti.

Sehen das die jungen Aktivistinnen und Aktivisten ähnlich?

Natürlich, das ist das Ergebnis unsere Diskussionen hier in den letzten zwei Jahren. Ich bin kürzlich von Pierre Esperance[124] zum ökonomischen Forum eingeladen worden. Dort trifft sich der private Sektor auch hin

---

124 Direktor der Menschenrechtsorganisation RNDDH.

und wieder mit Menschen wie mir oder anderen Aktivisten der Petro-caribe-Challenge. Ich habe ihnen gesagt, dass ich mich sehr wundere, dass sie nun Angst um den Zustand im Land äußern, in dem sie sich die ganze Zeit so aufführen. Sie rufen uns, um sich zu beschweren. Wir brauchen andere Räume, um eine gemeinsame Vision zu entwickeln. Seit der Gründung unserer Republik fehlt dieser gemeinsame Gesellschafts-vertrag. Haiti besteht aus zwei Ländern auf einem Territorium und das ist die Basis der anhaltenden Konflikte: Schaffen wir einen Ort, an dem die Menschen leben können, oder ist dies nur ein Ort, von dem aus exportiert wird? Wir brauchen keine Fünf-Sterne-Hotels in Pétionville, die nur für Menschen aus anderen Ländern sind. Wir müssen unseren Wert und unsere Würde verstehen. Dazu gehört, haitianische Lebens-mittel zu bezahlbaren Preisen zur Verfügung zu stellen und Menschen fair zu bezahlen und nicht als billigste Arbeitskraft zu missbrauchen. Dafür braucht es – wie gesagt – einen Systemwechsel. Das ist eine riesige Herausforderung, denn es geht nicht nur um den haitianischen Staat und dessen Bourgeosie. Das betrifft auch die internationale Gemeinschaft. Diese drei Faktoren zusammen agieren als eine koloniale Gemeinschaft. Es geht um Gerechtigkeit, soziale Gleichheit, um die Abschaffung dieses räuberischen Staates und das Ende der internationalen Einmischung. Die Menschen wollen eine Zukunft außerhalb dieser kolonialen Bezie-hungen.

Haitianische Renaissance

Epilog

Eine neue Runde
der postkolonialen Emanzipation

Von Katja Maurer

»Die Tradition der Unterdrückten belehrt uns darüber, daß der ›Ausnahmezustand‹, in dem wir leben, die Regel ist. Wir müssen zu einem Begriff der Geschichte kommen, der dem entspricht. Dann wird uns als unsere Aufgabe die Herbeiführung des wirklichen Ausnahmezustands vor Augen stehen.«
Walter Benjamin[125]

Eines der beliebtesten Urlaubsziele der weltweiten Mittelschicht, insbesondere der deutschen, ist die Dominikanische Republik. Laut Statista stieg die Zahl deutscher Reisender von 183.000 im Jahr 2011 – als Port-au-Prince noch in Trümmern lag – auf 265.000 im Jahr 2017. Im Schnitt kostet eine Woche »all inclusive«, also auch mit Zehn-Stunden-Flug ins karibische Paradies, 1.000 Euro pro Person. Das rechnet sich für die Tourismusindustrie auch deshalb, weil die haitianische Arbeitskraft, die den Bauboom der Ressorts für Touristen genauso wie deren Versorgung gewährleistet, systematisch unterbezahlt, entrechtet und ausgebeutet wird. Die Nutznießer dieses System kommen mit einem Bild aus den Touristenressorts zurück, das diese Tatsache konsequent ausblendet. Zurück aus der »Domrep« erzählen sie vergnügt von einer prosperierenden Dominikanischen Republik und einem leidenden und bemitleidenswerten Haiti. »Die Haitianer kommen einfach nicht auf die Füße«, heißt ein Satz, der einem auch im eigenen Bekanntenkreis immer wieder begegnet. Der palästinensische Dichter Mourid Barghouti nannte das einmal: die Geschichte mit »Zweitens« beginnen. Damit stelle man die Welt auf den Kopf. Die Armutserzählung über Haiti ist genau ein solcher Fall. » Was am Anfang dieser Geschichte steht, ist den meisten – selbst den Aufgeklärtesten – nicht bekannt. Es ist eine Form der systematischen Ignoranz.

---

125 Walter Benjamin (2007): *Kairos,* Frankfurt a.M., S. 317.

Haitianische Renaissance beginnt mit »Erstens«. Also mit dem Sklavenhandel und dem Widerstand der Versklavten. Auch andere beginnen,
diesen Anfang zu reflektieren. So startete die *The New York Times (NYT)*
im August 2019 das »1619/Projekt«. Anlass war der 400. Jahrestag, da
zum ersten Mal ein Sklavenschiff in der damaligen englischen Kolonie
Virginia eintraf. Es gehe darum, »endlich unsere Geschichte wahrhaf-
tig zu erzählen.« Kein Aspekt des Landes, das im Entstehen begriffen
war, bleibe unberührt von den Jahren der Sklaverei. Die *NYT* widmet
sich unter anderem solchen Themen: die Gewalt des Kapitalismus, die
in den Plantagen ihren Ausgang nimmt; die Fortdauer der rassistischen
Erzählung in der Medizin; die Annahme, dass die einen (die Weißen)
mehr Macht verdienten als die anderen (die Schwarzen).[126] Auch der
französische Ökonom und Bestsellerautor Thomas Piketty beschäftigt
sich in seinem jüngsten Buch[127] mit der Frage, wie eine Erzählung, eine
Ideologie der quasi legitimen Ungleichheit die notwendige Voraussetzung dafür ist, sie als »verdient« oder »leistungsgerecht« aufrechtzuerhalten.

Wie der Tourist seinen kolonialen Blick bewahrt

Wer verstehen will, wie sich eine solche Ideologie immer weitererzählt,
ist dafür in der Dominikanischen Republik gut aufgehoben. Die Tatsache, dass Christoph Kolumbus auf der Insel Hispaniola zum ersten
Mal den Boden der Neuen Welt berührte, ist ein Geschenk für das Tou-
rismusmarketing. Dabei ist die Erzählweise interessant. Die Straßen
des kolonialen Viertels mit seiner Aura des »Hier-beginnt-Alles« sind
hübsch hergerichtet und mit vielen Denkmälern für die ersten Koloni-
satorinnen und Kolonisatoren versehen, natürlich nur die, die adeliger
Abstammung waren. Während man sicher früher ohne Hinweis auf
die blutige Seite der Kolonisation auskam, werden heute vermeintlich nur die geehrt, die eine barmherzige Seite für die Indigenen oder
die schwarzen Sklaven aufweisen. Die üppigen Museen der Kolonialgeschichte in Santo Domingo sparen die Vernichtung der Tainos, der
ursprünglichen Bevölkerung der Insel, nicht aus, letztlich aber bewahren sie den Blick der Siedler. Ganz nach dem Geschmack der Touristen werden Geschichten erzählt, die eher dem Hollywood-Streifen

---

126 https://www.nytimes.com/column/1619-project (zuletzt gesehen 15.2.2020).
127 Vgl. Thomas Piketty (2020): *Kapital und Ideologie*, München.

Fluch der Karibik entstammen könnten als einer kritischen Reflexion der Kolonialgeschichte. Dabei werden durchaus die Maschinen – Folterwerkzeugen gleich - ausgestellt, mit denen die Sklaven den Zucker aus dem Zuckerrohr gewannen. Die bunten Perlen, gegen die die Tainos ihr Gold angeblich austauschten, liegen hinter einer Glasvitrine. Die Betrachtenden in bunten Shorts und Flipflops stehen davor und wundern sich über die »Naivität« der Ureinwohner. Wieder so eine Single-Story. Dabei erfährt man sogar im deutschen Wikipedia-Eintrag über die Tainos mehr als im Museum in Santo Domingo, das ausschließlich Touristen besuchen.[128] Wer später noch die Strandpromenade der dominikanischen Hauptstadt entlanggeht, die neben einer unüberwindlichen vierspurigen Schnellstraße entlangführt und außer schlechter Luft und verschmutztem Meer wenig Idyllisches zu bieten hat, wird dort wieder von einer zweifelhaften postkolonialen Erzählung eingeholt. Es reiht sich Denkmal an Denkmal. Männerköpfe. Eine pathetisch-militärische Historiografie männlicher Helden. Viele, im Zweifel diktatorische Herrscher haben die nationale Identität der Dominikanischen Republik geprägt. Diese Denkmäler verstellen den Blick auf eine andere Möglichkeit der Dominikanischen Republik auch im Zusammengehen mit seinem Nachbarland. So tief und unerschütterlich diese Denkmäler in den Boden gerammt scheinen, ihr Sturz könnte überraschend erfolgen. Bei den Protestbewegungen in Chile, Kolumbien oder Ecuador im Jahr 2019 wurden gerade diese Symbole einer postkolonialen weißen Elite, die eine Unabhängigkeit ohne Freiheit und ohne soziale Gerechtigkeit erreicht hat, angegriffen und symbolisch gestürzt. In den Köpfen der Touristen jedoch zementieren sie ein Dominanzdenken, das zur Rechtfertigung der eigenen Privilegien dient.

Kontinuität der Kolonialität

Für die argentinische Anthropologin Rita Segato, eine der bedeutendsten Vordenkerinnen der wie nie zuvor erstarkten Frauenbewegung in Lateinamerika, sind diese postkolonialen Konstrukte »falsch gegründete Republiken«. Sie zieht deshalb den Begriff des Postkolonialismus in Zweifel, da es nach wie vor um eine Dekolonisierung der unabhän-

---

128 Nur einer der Kaziken war nämlich bereit, sein Gold den Spaniern gegen Perlen zu überlassen, alle anderen wurden auf grausame Weise u.a. mit Hinrichtungen zur Abgabe gezwungen.

gigen Staaten gehe. Ähnlich wie Nixon Boumba (siehe Kapitel 9) sieht sie die lokalen Eliten in der Kontinuität der Kolonialverwaltungen, die das Territorium, die Völker und Ressourcen für ein Wohl außerhalb verwaltet und ausgebeutet haben.

Während sich in der Dominikanischen Republik der autoritäre Staat zeigt, ist in Haiti die Abwesenheit des Staates sein auffallendes Charakteristikum. Er überlässt wie in vielen Zonen Mittelamerikas der Parastaatlichkeit das Feld, in der es ebenfalls Normen und Formen der Kontrolle gibt. Für Rita Segato gehört der doppelte Staat, bestehend aus Staatlichkeit und Parastaatlichkeit, zu den Folgen des Kolonialismus und der nicht zu Ende gebrachten Befreiung. Deshalb kann es nicht verwundern, dass sich im nominell reichsten Land Lateinamerikas, in Chile, und im ärmsten, in Haiti, die Kritik auf so fundamentale Weise gegen die gesamte ökonomische Elite und ihre politische Repräsentanz richtet. Es wird eine gänzlich andere Form von Staatlichkeit gefordert, in der das Gemeinwohl gesichert statt zugunsten privater Interessen enteignet wird. In den Auseinandersetzungen in Haiti hat es zu erheblicher Empörung geführt, dass internationale Organisationen wieder eine »humanitäre Krise« ausgerufen haben, obwohl es sich doch um einen zutiefst politischen Konflikt handelt, für den die Protestierenden, die eine überwältigende Mehrheit repräsentieren, erhebliche ökonomische Unbill in Kauf nehmen. Dass ihre Forderungen geradezu utopische sind, schreckt die Bewegungen nicht ab, das beweist die Dauerhaftigkeit ihres Aufbegehrens.[129]

Wider die Singularisierung

Warum nun dieser Exkurs in die lateinamerikanischen Debatten, aus denen Haiti aufgrund seiner Sprachen und auch seiner Geschichte häufig ausgenommen wird? Die Singularisierung Haitis gehört zu

---

129 Rita Segato übt übrigens auch scharfe Kritik an den Linksregierungen: »Das politische Territorium des Staates beherrschen jedoch Allianzen und Netzwerke. Die Politik der progressiven Regierungen hat sich in enormer Geschwindigkeit desideologisiert und ebenfalls in ein Territorium von Allianzen verwandelt, aus linken Politikern wurde ein Netzwerk von Managern und Freunden. Verheerend war zudem der sogenannte demokratische Vertikalismus: In allen progressiven Regierungen wurden abweichende Meinungen ausgeschlossen, nirgendwo durften Zweifel geäußert werden.« Vgl. Segato-Interview medico-rundschreiben 3/2019.

den fundamentalen Bestandteilen der meritokratischen Ideologie, wie Piketty sie angreift. Das erste Land, das das koloniale Joch abwarf und scheiterte, ist in dieser Ideologie ein ultimativer Beweis für das Recht auf Überlegenheit. Kontextualisiert man Haiti in die postkolonialen Erfahrungen, unabhängig von den konkreten historischen Umständen, die allein schon widerlegen, dass die Befreiungsidee an sich selbst gescheitert ist, zeigt sich das Systematische: die Zementierung des Kolonialismus in nachkolonialen Zeiten.

Der Humanitarismus

Wir haben uns in diesem Buch ausführlich mit dem Erdbeben und seiner Bewältigung auseinandergesetzt. Die Krisenbewältigung war ein paradigmatisches Ereignis, weil es die herrschenden globalen Governance-Strukturen und ihre Unhaltbarkeit offengelegt hat. Diese Strukturen, bestehend aus UNO, Geberländern, internationalen Nichtregierungsorganisationen, haben sich in der Gesamtschau weder als lernfähig noch als rechenschaftspflichtig erwiesen. Die organisierte Verantwortungslosigkeit der internationalen Strukturen geht einher mit der Macht, eine einzige Geschichte zu erzählen, die in erster Linie der haitianischen Regierung Staatsversagen vorwirft. Diese Ideologie verfügt dabei über einen umfassenden Einfluss. Angefangen von der internationalen Presse, die, wie das »Center for Humanitarian Action« in seiner Zehn-Jahres-Bilanz schreibt, so gut wie nie offizielle haitianische Vertreterinnen und Vertreter interviewt haben.[130] Selbst Premierminister Max Bellerive war ein seltener Gast internationaler Medien. Dass zu dieser Anmaßung westlicher Mächte, darunter einige mit kolonialer und neokolonialer Vergangenheit gegenüber Haiti, sogar ein Putschversuch gegen den damaligen haitianischen Präsidenten Préval zählt, wirft ein Schlaglicht auf diese unerhörte Ideologie der Überlegenheit, die alle Beteiligten nach dem Erdbeben erfasst hatte. Der brasilianische OAS-Repräsentant, Ricardo Seitenfus, der den Coup verhinderte, um wenige Tage später umgehend von seinem Posten entbunden zu werden, ist der Kronzeuge dieses Ereignisses (vgl. S. 129). Er ist wie alle, die solche Ereignisse leaken, ein einsamer Rufer. In diesem Versuch, den anschließenden in den USA beschlossenen Wahlfälschungen und

---

130 Vgl. »Haiti: Ten Years after douz Janvye«, https://www.chaberlin.org/en/publications/haiti-ten-years-after-douz-janvye-2/ (zuletzt gesehen 22.2.2020).

der beispiellosen Gefolgschaft durch alle anderen Länder der Core-Group, der heimlichen Macht in Haiti, offenbart sich ein tiefer Bruch, den die »Weltgemeinschaft« an den von ihr postulierten Werten im Post-Erdbeben-Haiti vollzogen hat: Völkerrecht und Demokratie sind hier nur noch Etiketten, die die interessensgeleitete Politik der jeweiligen Akteure verhüllen. Und das heißt, dass das Interesse, den Haitianerinnen und Haitianern eine adäquate und würdevolle Hilfe zur Selbsthilfe zukommen zu lassen, unbedeutend war im Vergleich mit allen anderen Interessen: Geostrategie, Sicherheit (Angst vor Migration), gute Sichtbarkeit für die einheimische Presse, schnelle Abwicklung von Projekten für Geber und Spender. Die humanitäre Intervention in Haiti hat die Ungleichheiten, die man eigentlich mindern wollte, noch verschärft.

Der italienische Philosoph Giorgio Agamben beschäftigte sich bereits 2002 in seinem Buch *Homo sacer* mit der Frage, das »Lager« »nicht als eine historische Tatsache und eine Anomalie anzusehen, […] sondern in gewisser Weise als verborgene Matrix, als *nómos* des politischen Raumes, in dem wir heute noch leben«.[131] Anderthalb Millionen Menschen befanden sich nach dem Erdbeben in IDP-Lagern (Internal Desplaced, intern Vertrieben). Sie waren vom »Wesen her eine zeitliche Aufhebung der Rechtsordnung«. In dem Moment aber, als die Auflösung der Lager nur um den Preis der Schaffung neuer Räume außerhalb des Gesetzes, ohne Repräsentanz und eine Lebensperspektive in städtischen Elendszone wie Canaan möglich wurde, muss man, wenn nicht von »Lager«, so doch davon sprechen, dass der internationale Staat in Form der Global Governance das »nackte Leben« wegverwaltet hat. Die Menschen in den IDP-Lagern waren in ihren Augen nichts als ein unbeschriebenes Blatt, ohne soziale Bezüge, Familien, Bildung, Kenntnisse, Überlebenstechniken. Sie wurden zu Überflüssigen gemacht, die im Niemandsland angesiedelt werden konnten. In diesen Zonen ist der Ausnahmezustand die Regel. Und dies ist nicht Ergebnis eines fehlgeleiteten Parastaates, sondern des globalen Staates. Das Lager als »entortende Verortung«, wie Agamben schreibt, sei die verborgene Matrix der Politik, »die wir durch alle Metamorphosen hindurch zu erkennen lernen müssen«. »Es ist das vierte unablösbare Element, das zur alten Trinität von Staat, Nation (Geburt) und Territorium hinzugekommen ist und sie aufgesprengt hat.« Die nach dem Erdbeben geschaffenen Zonen der als überflüssig Betrachteten sind nicht die ersten

---

131 Giorgio Agamben (2002): *Homo Sacer*, Frankfurt a. M., S. 175.

Orte, auf die Agambens Beschreibung zutrifft, und werden nicht die letzten sein. Aber die Dimension des Scheiterns von »besser wiederaufbauen« hin zu der Errichtung von Zonen des permanenten Ausnahmezustandes und Ausschlusses gilt es sich zu vergegenwärtigen.

Der vielleicht tiefste Bruch, der sich in Haiti nach dem Erdbeben ereignet hat, ist das Scheitern des universalen Pragmatismus, der jedes alternative Denken ersetzen sollte. Er behauptete von sich, durch fortlaufende methodische Verbesserungen in der Praxis eine zielführende Verbesserung der Lebensumstände von auf Hilfe angewiesenen Menschen erreichen zu können. Dieser Pragmatismus sollte in der Nach-Kalter-Krieg-Ordnung der Weg sein, den universellen Anspruch der Menschenrechte mit dem neoliberalen Kapitalismus auszusöhnen. In Haiti wollte das Empire den ultimativen Beweis dafür liefern, und hat das Gegenteil offenkundig gemacht. Wenn man von einer globalen Öffentlichkeit redet, die Spiegel für ein globales, offenkundig zutiefst vermachtetes Bewusstsein ist, muss man schlussfolgern, dass dieses Bewusstsein sein eigenes Scheitern in pathologischer Weise ausgeblendet hat.

Condition nigra und die Produktion von Gleichgültigkeit

Der kamerunische Philosoph Achille Mbembe schrieb in *Kritik der schwarzen Vernunft*, dass der Neoliberalismus am Anfang des 21. Jahrhunderts die Privatisierung der Welt unter seiner Ägide eingeleitet hätte. Es handele sich dabei um den Versuch, die »Welt auf der Basis der Unternehmenslogik zu rationalisieren«. Diese Entwicklung sei gekennzeichnet »durch die Produktion von Gleichgültigkeit, die erzwungene Kodierung des sozialen Lebens in Normen, Kategorien und Zahlen«. Was das in der Abwicklung von Hilfe bedeutet, ließ sich in der humanitären Intervention nach dem Erdbeben in aller Schärfe beobachten. Mbembe legt allerdings Wert darauf, dass die *condition nigra*, wie sie durch die Sklaverei geschaffen wurde, nun tendenziell für alle Subalternen gilt. Er spricht vom »Schwarzwerden der Welt«: »Es gibt nun keine Arbeitenden als solche mehr. Es gibt nur noch Arbeitsnomaden. Während es gestern noch die Tragödie des Subjekts war, vom Kapital ausgebeutet zu werden, ist es heute die Tragödie der Vielen, nicht mehr ausgebeutet zu werden und einer ›überflüssigen Menschheit‹ zugewiesen zu werden. Mbembe überträgt die Erfahrungen und die Kategorien aus der Sklaverei auf die neoliberal geprägte, sich in einem asymmetrischen Kriegszustand bewegende Weltgesellschaft, in der das Universelle nach wie vor durch die »westliche Zivilisation« repräsentiert wird, die – und sei es unbewusst – auf das eingeübte rassistische Subjekt zurückgreift. Die Situation in Haiti, dem in der gegenwärtigen Weltökonomie nur der Platz eines Arbeitskräftereservoirs unter immer weiter entrechteten Bedingungen zugewiesen wird, und das nicht erst seit der humanitären Intervention nach dem Erdbeben, ist somit ein Zerrspiegel unserer asymmetrischen Welt und keineswegs ein Problem postkolonialen Scheiterns.

Universelle Menschenrechte und Dekolonisierung

Jeder, der sich mit Haiti beschäftigt, steht indes vor der fundamentalen Frage, warum die Menschenrechte, die die Französische Revolution proklamierte, die aber erst einen universellen Anspruch durch die Haitianische Revolution erlangten, in Haiti zugleich ihr größtes Scheitern erleben? Ja, schlimmer noch: Der Missbrauch der revolutionären Ideale durch eine kleine räuberische Elite, die sich auf sie beruft, um die eigene Herrschaft zu legitimieren, hat sie in den Augen der um ihre Emanzipation Kämpfenden ebenfalls in Verruf gebracht. Solange der Westen sich als Repräsentant ihrer Universalisierung ausgibt und sie sich lokale Profiteure eines räuberischen Kapitalismus aneignen, bleiben die Menschenrechte eine schwierige Bezugsgröße für eine neue Runde des postkolonialen Emanzipationskampfes. Und doch sind sie das einzig verbliebene universelle Projekt, das den Rahmen für eine gemeinsame Sittlichkeit abstecken könnte. Nur sie können sich der kapitalistischen Verwandlung des Menschen in Humankapital, Schuldner oder Arbeitsnomade entgegenstellen. Mit den Worten Mbembes: »Das Projekt einer gemeinsamen, auf dem Prinzip der Gleichheit der Anteile und der fundamentalen Einheit des Menschengeschlechts basierende Welt ist ein universelles Projekt.«[132]

Eingedenk ihres Missbrauches geht es also darum, die Menschenrechte nicht nur als Testament der Revolutionsgeschichte zu begreifen, sondern ein Verständnis von ihnen zu entwickeln, die ihre Instrumentalisierung erschwert. Dieses Buch ist entstanden, um aus der postkolonialen Geschichte Haitis zu begreifen, wie eine »Spur« (Éduard Glissant) in eine andere Zukunft mit der Universalität der Menschenrechte als Norm und

---

132 Achille Mbembe (2014), *Kritik der schwarzen Vernunft*, Berlin, S. 322.

Horizont und wie der Beginn einer anderen Politik aussehen könnte.

Bruch mit dem neokolonialen Prinzip

Wenn die Weltungleichheit systematisch durch eine Ideologie des »verdienten« Privilegs zementiert wird und sich in den ehemaligen Kolonien reproduziert, braucht es Zeichen, die den Bruch mit diesem neokolonialen Prinzip verkörpern. Die Debatte um die Rückgabe der in den Kolonien geraubten Kulturgüter – führt sie denn zur tatsächlichen massiven Rückgabe der Artefakte – könnte als ein solches dienen. Die naheliegende Forderung, dass die unrechtmäßig vom befreiten Haiti eingeforderten Gelder für entgangene Sklavenarbeit mit Zins und Zinseszins von Frankreich und den Banken, die daran verdienten, zurückgezahlt werden muss, ist in diesem Sinne nicht nur ein Zeichen, sie ist überaus legitim.[133] Diese Gelder sind wie die Artefakte Teil der großen Schuld, die die ehemaligen Kolonialmächte gegenüber ihren ehemaligen Kolonien abzutragen haben. Bedingungslose Rückzahlung und Rückgabe sind die Voraussetzung für eine nötige andere globale Politik. Die Zeiten sind reif dafür. Nicht nur in Haiti gibt es eine relevante gesellschaftliche Strömung, die sich längst Demokratie und Menschenrechte zu eigen gemacht und ihnen zugleich einen verwandelten Sinn zugeschrieben hat. Wie Rückgaben und Rückzahlungen verwendet und verwaltet werden, ist Teil eines Aushandlungsprozesses, der diesen Strömungen überlassen bleibt. Wenn wir Freiheit, Gleichheit, Geschwisterlichkeit als gemeinsames Fundament denken, wäre dies ein großer Schritt in das Offene, in das nicht zu Kontrollierende, ein Quantensprung in der Dekolonisierung unseres Denkens in den privilegierten Zonen.

Das Ende der Grenzen

Haiti ist wie kein anderes Land ein Beispiel dafür, wie die freiwillige und erzwungene Migration neue Formen des Nationalen jenseits des Territorialen schafft. Eine grenzüberschreitende Infrastruktur existiert auf einer privatwirtschaftlichen Basis, im Gesundheitswesen beispielsweise. Schulbücher in Kreol zur Alphabetisierung von Kindern haitianischer Herkunft werden auch an Universitäten in New York und

---

133 Zum ersten Mal erhoben hat diese Forderung der damalige Präsident Artistide 2004. Über seine Gründe kann man spekulieren. Aber es dauerte nur wenige Wochen und er wurde abgesetzt, pikanterweise unter Beteiligung Frankreichs.

Montreal entwickelt. Eine nationale Identität existiert grenzüberschreitend. Sie manifestiert sich politisch auch in der Petrocaribe-Bewegung, die im Buch immer wieder erwähnt wird. Die nationale Herkunft ist notwendigerweise in Haiti eine kreolische, ein Ineinandergreifen verschiedener Wurzeln; und das Herausbilden einer nationalen Identität besteht in der Berufung auf die Revolution von 1804.

Eine neue UNO

Für die anstehende neue Runde in der Auseinandersetzung um postkoloniale Befreiung, die sich nicht nur gegen die alten Kolonialmächte richtet, sondern auch eine Auseinandersetzung mit den verbliebenen kolonialen Strukturen in den jeweiligen Ländern ist, bedarf es erneuerter globaler Strukturen. Das Ende des Nationalstaates ist ökonomisch längst eingeläutet. Und mit Migration und Diversität spiegelt sich das in den meisten Ländern auch selbst wider. Haiti kann seine Probleme nicht allein aus sich selbst heraus lösen, nicht einmal wenn die Diaspora einbezogen wird. Schon jetzt sind die Rücküberweisungen eine der wichtigsten Einnahmequellen für Haiti. Es kann aber den ihm weltökonomisch zugewiesenen Platz nicht verlassen, ohne dass sich Spuren einer anderen globalen Ordnung zeigen. Die UNO, die in Haiti eine so fatale wie schädliche Rolle gespielt hat, gehört auf den Prüfstand. Nicht nur wegen Haiti. Sie ist eine Institution, die mit der Vetomacht des Sicherheitsrates den Erfordernissen des Kalten Krieges entsprach. Die Demokratisierung der UNO, darunter die Abschaffung des Weltsicherheitsrates, wie sie unter anderem der Schweizer Soziologe und langjährige UN-Hochkommissar Jean Ziegler immer wieder fordert, wäre ein Baustein der Erneuerung. Über eine demokratische UNO und die ihr zugeordneten Institutionen müssten auch verbindliche globale Regulierungsfunktionen stattfinden: von der Bewältigung des Klimawandels, über die Einhegung einer selbstzerstörerischen kapitalistischen Ökonomie bis zur Fortsetzung eines Dekolonisierungsprozesses, der diesen Namen auch verdient. Eine demokratische UNO muss auch die globalen Asymmetrien aufzuheben suchen und ist zur Rechenschaft verpflichtet, die eben auch justiziabel zu denken ist. Die organisierte Verantwortungslosigkeit in Haiti, in der weder Cholera-Kranke noch Vergewaltigungsopfer – beides ist der UN-Militärmission vorzuwerfen – finanziell und juristisch entschädigt wurden, muss ein Ende haben, wenn die so nötige Institution ihre Glaubwürdigkeit nicht vollends verlieren will. Das gleiche gilt für die Hilfe. Sie braucht verbindliche Regeln und nicht nur freiwillige Standards. Sie muss sich im Rahmen eines Rechtes auf Hilfe bewegen, welches jedem und jeder zusteht. Ein solches Recht braucht eine Form der Einklagbarkeit. Das wäre möglicherweise auch ein Weg, um die Rechenschaftspflicht, die Hilfsorganisationen heutzutage gegenüber den Gebern und Spendern leisten, auf die Betroffenen umzuleiten. Wir brauchen globale Institutionen, Umverteilungsmechanismen, verbindliche Regeln und Formen des globalen Rechtswesens, die dem Gemeinwohl verpflichtet sind und nicht in erster Linie den jeweils eigenen – im Zweifel ökonomischen und herrschaftsorientierten Interessen. Das ist alles utopisch. Aber wenn wir Spuren in eine andere Zukunft legen wollen, dann könnten diese Utopien Richtungen andeuten.

Haiti als Ausgangspunkt

Angesichts der wenig hoffnungsvollen Situationsschilderung dieses Buches entsteht die Frage, warum das Buch den Titel *Haitianische Renaissance* trägt? Der Journalist und Buchautor Mathias Greffrath hatte sich schon 2010 mit dem Vorschlag einer »Renaissance der Renaissance« zu Wort gemeldet.[134] Er verwies auf die Entstehungsgeschichte der Renaissance, die sich »in den Freiräumen einer sich zersetzenden Welt« als das Neue zeigte – im Rückgriff auf die Menschenbilder und Philosophie der Antike. Daraus habe sich eine »windungsreiche Ablösung von religiösen Weltdeutungen und unlegitimierter Herrschaft durch Wissenschaft und Technik, durch Aufklärung und Demokratie, durch Humanismus und Sozialismus« ergeben. Aus der Sicht der kolonisierten Völker leitete die Renaissance jedoch auch den Beginn ihrer Unterwerfung ein. Wenn die Haitianische Revolution, das Ereignis war, das eine echte Universalisierung dieser Ideen einforderte, so wäre die Haitianische Renaissance auch die Erweiterung und kritischen Reflexion dieser europäischen Ideenwelt. Der sich abzeichnende Epochenbruch, dessen Ausgang wir uns in Europa nur in seiner pessimistischen Variante vorstellen können, weil Europa in Sachen Migration und Klima so profund versagt, wird eine Pluralisierung unseres Wissens, unserer Vorstellungen, und ihrer Dekolonisierung

---

134 Siehe dazu *Scheidewege*, Nr. 39 2009/2010.

verlangen.[135] Das ist die universelle Herausforderung einer Haitianischen Renaissance. Eine Spur des Weiterdenkens legte der karibische Philosoph Éduard Glissant, was Achille Mbembe später das »planetarischen Bewusstsein« nennt: »Wir müssen Maß-Unmaß nehmen an der prophetischen Vision der Vergangenheit und dem Imaginären der weltweiten Beziehung, beobachten, wie die Ausgangsbedingungen in ihren Spuren verwertet werden, mit all ihrer Unvorhersehbarkeit und jener neuen Textur, die nicht mehr Reflex des Seins ist, sondern Netzwerk der Bezüge, des Bezugs zum Anderen und zu den anderen Kulturen. Die All-Welt ist Unmaß.«[136]

---

135 Boaventura de Sousa Santos (2018): *The End of the Cognitive Empire. The coming of age of the epistemology of the south,* Duke University Press.
136 Éduard Glissant (2005): *Kultur und Identität, Ansätze einer Poetik der Vielheit,* Heidelberg, S. 64.

Haitis eigener Weg

Von Andrea Pollmeier

Widersprüche und Unterschiede bestimmen die gegenwärtige Realität Haitis. Von der Vielfalt, die das Leben in dem karibischen Staat prägt, konnten nur einzelne Schwerpunkte in den Essays und Gesprächen sichtbar gemacht werden. Doch was hoffentlich geweckt wurde, ist das Interesse an einem Land, das seinen eigenen, haitianischen Weg inmitten der Weltgemeinschaft zu entwickeln sucht.

Es gibt ein weltoffenes, international vernetztes, urbanes Leben in Haiti. Und es gibt den Bauern in der Tiefe der Provinz, der auf steinigem Grund mit den Händen sein Land bewirtschaftet. An jedem dieser Orte ist die Energie spürbar, mit der Menschen für ein gutes, den Kindern eine Zukunft gebendes Leben kämpfen.

Diese unterschiedlichen Kräfte finden gegenwärtig auf den Straßen Haitis zusammen. Vielen ist inzwischen klar geworden, dass die Unterstützung von außen zu einer massiven Fremdbestimmung geführt hat, die nicht im Sinne einer positiven Entwicklung des Landes wirksam war. Statt den Staat und seine Institutionen zu stärken, wurde er gerade auch durch die Maßnahmen von außen – oft sogar gezielt – immer schwächer gemacht.

Nicht nur die *Tödliche Hilfe* (Raoul Peck) nach dem Erdbeben oder das Bemühen der UNO, »die Macht in Haiti kalt zu stellen und die Haitianer zu Gefangenen ihrer eigenen Insel zu machen« (Ricardo Seitenfus), haben dies in jüngster Zeit gezeigt. Schon seit der Gründung Haitis hat es diese außergewöhnlich destruktive Härte gegenüber der eigenwilligen, um Autonomie ringenden Republik gegeben.

Haitis Geschichte besitzt Symbolwert. Nicht nur für die Kolonien, die sich an Haiti ein Beispiel nahmen und – Jahrzehnte später – ebenfalls gegen koloniale Unterdrückung erfolgreich Widerstand geleistet haben. Es ist auch für die Gegenseite exemplarisch. Der Fall Haiti macht die Unerbittlichkeit transparent, mit der selbst die in der Core Group zusammengeführten, befreundeten Staaten die Emanzipation der haitianischen Gesellschaft bis heute verhindern.

Diese Blockade erfolgt auf politischem und ökonomischem Weg. Selbst im Moment höchster Not, nach dem Erdbeben 2010, wird die

Haltung, ausschließlich den Gewinninteressen der eigenen Nation zu dienen, nicht verändert. Im Gegenteil. Das Beispiel der Freihandelszone Caracol und der Zehn-Jahres-Rückblick auf die Erdbebenhilfe zeigen, wie ökonomisches Kalkül das Wohl der haitianischen Bevölkerung nicht nur ignoriert, sondern oft sogar noch mehr zerstört.

Vor allem aber schockiert, dass diese Ignoranz auch bei hochrangigen Diplomaten demokratischer Staaten erkennbar wird. Der Putschversuch gegen Präsident René Préval und die anschließende Fälschung der Präsidentenwahl zeigen, wie sehr Haiti zum ferngesteuerten Spielfeld ausländischer Staaten geworden ist. Zuerst hat man, wie ökonomische Studien zeigen, die ertragreichste Kolonie der Welt, als sie unabhängig wurde, mit übermäßigen Reparationsforderungen in die Verarmung getrieben. Jetzt hält man es selbst mit illegalen Mitteln in dieser Position fest und verhindert, dass der haitianische Staat autonome, dem Wohl der eigenen Bevölkerung dienende Entscheidungen trifft.

Gegen diese Widrigkeiten kämpfen die Menschen in Haiti an. Sie tun dies immer bewusster mit der Überzeugung, dass sie ihr eigenes Wohl nur auf der Grundlage der kreolischen Kultur und Lebensweise erreichen können. Diese von den Bauern des Landes entwickelte Kultur ist als Gegenbewegung zur kolonialen Macht entstanden. Sie basiert auf der kreolischen Sprache, dem Voodoo und eigenen Ritualen. Wenn man diese fundamentalen Gegebenheiten nicht verstehe, könne man, so Yanick Lahens, Haiti nicht begreifen.

Die Gegenbewegung gegenüber ausländischer Beeinflussung und die Hinwendung zu den eigenen Wurzeln ist nicht als strikte Abschottung zu sehen. Haiti ist ein vom Handel und vom internationalen Finanztransfer geprägtes Land, dessen ländliche Bevölkerung zunehmend verarmt ist. Doch gibt es einen verstärkten Respekt gegenüber der kreolischen Lebensart. Dieser Bewusstseinswandel wird vor allem im Bereich der Sprache deutlich. Während Politiker vor 30 Jahren ihre Reden noch in französischer Sprache hielten, wenden sie sich heute öffentlich vor allem in haitianischem Kreol an die Bevölkerung. So kann auch eine im Haus arbeitende Köchin die Reden im Radio verfolgen und mit ihrer eigenen Lebenswelt in Verbindung bringen. In bürgerlichen Kreisen galt die kreolische Sprache lange als Sprache des Volkes. Heute schreiben auch international renommierte, haitianische Schriftsteller und Künstler ihre Werke teilweise auf Kreolisch und publizieren in haitianischen Verlagen. Der Unterricht in den Schulen erfolgt – trotz mangelnder Unterrichtsmaterialien – zu einem großen Teil zweisprachig. Ein Zusammenwachsen der unterschiedlichen Bevölkerungsgruppen ist so erst möglich geworden. Eine große Lücke klafft noch – wie im Buch beschrieben – im Bereich der Justiz. Das Beispiel zeigt, wie gravierend sich die sprachliche Kluft im Alltag unter anderem auf die Gerichtsbarkeit auswirkt.

Noch ist offen, in welcher Weise sich Haiti auf eine eigenständige Zukunft zu bewegt. Keinesfalls ist es das sich selbst aufgebende Land, als dass es in westlichen Medien meist sichtbar wird. Auf meine Fragen, wie ein Haiti der Zukunft entwickelt werden kann, habe ich zwar bisher keine Antwort erhalten, wie sie Ökonomen und Planungsexperten des Westens für ihre Investitionen vielleicht erwarten würden. Nach der tiefen Enttäuschung der letzten zehn Jahre ist man mit solchen Projekten vorsichtiger geworden. Jetzt müsse jedoch, so Yanick Lahens, dringend ein anderes politisches Angebot ausgearbeitet werden. Und sie ist überzeugt: »In Haiti existieren Männer und Frauen, die dazu fähig sind.«

Dank

Das Buch verdankt sich vielen Menschen hier und dort, die uns Inspiration, Begleitung, Diskussionspartner und Unterstützung waren. Ein spezieller Dank an Marie Rosy Auguste, Suzy Castor, Pierre Esperance, Anne Hamdorf, Anne Jung, Thomas Seibert.

Katja Maurer

Für die persönliche und inhaltliche Begleitung und die Nähe zur haitianischen Kultur danke ich meiner Familie.

Andrea Pollmeier

Literatur

Susan Buck-Morss (2011): *Hegel und Haiti. Für eine neue Universalgeschichte*. Berlin: Suhrkamp.

Alejo Carpentier (2004): *Das Reich von dieser Welt*. Berlin: Suhrkamp.

Suzy Castor (2018): *Le Massacre de 1937 et les relations haïtiano-dominicaines*. Port-au-Prince: C3 Éditions, collection Bohio.

Aimé Césaire (1998): *Jede Insel ist eine Witwe*. Berlin: Verlag Volk und Welt.

Ha-Joon Chang (2002): *Kicking away the ladder: development strategy in historical perspective*. Cambridge: Anthem Press.

Mike Davies (2007): *Planet der Slums*. Berlin: Assoziation A.

Laurent Dubois (2014): *Les vengeurs du Nouveau Monde: Histoire de la révolution haïtienne*. Port-au-Prince: Les Perséides.

Frantz Fanon (2015): *Schwarze Haut, weiße Masken*. Wien: Verlag Turia + Kant.

Didier Fassin (2012): *Humanitarian Reason: A Moral History of the Present*. Berkley: University of California Press.

Éduard Glissant (2005): *Kultur und Identität, Ansätze einer Poetik der Vielheit*. Heidelberg: Verlag Wunderhorn.

Simon Henochsberg (2016): *Public debt and slavery: the case of Haiti (1760-1915)*. Paris: École d´Économie de Paris. http://piketty.pse.ens.fr/files/Henochsberg2016.pdf

Fritz Alphonse Jean (2019): *Haïti, une économie de violence*. Port-au-Prince: Les Editions Pédagogie Nouvelle.

Yanick Lahens (2010): *Failles*. Paris: Sabine Wespieser Éditeur.

Yanick Lahens (2011): *Und plötzlich tut sich der Boden auf*. Zürich: Rotpunktverlag.

Yanick Lahens (2014): *Bain de Lune*. Paris: Sabine Wespieser Éditeur.

Rocio Cara Labrador (2018): *Haiti`s Troubled Path to Development*. Council on Foreign Relations, 12.3.2018, https://www.cfr.org/backgrounder/haitis-troubled-path-development.

Ferdinand Malcom (2019): *Une écologie décoloniale. Penser l'écologie depuis le monde caribéen*. Paris: Éditions du Seuil.

Achille Mbembe (2014): *Kritik der schwarzen Vernunft*. Berlin: Suhrkamp.

Julien Mérion(1998): *Le défi haïtien: re-fonder l'État à partir de la décentralisation?* Paris: L'Harmattan.

Leslie J.R. Péan (2000): *Haïti, Économie politique de la corruption. De Saint-Domingue à Haïti: 1791–1870*. Port-au-Prince: Éditions Mémoire.

Thomas Piketty (2020): *Kapital und Ideologie*. München: Beck Verlag.

Thomas Piketty (2019): *Capital et idéologie*. Paris: Éditions du Seuil.

Andrea Pollmeier (2011): *Haiti-Schwerpunkt*. https://faustkultur.de/2125-o-Haiti-Insel-der-Widersprueche.

Gaillard Roger (1990): *L'enigme haïtienne. Kapitel 5. L'occupation américaine comme conséquence de l'effondrement de l'État haïtien (1915-1934)*. Port-au-Prince: Henri Deschamps.

Saskia Sassen (2015): *Ausgrenzungen. Brutalität und Komplexität in der globalen Wirtschaft*. Frankfurt a.M.: Fischer.

Mark Schuller (2016): *Humanitarian Aftershocks in Haiti*. New Jersey: Rutgers Univ. Pr.

Ricardo Seitenfus (2018): *Les Nations Unies et le choléra en Haïti : coupables mais non responsables*? Port-au-Prince: C3 Éditions.

Ricardo Seitenfus (2019 : *L'échec de l'aide internationale à Haïti : dilemmes et égarements*. Port-au-Prince: C3 Éditions.

Michel-Rolph Trouillot (1995): *Silencing the Past*. Boston: Beacon.

Gary Victor (2017): *Suff und Sühne. Kriminalroman*. Trier: Litradukt.

Michael Zeuske (1991/2013): *Die vergessene Revolution: Haiti und Deutschland in der ersten Hälfte des 19. Jahrhunderts. Aspekte deutscher Politik und Ökonomie in Westindien*. Berlin: Walter de Gruyter.

Biografien

Nixon Boumba ist ein Menschenrechtsaktivist und stammt aus einer Bauernfamilie. Insbesondere seit dem Erdbeben ist er in vielen Bewegungen aktiv, die sich gegen unrechtmäßige Vertreibung von Bauern wendet, deren Grundstücke von Minen- oder Tourismusunternehmen beansprucht werden. Er vertritt in Haiti den American Jewish World Service.

Angénor Brutus ist Interimsvorsitzender der Organisation für Geflüchtete GARR (Unterstützungsgruppe für Repatriierte und Geflüchtete). Er ist dort seit vielen Jahren tätig und ein ausgewiesener Kenner der Situation von Haitianern und Dominikanern mit haitianischen Wurzeln in der Dominikanischen Republik.

Suzy Castor, geb. 1936 in Haiti, ist Historikerin und war lange an der renommierten Universität UNAM in Mexiko Stadt als Professorin tätig. Sie gilt als die Grand Dame der sozialen Bewegungen in Haiti und hat mehrere wissenschaftliche Bücher zur haitianischen Geschichte verfasst.

Fritz Alphonse Jean, geb. 1956 in Cap Haitien, ist Ökonom. Er war u.a. Gouverneur der Banque de la République d'Haïti, Dekan der Fakultät für Wirtschafts- und Politikwissenschaften der Universität Notre Dame d'Haïti und Ex-Präsident der Handelskammer des Nordostens. Zurzeit leitet er ein Institut zur Beobachtung der öffentlichen Hand.

Yanick Lahens, geb. 1953 in Haiti, zählt zur kritisch-intellektuellen Elite Haitis und engagiert sich bis heute in führenden gesellschaftspolitischen Initiativen des Landes. Für ihren Roman *Bain de Lune* wurde die international renommierte Autorin 2014 in Frankreich mit dem Prix Femina ausgezeichnet. Im März 2019 war sie erste Gastdozentin des neu errichteten Lehrstuhls zur Frankophonie am Collège de France in Paris.

Katja Maurer, geb. 1957 in Frankfurt am Main ist Übersetzerin und Journalistin. Sie war jahrelang Leiterin der Öffentlichkeitsarbeit der Hilfs- und Menschenrechtsorganisation medico international. Sie ist heute Chefredakteurin der entwicklungspolitischen Vierteljahreszeitschrift *rundschreiben*, die von medico herausgegeben wird. Außerdem publiziert und bloggt sie regelmäßig zu verschiedenen internationalen Themen.

Julien Mérion ist Professor für Politikwissenschaften an der Université des Antilles in Pointe-à-Pitre, Guadeloupe. Als Präsident der Vereinigung CO.RE.CA (Contacts et Recherches Caraïbes. 1998 publizierte er die Studie *Le défi haïtien : re-fonder l'État à partir de la décentralisation?* über die staatliche Verfassung und Möglichkeiten der Dezentralisierung.

Raoul Peck wurde 1953 in Port-au-Prince geboren. Er studierte Ökonomie und Ingenieurwissenschaften in Berlin, arbeitete dort 1980 bis 1985 als Journalist und Fotograf und schloss zudem 1988 eine Ausbildung zum Filmemacher an der Deutschen Film- und Fernsehakademie Berlin (DFFB) ab. Nach einer Professur in New York (1994/95) war er 1996 bis 1997 Kulturminister der Republik Haiti. Seit 2000 ist Peck Präsident der »Commission d´Aide au Cinéma Fonds Sud« und lebt in Paris. Er war Mitglied der Internationalen Jury der Berlinale 2002 und 2012 Teil der Wettbewerbsjury der 65. Internationalen Filmfestspiele von Cannes.

Andrea Pollmeier, geb. 1960 in Dortmund, ist Autorin und Kulturjournalistin. Seit Ende der Duvalier-Diktatur hat sie regelmäßig in Haiti recherchiert und im Onlinemagazin *Faust-Kultur* den Themenschwerpunkt »Haiti« aufgebaut. Sie lebt in Frankfurt am Main und schreibt als freie Autorin u.a. für das Feuilleton der *Frankfurter Rundschau.*

Aïda Roumer, geb. 1993 in Frankfurt am Main, studierte Economics and Development Studies und Political Economy of Development an der School of Oriental and African Studies in London. Im Anschluss arbeitete sie für das britische Entwicklungsministerium und als wissenschaftliche Hilfskraft für diverse Forschungseinrichtungen. Zurzeit promoviert sie am Lehrstuhl für Politische Ökonomie an der Goethe-Universität Frankfurt über die Grenzbeziehungen zwischen Haiti und der Dominikanischen Republik.

Mark Schuller ist Assistenzprofessor für Anthropologie an der Northern Illinois University, Center for Nonprofit and NGO Studies. Er hat allein nach dem Erdbeben 2010 drei Bücher zu Haiti verfasst, die auf seinen wissenschaftlichen Forschungen basieren. Er spricht ausgezeichnet Kreol.

Ricardo Seitenfus, geboren 1948 in Brasilien, hat am Institut de Hautes Études Internationales et du Développement (IHEID) der Universität von Genf promoviert. Er war in Haiti von 2009 bis 2011 Sonderbeauftragter des Generalsekretariats der Organisation Amerikanischer Staaten (OAS) und Leiter des OAS-Büros. Er lehrt heute an der Universidade Federal de Santa Maria in Brazil, Brasilien.

Gary Victor, geboren 1958 in Port-au-Prince, studierte Agronomie und arbeitet als Journalist und Autor in Haiti. Er zählt heute zu den populärsten haitianischen Gegenwartsautoren. Außer Romanen, Erzählungen und Theaterstücken schreibt er auch Beiträge für Rundfunk und Fernsehen. Im deutschsprachigen Raum wurde er durch die Krimis *Schweinezeiten* und *Soro* bekannt.

Zeittafel zur haitianischen Geschichte

Vorgeschichte

1200 v. Chr.	Ankunft der Taínos auf den Großen Antillen.
1492	Christoph Kolumbus landet in Ayti (Quisqueya oder Bohio).
1496	Erste Niederlassung europäischer Siedler in Santo Domingo.
1503	Genozid an den Taínos, Ermordung der Taíno-Königin Anacaona; Flucht des Caciques Henri in die Berge mit 3.000 Mann, die erste Guerilla in der Karibik. Ankunft der ersten Sklaven auf Saint Domingue , 90% von Variola dezimiert, der Rest durch Sklavenarbeit und Folter.
1697	Spanien überlässt Frankreich den westlichen Teil von Hispaniola, dieser Teil wird Saint-Domingue, Hauptstadt Cap Français.
07.07.1789	Französische Revolution, führt zur Umwälzung der politischen Machtverhältnisse in der Kolonie. Drei Kommissare aus Paris sollen die neue Verfassung der Jakobiner durchsetzen. Frankreich muss die divergierenden Interessen von Plantagenbesitzern, aufstrebenden Befreiten und Mestizen sowie den nach Freiheit strebenden schwarzen Sklaven berücksichtigen.
14.08.1791	Zeremonie des Bois-Caïman und Revolte der Sklaven.
1793	Proklamation der Abschaffung der Sklaverei.
1795	Spanien tritt den westlichen Inselteil an Frankreich ab (Vertrag von Basel).
1794–1801	Toussaint Louverture, ehemaliger Versklavter, wird zum französischen General ernannt. Kampf für die Abschaffung der Sklaverei und für die Autonomie der Kolonie. (Selbst-)Ernennung zum Generalgouverneur der ganzen Insel.
1802	Napoléon Bonaparte schickt ein Expeditionskorps von 20.000 Mann gegen die rebellierenden Truppen unter Befehl seines Schwagers, General Charles Leclerc. Zweierlei Mission: die Autorität Frankreichs wiederherstellen und die Sklaverei wieder einführen. Verhaftung und Deportation von Toussaint Louverture, Tod 1803 in Fort de Joux, Jura.
1803–1804	General Dessalines fügt sich anfangs unter die Autorität Leclercs, dann offene Kriegsführung und Siegeszug mit der Schlacht von Vertières über General Rochambeau im November 1803.

Unabhängigkeit

01.01.1804	Proklamation der Unabhängigkeit von Haiti in der Stadt Gonaïves (1. Januar).
17.10.1805	Ermordung von General Jean-Jacques Dessalines, 1. Staatschef Haitis (bekannt als Kaiser Jacques 1.).
1807–1820	Teilung des Landes: Im Norden herrscht General Henri Christophe, genannt Henri I. (1811–1816), im Süden regiert General Alexandre Pétion (1807–1818) die Republik.
1815–1816	Asylgewährung an die venezolanischen Freiheitskämpfer Simon Bolivar und Francisco de Miranda auf Haiti.
1820	Wiedervereinigung der Nord- und Südgebiete unter Präsident Boyer (1818–1843) nach dem Selbstmord von Henri I.
1822–1843	Spanischer Inselteil wird von Haiti okkupiert und Sklaverei dort abgeschafft.
1825	Handelsbeziehungen zwischen Haiti und Frankreich (König Charles X) vereinbart, nachdem Präsident Boyer die vertragliche Anerkennung von Entschädigungszahlungen unterzeichnet hat (Rückzahlung wird erst 1950 beendet).
1844	Unabhängigkeit der Dominikanischen Republik.
1848	Abschaffung der Sklaverei auf Martinique, Guadeloupe und Réunion.
1860	Konkordat mit dem Vatikan, der als erster Staat die haitianische Republik anerkennt.
1915–1934	Amerikanische Okkupation (US-Finanzkontrolle bleibt bis 1947). US-Besatzung von La Navase (Guano-Ausbeutung heute Vogelwarte und Labor), Bruch des Völkerrechts.
1919	Ermordung von Widerstandskämpfer Oberst Charlemagne Masséna Péralte.
1937 Okt.	Drei Tage währendes Massaker an ca. 30.000 als Haitianerinnen und Haitianer identifizierten Gastarbeitern (Aktion Perejil) unter Diktator Rafael Trujillo (u.a. um den dominikanischen Inselteil hellhäutig zu bewahren).

Duvalier-Diktaturen (1957–1986)

1957	Francois Duvalier wird durch Militärputsch zum Präsidenten ernannt.
1964	Duvalier erklärt sich zum Präsidenten auf Lebenszeit, Aufbau der Terrormiliz »Tontons Macoutes«. »Jérémie Vespers«-Massaker der haitianischen Armee, 27 Familienangehörige aus Jérémie sterben, nachdem dort ein Sturzversuch junger Haitianer gegen Duvalier gescheitert war.
1971	Skandal um Bluthandel der Firma Hemo Caribbean von Joseph B. Gorinstein, US-Stockbroker. Ca. 5.000 Liter Blut pro Woche werden als Blutspende der Bevölkerung abgenommen, Weiterverkauf des hochwertigen Plasmas an die Pharmaindustrie der westl. Welt zur Gewinnung von Eiweißprodukten und y-Globulin. Tod von F. Duvalier, Nachfolge seines 19-jährigen Sohnes Jean-Claude Duvalier »Baby Doc«, der sich ebenfalls zum Präsidenten auf Lebenszeit erklärt.
1980	Tötung v. 20 Millionen kreolischen Schweinen durch Tonton Macoutes, auf Druck der USA, Kanadas und Mexikos, um afrikanischer Schweinepest vorzubeugen. Einfuhr nicht klimakompatibler Schweinesorten aus den USA.
1986	J.-C. Duvalier geht ins Exil nach Frankreich, General Henri Namphy übernimmt die Regierung.

Demokratische Wahlen, Putsch und Internationale Intervention

1987	Neue Verfassung, 5-jährige Amtszeit des Präsidenten, keine direkt anschließende Wiederwahl möglich.
1987	Staatsterrorismus und Todesschwadronen. Allgemeine Wahlen enden am 29.11.1987 in einem vermutlich von Militärs, Duvalieristen und CIA verübten Massaker am Wahltag in der Ruelle Vaillant in Port-au-Prince: 24 Tote und 74 Verwundete.

1988	Erneute Wahlen am 7.2.1988, 4 Prozent Wahlbeteiligung nach Wahlboykott.
	Leslie Manigat wird Präsident, unterstützt durch General Namphy; es folgt Putsch von General Prosper Avril, Installation einer zivilen Regierung unter militärischer Kontrolle.
1990	Jean-Bertrand Aristide wird durch freie, weitestgehend friedliche Wahlen zum Präsidenten gewählt.
1991 Feb.	Amtsantritt von Präsident Aristide.
1991 Sept.	Aristide wird nach Putsch von General Raoul Cedras ins US-Exil geführt.
1991–1992	Starker Anstieg der seit 1972 unter der Duvalier-Diktatur stattfindenden Flucht von Boat People, USA interniere haitianische Flüchtlinge im US-Lager Guantanamo (Kuba, 12.000 Personen im Mai), später erfolgen Rücktransporte von Flüchtlingen direkt nach Haiti.
1991–1994	Embargo der USA und OAS gegen Haiti.
1994 April	Raboteau-Massaker in Gonaïves, Soldaten und Paramilitärs der FRAPH (Force revolutionnaire Armée pour Haiti) töten 20 Personen.
	Militärregime unter General Cédras legt aufgrund drohender US-Invasion Macht nieder, Einmarsch amerikanischer Truppen zur Unterstützung der Rückkehr von Aristide mit internationaler Hilfe.
1995	UN-Friedenstruppen ersetzen die US-Truppen, Parlamentswahlen stützen Anhänger von Aristide, in Dezember-Wahlen wird René Préval, ex-PM und Anhänger von Aristides Lavalas Partei, zum Präsidenten gewählt (erste verfassungsgemäße und friedliche Machtübergabe).
1996	Präsidentschaft von René Préval.
1997–1999	Politischer Stillstand, Ernennung einer neuen Regierung.
1999	Préval erklärt Ablauf der Parlamentszeit und regiert per Dekret.
2000	Präsidentschaftswahl im November ermöglicht Aristide eine zweite, nicht aufeinanderfolgende Amtszeit. Aristide hat gegen den US-Favoriten Marc Bazin gewonnen, Ergebnisse werden von Opposition und USA angezweifelt, es folgt Boykott von Hilfsgelderauszahlungen.
2001 Feb.	Aristide erneut Präsident.
Juli	Putschversuch von ehemaligen Armeeoffizieren.
Dez.	Putschversuch im Nationalpalast.

2002	Haiti wird Mitglied der CARICOM (Karibischen Gemeinschaft).
2003	Voodoo wird als weitere Religion anerkannt.
2004 Jan.	200-jähriges Jubiläum wird boykottiert, Aristide fordert von Frankreich Rückzahlung der Entschädigungsleistungen, Unruhen und Rücktrittsforderungen an Aristide.
Feb.	Aristide u.a. von Frankreich und den USA erneut ins Exil gebracht (19.2.2004).
2004 Juni	Neue UN-Friedensmission – Ankunft von UN-Truppen.
2005	Interimsregierung unter Premierminister Gérard Latortue.
Juni	Hugo Chavez, Präsident von Venezuela, bietet Haiti im Rahmen des Petrocaribe-Hilfsprogramms Erdöl zu subventionierten Preisen an.
2005–2017	MINUSTAH – Truppen der UNO kommen nach Haiti.
2006 Feb.	Präsidentschaftswahl, René Préval wird erneut zum Präsidenten gewählt.
Juni	Premierminister Jacques-Edouard Alexis ins Amt gewählt.
Sept.	UN-Initiative, um Gangs zu entwaffnen im Austausch für Arbeit und Ausbildung.
Okt.	US-Embargo v. 1991 wird teilweise aufgehoben.
2007 Jan	UN-Truppen gehen gegen Gangs in Cité Soleil vor, Reis-Preise werden gesenkt, Parlament entlässt Premierminister Alexis.
2008	Hungerrevolten.
Mai	USA und Weltbank kündigen Lebensmittelhilfe über 30 Mill. US-Dollar an.
Sept.	Michèle Pierre-Louis wird Premierministerin.
2009 Mai	Bill Clinton, ehemaliger US-Präsident, wird Sondergesandter der UNO für Haiti.
Juli	Weltbank und IWF erlassen Haiti (nachdem 2008 anderen Staaten ein Schuldenschnitt gewährt worden war) 1,2 Milliarden US-Dollar Schulden, da es die auferlegten ökonomischen Reformen erfüllt habe.
Nov.	Jean-Max Bellerive wird Premierminister.
12.1.2010	Erdbeben der Stärke 7.0 im Großraum von Port-au-Prince, Léogane und Jacmel. 300.000 Menschen sterben. USA übernimmt die Kontrolle des Flughafens von Port-au-Prince.
März	Internationale Geberkonferenz im UNO-Hauptquartier fordert 5.3 Milliarden US-Dollar zum Wiederaufbau Haitis.

28.11.2010	Präsidentschaftswahl, Putschversuch internationaler Repräsentanten gegen Präsident Préval. Cholera-Epidemie, durch UNO-Truppen aus Nepal in Haiti erstmals eingeschleppt. Desinformationskampagne der UNO, die die Verantwortung leugnet.
2010 Dez.	wegen Wahlmanipulation Verschiebung der Präsidenten-Stichwahl.
2011 Jan.	Jean-Claude Duvalier, 1971 bis 1986 Diktator in Haiti, kehrt aus dem frz. Exil als kranker Mann zurück.
März	Michel Martelly gewinnt Stichwahl zur Präsidentschaft.
Juli	6.000 Todesopfer durch Cholera (bis 2018 sind es mehr als 10.000 Tote und 800.000 Infizierte).
Sept.	*Guardian*-Bericht über eine Art »Abu Ghraib Moment« der MINUSTAH, ein Video mit Vergewaltigungsbildern wird öffentlich.
Okt.	Garry Conille wird von Martelly zum Premierminister ernannt, nachdem das Parlament zwei Vorschläge zurück-gewiesen hatte. Bill Clinton bereut in öffentlicher Rede an das haitia-nische Volk Embargo und Zerstörung der nationalen Reisproduktion.
2012 Jan.	Initiative zur Wiedereinführung einer Armee durch Martelly.
Feb.	Premierminister Conille tritt aus Protest zurück, weil man sich innerhalb der Minister- und Präsidentenverwaltung gegen die Überprüfung der doppelten Staatsbürgerschaft wehrt.
Mai	Laurent Lamothe wird Premierminister.
Oct.	Proteste fordern Rücktritt von Präsident Martelly u. a. wegen Korruption.
Nov.	Hungersnot nach Hurrikan Sandy, Cholera-Epidemie nimmt wieder zu.
2013 Mai	Pro-Aristide-Demonstrationen nach dessen Rückkehr aus dem Exil.
Okt.	Anklage gegen UNO in New York wegen Einschleppen der Cholera aufgrund mangelhafter Fäkalienentsorgung erkrankter Truppenmitglieder aus Nepal.
Nov.	Demonstrationen landesweit gegen Wahlverzug, Korruption und sozialer Ungerechtigkeit.

2014	April	Demonstrationen in Port-au-Prince.
	Dez.	Rücktritt von Premierminister Lamothe.
2015	Jan.	Evans Paul, Journalist und ehem. Bürgermeister von Port-au-Prince, wird zum Premierminister ernannt, Mandate der Parlamentarier laufen ohne geregelte Nachfolge aus, da Wahlen nicht stattgefunden haben.
	Aug.	Start der anstehenden Parlamentswahlen (1. Runde).
	Okt.	2. Runde der Parlamentswahl und Präsidentschaftswahl, Vorwurf der Wahlfälschung.
2016	Feb.	Ende der Präsidentschaftszeit v. Michel Martelly, Stichwahl zur Präsidentenwahl wird auf unbestimmte Zeit verschoben Jocelerme Privert wird Interimspräsident.
	Sept.	Frz. Laborbericht bestätigt Verdacht, dass UN-Soldaten Cholera in Haiti einschleppten.
	Okt.	Hurrikan Matthew tötet Hunderte Menschen und zerstört Kornkammerregion Grand'Anse.
	Nov.	Präsidentschaftswahl.
2017	Jan.	Provisorischer Wahlrat erklärt Jovenel Moïse zum Sieger der Präsidentschaftswahl.
	Juni	Guy Philippe, ehemaliger Polizeichef und Leiter des gegen Aristide geführten Putsches 2004, wird 13 Jahre später von den USA wegen Geldwäsche inhaftiert.
2018	Feb.	Missbrauch an Frauen von Oxfam-Mitarbeitern in Haiti wird öffentlich.
	Nov.	Massaker von La Saline in Port-au-Prince (13.11.2018), das die haitianische Menschenrechtsorganisation RNDDH vom Staat beauftragten Gangs zuschreibt. Demonstrationen landesweit, Proteste gegen Korruption, Vetternwirtschaft und Straflosigkeit, Forderung nach Offenlegung der Verschwendung und Unterschlagung von Mitteln im Petrocaribe-Programm, Verbleib von ca. 4 Milliarden US-Dollar ungeklärt.
2019	Feb.	anhaltende Anti-Korruptionsproteste auch gegen Präsident Moïse.
2020*	1. Jan.	Präsident Moïse regiert per Dekret ohne Parlament
	24. Feb.	Karneval wegen Streik der Polizei und Protesten in Port-au-Prince abgesagt.
	2. März	Joseph Joute per Dekret zum Premierminister ernannt

226

DIE WELT
IN AUFRUHR

GEGENPERSPEKTIVEN AUS DEM
GLOBALEN HANDGEMENGE LESEN.
MEDICO-RUNDSCHREIBEN,
NEWSLETTER, BLOG U.V.M

WWW.MEDICO.DE/VERBINDEN

Solidarische Hilfe.
Globale Gerechtigkeit.

medico international

Thomas Kruchem

Wie Menschen weltweit das Klima retten

Solar-Pioniere, Wald-Macher, Wasser-Kämpfer

Mit einem Geleitwort von Franz Alt

1. Aufl. 2020
172 S., 15,5 x 23,5 cm,
Pb. Großoktav
14,90 €
ISBN 978-3-95558-277-7

Aus aller Welt prasseln Katastrophenmeldungen zum Klimawandel auf uns ein; man könnte jede Hoffnung verlieren. Doch es gibt, abseits der Weltöffentlichkeit, Menschen, die unter oft widrigsten Umständen entschlossen handeln und Beeindruckendes leisten, um unser Klima zu schützen.

Sechs erfolgreichen Initiativen, die Mut machen und Hoffnung wecken, hat der für seine Berichte aus Krisenregionen vielfach preisgekrönte Journalist Thomas Kruchem besucht. Seine spannenden Reportagen aus vier Kontinenten werden verbunden durch Klimagedanken zu einer uns alle existenziell betreffenden Diskussion.

Die beeindruckend bebilderten Reportagen erzählen von:
– Dorfbewohnern in Mali, die mit einem deutsch-malischen Sozialunternehmen Solarstrom-Netze betreiben;
– Bürgern bolivianischer Großstädte, die, bedroht von der Gletscherschmelze, ihre Wasserversorgung auf eigene Faust sichern;
– Bauern in Niger, die aus Wurzeln, Strümpfen und Samen längst gefällter Bäume Millionen neue Bäume herangezogen haben;
– Bauern in Haiti, die an abgeholzten Berghängen paradiesische Waldgärten angelegt haben;
– Bewohnern der schottischen Highlands, die den Waldbestand Schottlands vervierfacht haben;
– philippinischen Slumbewohner, die, gemeinsam mit der Verwaltung, versuchen, Manila sozialverträglich klimasicher zu machen.

»... wünsche ich diesem Hoffnungs-Buch viele Leserinnen und Leser.« (Franz Alt)

Unsere Kataloge erhalten Sie kostenlos:
Brandes & Apsel Verlag • Scheidswaldstr. 22 • 60385 Frankfurt am Main
info@brandes-apsel.de • www.brandes-apsel.de
Fordern Sie unseren Newsletter kostenlos an:
newsletter@brandes-apsel.de